21世纪经济管理类创新教材

保险学

原理与应用

（第4版）

主　编◎刘　平
副主编◎张泽凡　齐　璇

清华大学出版社
北　京

内 容 简 介

本书从应用型教学的实际需要出发，坚持理论与实践相结合，首次用图示方式清晰构建了保险学的体系结构。全书分为四篇十二章：第一篇为保险基础，包括第一章“风险与保险”、第二章“保险概述”和第三章“保险存在与发展的基础”；第二篇为保险合同，包括第四章“保险合同的理论与实务”、第五章“保险（合同）的基本原则”和第六章“主要保险类型概览”；第三篇为保险经营，包括第七章“保险营销与服务”、第八章“保险费率与产品定价（选修）”、第九章“核保与理赔”和第十章“保险准备金与保险资金运用（选修）”；第四篇为保险市场，包括第十一章“保险市场的结构与运作”和第十二章“保险机制与保险监管”。

本书既可以作为普通高等院校保险学课程的教材，也可以作为保险企业广大业务人员的培训用书或参考书。

图书在版编目（CIP）数据

保险学：原理与应用/刘平主编. — 4版. —北京：清华大学出版社，2022.6
21世纪经济管理类创新教材
ISBN 978-7-302-60797-7

Ⅰ. ①保… Ⅱ. ①刘… Ⅲ. ①保险学－高等学校－教材 Ⅳ. ①F840

中国版本图书馆CIP数据核字（2022）第075814号

责任编辑： 杜春杰
封面设计： 刘　超
版式设计： 文森时代
责任校对： 马军令
责任印制： 宋　林

出版发行： 清华大学出版社
网　　址： http://www.tup.com.cn，http://www.wqbook.com
地　　址： 北京清华大学学研大厦A座　　**邮　　编：** 100084
社 总 机： 010-83470000　　**邮　　购：** 010-62786544
投稿与读者服务： 010-62776969，c-service@tup.tsinghua.edu.cn
质量反馈： 010-62772015，zhiliang@tup.tsinghua.edu.cn
印 装 者： 北京鑫海金澳胶印有限公司
经　　销： 全国新华书店
开　　本： 185mm×260mm　　**印　　张：** 16.5　　**字　　数：** 400千字
版　　次： 2009年8月第1版　　2022年6月第4版　　**印　　次：** 2022年6月第1次印刷
定　　价： 59.80元

产品编号：096492-01

第 4 版前言

本书第 3 版于 2018 年出版，目前已近 4 年时间，由于数据新、案例活、体系清晰、内容实用，受到众多高等院校师生的欢迎，已多次重印。虽然在此期间，我国《保险法》没有进行修订，但是我国保险业又有了很大的发展和变化，监管部门也下发了许多新的管理办法。如：2021 年 9 月 10 日，银保监会制定并发布《关于开展养老理财产品试点的通知》；9 月 17 日，中国保险行业协会联合中国健康管理协会发布《保险业健康管理标准体系建设指南》；10 月 13 日，银保监会正式下发《意外伤害保险业务监管办法》；11 月 17 日，银保监会发布《关于保险资金投资公开募集基础设施证券投资基金有关事项的通知》；12 月 17 日，银保监会发布《关于修改保险资金运用领域部分规范性文件的通知》；12 月 30 日，银保监会发布《保险公司偿付能力监管规则（Ⅱ）》；等等。

2021 年通过的《中华人民共和国国民经济和社会发展第十四个五年规划和 2035 年远景目标纲要》中多处对保险业发展提出明确的要求。比如："深化保险公司改革，提高商业保险保障能力。""稳妥推进银行、证券、保险、基金、期货等金融领域开放，深化境内外资本市场互联互通，健全合格境外投资者制度。""扩大农村资产抵押担保融资范围，发展农业保险。""发展巨灾保险。""在高风险领域推行环境污染强制责任保险。""在重点领域推进安全生产责任保险全覆盖。""完善基本医疗保险门诊共济保障机制，健全重大疾病医疗保险和救助制度。""稳步建立长期护理保险制度。积极发展商业医疗保险。""拓展优化首台（套）重大技术装备保险补偿和激励政策，发挥重大工程牵引示范作用，运用政府采购政策支持创新产品和服务。""完善金融支持创新体系，鼓励金融机构发展知识产权质押融资、科技保险等科技金融产品，开展科技成果转化贷款风险补偿试点。""发展多层次、多支柱养老保险体系，提高企业年金覆盖率，规范发展第三支柱养老保险。"

根据中国银保监会相关数据显示：2021 年，我国保险业共实现原保险保费收入 44 900 亿元，按可比口径同比增长 4.05%；原保险赔付支出 15 609 亿元；保险业资金运用余额 232 280 亿元，资产总额 248 874 亿元，净资产 29 306 亿元。以上数据充分显示出我国保险业在国民经济与社会事务中正发挥越来越重要的作用。

根据国家统计局发布的相关数据显示：2021 年，我国 GDP 达到 1 143 670 亿元，同比增长 8.1%，两年平均增长 5.1%；年末人口为 141 260 万人。由此计算，2021 年年末，我国保险密度为 3178.54 元（比 2020 年的 3135 元略有增长，原因：原保费收入同比增长高于人口增长速度），保险深度为 3.93%（比 2020 年的 4.45%有所下降，原因：原保费收入同比增长低于 GDP 同比增长）。与发达国家相比，尚有较大的差距，这也意味着我国保险业发展潜力巨大。

本次修订，除了更新数据、案例、综合练习、阅读材料等内容，同时借助现代化手段，压缩了纸质版的内容，增加了二维码内容，具体如下。

第一，将阅读材料 2-1 关于保险性质的若干学说、阅读材料 2-2 国务院关于加快发展现代保险服务业的若干意见（节选）、阅读材料 3-1 世界保险发展简史、阅读材料 3-2 旧中国保险业发展简史、阅读材料 3-3 中国保险业 60 年发展历程综述、阅读材料 4-1 我国保险合同解释原则存在的若干问题、阅读材料 6-1 政策保险简介、阅读材料 7-1 理财规划师：保险行业新“金领”、阅读材料 7-2 寿险营销五步推动法、阅读材料 8-1 保险精算与精算师职业、阅读材料 9-1 核保师与理赔师、阅读材料 10-1 中国保险资金运用政策大事记、阅读材料 12-1 欧盟偿付能力Ⅱ及其对我国保险监管的启示、阅读材料 12-2 中国保险业发展“十三五”规划纲要（摘要）的内容变更为二维码内容。

第二，用最新案例“保险业积极应对郑州特大暴雨灾害”替换第 2 章引入案例“保险业积极应对南方霜冻”；用“大连突发罕见冰雹大灾”替换第 2 章案例 2-1“‘4·28’胶济铁路特大交通事故”；更新了案例 6-1“一份保险竟让婆媳反目成仇”；增加了案例 6-3“康美药业判决巨震，独董大撤退！这一次，董责险会否咸鱼翻身”。另外，还对其他部分案例、专栏进行了更新或修订；更新了部分综合练习。

第三，阅读材料 7-3 用“2021 年保险公司竞争力排行榜（节选）”替代“2017 年保险公司竞争力排行榜（节选）”，阅读材料 11-1 用“2021 年中国保险省市竞争力排行榜（节选）”替代“2017 年中国保险省市竞争力排行榜（节选）”，阅读材料 11-2 用“2021 年中国最具活力保险城市 50 强（节选）”替代“2017 年中国最具活力保险城市 50 强（节选）”，并变更为二维码内容。

第四，根据 2020 年 9 月发布的《中国保险行业协会机动车商业保险示范条款（2020 版）》《中国保险行业协会特种车商业保险示范条款（2020 版）》《中国保险行业协会摩托车、拖拉机商业保险示范条款（2020 版）》和《中国保险行业协会机动车单程提车保险示范条款（2020 版）》，对相关内容及图 6-3 机动车辆保险分类进行了修订。

第五，对第 1 章引入案例“5·12 汶川大地震”和第 3 章引入案例“续解汶川大地震灾后重建”进行了修订；对第 10 章引入案例“宝万之争”，进行了改写，大幅压缩了篇幅；对第 12 章引入案例“中国保监会依法对安邦集团实施接管”增补了最新进展。

第六，进一步明确和深化课程思政的内容。

第七，删除了附录 1—7。

本次修订仍由沈阳工学院刘平教授主持并担任主编，沈阳工学院张泽凡、齐璇担任副主编，辽宁省就业和社会保障研究院纪素芝以及沈阳工学院窦乐、钟育秀、闫微参与了部分内容的修订，同时也吸收了读者的一些宝贵意见和建议。

由于作者学识、水平有限，疏漏之处在所难免，敬请广大读者批评指正，我们将在修订或重印时将大家反馈的意见和建议恰当地体现出来。再次感谢广大读者的厚爱！

刘　平

2022 年春于沈抚改革创新示范区

第3版前言

本书第2版是在第1版出版四年后修订的，由于数据新、案例活、体系清晰、内容实用，受到众多高等院校的欢迎，目前已多次重印。然而，第2版自2013年出版以来，已有五年，我国保险业又有了很大的发展和变化。在此期间，第十二届全国人民代表大会常务委员会分别于2014年和2015年对《中华人民共和国保险法》做出小幅修正。

2014年8月31日，第十二届全国人民代表大会常务委员会第十次会议通过决定，对《中华人民共和国保险法》做出两处修改：

（一）将第八十二条中的“有《中华人民共和国公司法》第一百四十七条规定的情形”修改为“有《中华人民共和国公司法》第一百四十六条规定的情形”。

（二）将第八十五条修改为：“保险公司应当聘用专业人员，建立精算报告制度和合规报告制度。”

2015年4月24日，第十二届全国人民代表大会常务委员会第十四次会议通过决定，对《中华人民共和国保险法》又做出十三处修改：

（一）删去第七十九条中的“代表机构”。

（二）将第一百一十一条修改为：“保险公司从事保险销售的人员应当品行良好，具有保险销售所需的专业能力。保险销售人员的行为规范和管理办法，由国务院保险监督管理机构规定。”

（三）删去第一百一十六条第八项中的“或者个人”。

（四）删去第一百一十九条第二款、第三款。

（五）将第一百二十二条修改为：“个人保险代理人、保险代理机构的代理从业人员、保险经纪人的经纪从业人员，应当品行良好，具有从事保险代理业务或者保险经纪业务所需的专业能力。”

（六）删去第一百二十四条中的“未经保险监督管理机构批准，保险代理机构、保险经纪人不得动用保证金”。

（七）删去第一百三十条中的“具有合法资格的”。

（八）删去第一百三十二条。

（九）将第一百六十五条改为第一百六十四条，并删去第六项中的“或者代表机构”。

（十）删去第一百六十八条。

（十一）将第一百六十九条改为第一百六十七条，并删去其中的“从业资格”。

（十二）将第一百七十三条改为第一百七十一条，修改为：“保险公司、保险资产管理公司、保险专业代理机构、保险经纪人违反本法规定的，保险监督管理机构除分别依照本法第一百六十条至第一百七十条的规定对该单位给予处罚外，对其直接负责的主管人员和其他直接责任人员给予警告，并处一万元以上十万元以下的罚款；情节严重的，撤销任职资格。”

（十三）将第一百七十四条改为第一百七十二条，并删去第一款中的“并可以吊销其资格证书”和第二款。

2017 年 10 月 18 日习近平总书记在十九大报告中指出，“我国社会主要矛盾已经转化为人民日益增长的美好生活需要和不平衡不充分的发展之间的矛盾”。报告同时指出，加强社会保障体系建设。按照兜底线、织密网、建机制的要求，全面建成覆盖全民、城乡统筹、权责清晰、保障适度、可持续的多层次社会保障体系。全面实施全民参保计划。完善城镇职工基本养老保险和城乡居民基本养老保险制度，尽快实现养老保险全国统筹。完善统一的城乡居民基本医疗保险制度和大病保险制度。完善失业、工伤保险制度。提升防灾减灾救灾能力。

2006 年《国务院关于保险业改革发展的若干意见》（国发〔2006〕23 号）中指出，保险具有经济补偿、资金融通和社会管理功能，是市场经济条件下风险管理的基本手段，是金融体系和社会保障体系的重要组成部分，在社会主义和谐社会建设中具有重要作用。时隔八年，2014 年《国务院关于加快发展现代保险服务业的若干意见》（国发〔2014〕29 号）进一步指出，保险是现代经济的重要产业和风险管理的基本手段，是社会文明水平、经济发达程度、社会治理能力的重要标志。

以上这些要求和定位不仅为保险业发展指明了方向，也提供了广阔的舞台。

2017 年，我国保险业共实现原保险保费收入 3.66 万亿元，同比增长 18.16%，比 2012 年增长了 1.36 倍，保持着五年翻一番的增长速度。财产保险业务实现原保险保费收入 9834.66 亿元，同比增长 12.72%。责任保险和农业保险继续保持较快增长，分别实现原保险保费收入 451.27 亿元和 479.06 亿元，同比增长 24.54%和 14.69%。人身保险业务实现原保险保费收入 26 746.35 亿元，同比增长 20.29%。其中，寿险 21 455.57 亿元，增长 23.01%；健康险 4389.46 亿元，增长 8.58%；意外险 901.32 亿元，增长 20.19%。

2017 年，我国保险业为全社会提供风险保障 4154 万亿元，同比增长 75%。其中，机动车辆保险提供风险保障 169.12 万亿元，同比增长 26.51%；责任险 251.76 万亿元，同比增长 112.98%；寿险 31.73 万亿元，同比增长 59.79%；健康险 536.80 万亿元，同比增长 23.87%。

2017 年年末，我国保险业资产总量 16.75 万亿元，较年初增长 10.80%，比 2012 年增长了 1.28 倍，也保持着五年翻一番的增长速度。保险公司资金运用余额 14.92 万亿元，较年初增长 11.42%。其中，固定收益类余额 7.09 万亿元，占比 47.51%；股票和证券投资基金 1.84 万亿元，占比 12.30%；长期股权投资 1.48 万亿元，占比 9.90%。资金运用收益 8352.13 亿元，同比增长 18.12%，资金收益率为 5.77%。其中，债券收益 2086.98 亿元，增长 11.07%；股票收益 1183.98 亿元，增长 355.46%。

2017 年，我国保险业积极助力经济社会发展的重点领域和薄弱环节，推动科技创新，维护社会稳定，不断提升保险服务实体经济的效率和水平。从助推脱贫攻坚来看，截至 12 月末，农业保险为 2.13 亿户次农户提供风险保障金额 2.79 万亿元，同比增长 29.24%；支付赔款 334.49 亿元，增长 11.79%；4737.14 万户次贫困户和受灾农户受益，增长 23.92%。

从服务实体经济来看，保险业定期存款余额超过 1.34 万亿元，是实体经济中长期贷款的重要资金来源；以债券和股票为实体经济直接融资超过 7 万亿元，较年初增长 15.00%。其中，支持“一带一路”倡议投资规模达 8568.26 亿元；支持长江经济带和京津冀协同发展战略投资规模分别达 3652.48 亿元和 1567.99 亿元；支持清洁能源、资源节约与污染防治等绿色产业规模达 6676.35 亿元。从支持科技创新来看，科技保险为科技创新提供风险保障金额 1.19 万亿元；首台（套）重大技术装备保险为技术装备创新提供风险保障金额 821.71 亿元。从稳定社会就业来看，保险公司代理人数持续快速增长。截至 2017 年年底，保险代理人数达 806.94 万人，较年初增加 149.66 万人，较年初增长 22.77%。

以上数据充分显示出了我国保险业在国民经济与社会事务中正发挥出越来越重要的作用。

本次修订主要依据 2015 版保险法并结合近年来的最新数据，具体体现在以下几个方面。一是对全书保险法条款进行更新。二是对本书最后的参考文献进行整体更新，取消各章后的阅读书目。三是更新相关数据，如第三章中有关保险深度和保险密度的数据、第七章保险代理人的数据、第十章知识链接 10-2 的数据等。四是替换、新增一些较新的案例和阅读材料，例如，第二章阅读材料 2-2 用 2014 年新发布的《国务院关于加快发展现代保险服务业的若干意见》替换了 2006 年发布的《国务院关于保险业改革发展的若干意见》；第六章增加了引入案例“三位村民和三个‘险种’的故事”；第七章阅读材料 7-3 用“2018 年保险公司竞争力排行榜（节选）”替换了“2012 年保险公司竞争力排行榜”；第九章增加了引入案例“大货车捅出骗保亿元黑洞”，并对案例 9-1 进行替换；第十章增加了近年来影响很大的引入案例“宝万之争”，阅读材料“中国保险资金运用政策大事记”补充了新内容；第十一章阅读材料 11-1 用“2017 年中国保险省市竞争力排行榜（节选）”替换了“2012 中国保险省市竞争力排行榜”，阅读材料 11-2 用“2017 年中国最具活力保险城市 50 强（节选）”替换了“2012 中国最具活力保险城市 50 强”；第十二章增加引入案例“中国保监会依法对安邦集团实施接管”，阅读材料 12-2 用“中国保险业发展‘十三五’规划纲要（摘要）”替换了“中国保险业发展‘十二五’规划纲要（摘要）”。五是对附录 1～附录 4 的数据进行了更新；附录 5 用“2016 年各省、自治区、直辖市综合数据表”替换“2011 年各省、自治区、直辖市综合数据表”；附录 6 用“2016 年全国 GDP 超过 1 600 亿元地级市及省会城市、直辖市各项数据综合表”替换“2011 年全国保险城市 100 强及省会城市各项数据综合表”。

本次修订仍由沈阳工学院刘平教授主持，沈阳工学院窦乐、钟育秀，辽宁省就业和社会保障研究院纪素芝，沈阳理工大学王剑平、戴环宇、张宏志参与了部分内容的修订，同时也吸收了读者的一些宝贵意见和建议。

由于作者学识、水平有限，疏漏之处在所难免，敬请广大读者批评指正，我们将在修订或重印时将大家反馈的意见和建议恰当地体现出来。再次感谢广大读者的厚爱！

刘　平
2018 年 2 月 25 日于沈抚新区

第 2 版前言

本书第 1 版是随着 2009 年 2 月修订版《中华人民共和国保险法》的出台而诞生的。由于数据新、案例活、体系清晰、内容实用受到众多高等院校的欢迎，目前已多次重印。然而，该书自 2009 年出版以来，已有四年，我国保险业又有了很大的发展和变化。

党的十八大报告进一步强调了加强社会建设，必须以保障和改善民生为重点。提高人民物质文化生活水平，是改革开放和社会主义现代化建设的根本目的。要多谋民生之利，多解民生之忧，解决好人民最关心最直接最现实的利益问题，在学有所教、劳有所得、病有所医、老有所养、住有所居上持续取得新进展，努力让人民过上更好的生活。

2012 年我国保险业保费收入 1.55 万亿元，比 2007 年增长了 1.2 倍。产险业务保费收入 5331 亿元，比 2007 年增长了 1.67 倍；寿险业务保费收入 8908 亿元，比 2007 年增长了 1 倍；健康险保费收入 862.8 亿元，比 2007 年增长了 1.24 倍；人身意外险保费收入 386.2 亿元，比 2007 年增长了 1.03 倍。保险公司总资产 7.35 万亿元，比 2007 年增长了 1.53 倍。

2012 年我国的保险深度为 2.98%，与 15 年前 1997 年的 1.46%相比有了很大进步，比 5 年前 2007 年的 2.85%也有了新进步，即便如此，还是远低于 2006 年 8%的世界平均水平（2010 年全球保险深度 6.89%，比 2006 年有所下降）。2012 年我国的保险密度为 1143.84 元，与 15 年前 1997 年的 88 元相比有了非常大的进步，与 5 年前 2007 年的 529 元相比也有了很大进步，即便如此，还是远低于 2006 年 512 美元（按当时的汇率相当于 3500～4000 元人民币）的世界平均水平（2010 年全球保险密度为 627.3 美元），进一步说明了我国保险业的发展潜力和空间巨大。

本次修订主要体现在以下几个方面。一是更新相关数据，如第三章中有关保险深度和保险密度的数据。二是替换、新增一些较新的阅读材料，例如，第三章用阅读材料 3-2“旧中国的保险业发展”和阅读材料 3-3“中国保险业 60 年发展历程综述”替换了原阅读材料 3-2“我国保险业的发展历程”；第七章新增阅读材料 7-3“2012 年保险公司竞争力排行榜”；第十章阅读材料“中国保险资金运用政策大事记”补充了新内容；第十一章用阅读材料 11-1“2012 中国保险省市竞争力排行榜”和阅读材料 11-2“2012 中国最具活力的保险城市 50 强”替代了原阅读材料“我国保险业的发展现状与发展展望”。三是调整了个别章节的设置，如将原第十二章“保险机制及作用”与第十三章“保险政策与监管”合并为新的第十二章“保险机制与保险监管”，并使用了较新的阅读材料“欧盟偿付能力 II 及对我国保险监管的启示”（12-1）和“中国保险业发展‘十二五’规划纲要（摘要）”（12-2）。四是新增附录 1～附录 6，提供一些较新的数据资料供学生参考；同时，将原第四章后的附录“保险合同样本”移至全书后作为附录 7。

刘　平

2013 年 2 月 22 日于李石开发区

第1版前言

随着社会经济的发展，保险的地位越来越重要。正如中国保监会主席吴定富在为贯彻落实《国务院关于保险业改革发展的若干意见》而召开的全国保险工作座谈会上的讲话中所指出的："经济越发展，社会越进步，保险越重要。"从本质上讲，保险是一种市场化的风险转移机制和社会互助机制，是一种用市场办法从容应对各类灾害事故和突发事件、妥善安排人的生老病死的社会管理机制。

2006年6月15日，国务院第138次常务会议制定和发布了《国务院关于保险业改革发展的若干意见》(国发〔2006〕23号，以下简称《若干意见》，业内人士常称"国十条")。《若干意见》指出，改革开放特别是党的十六大以来，我国保险业改革发展取得了举世瞩目的成就……在促进改革、保障经济、稳定社会、造福人民等方面发挥了重要作用。

《若干意见》同时也指出，由于我国保险业起步晚，基础薄弱、覆盖面不宽，功能和作用发挥不充分，与全面建设小康社会和构建社会主义和谐社会的要求不相适应，与建立完善的社会主义市场经济体制不相适应，与经济全球化、金融一体化和全面对外开放的新形势不相适应。面向未来，保险业发展站在一个新的历史起点上，发展的潜力和空间巨大。

胡锦涛总书记在党的十七大报告中提出："社会建设与人民幸福安康息息相关。必须在经济发展的基础上，更加注重社会建设，着力保障和改善民生，推进社会体制改革，扩大公共服务，完善社会管理，促进社会公平正义，努力使全体人民学有所教、劳有所得、病有所医、老有所养、住有所居，推动建设和谐社会。"

党的十七大报告为保险业的发展指明了广阔的发展前景。报告提出："加快建立覆盖城乡居民的社会保障体系，保障人民的基本生活。要以社会保险、社会救助、社会福利为基础，以基本养老、基本医疗、最低生活保障制度为重点，以慈善事业、商业保险为补充，加快完善社会保障体系。"可见，商业保险在完善社会保障体系中具有重要作用，这既为保险业提供了前所未有的发展机遇，又对保险业提出了更高要求。"老有所终，幼有所长，鳏寡孤独废疾者皆有所养"正是和谐社会的写照，也是保险业可以发挥和应该发挥的作用。

然而，由于历史和社会观念等原因，人们对商业保险的作用认识不足，甚至存在一些偏见和误解。目前，我国保险业发展还处于初级阶段。2008年我国的保险深度(保险深度指的是保费收入占GDP的比例)仅为3.25%，保险密度(保险密度指的是人均保费数量)约为736.74元人民币，远低于2006年的世界平均水平。2006年世界平均保险深度为8%，世界平均保险密度为512美元，相当于3500~4000元人民币。

加快保险业的改革发展，离不开全民保险意识的提高和保险专业人才的培养。《若干意见》明确提出，"学保险、懂保险、用保险，普及保险知识，提高全民风险和保险意识"。《教育部、中国保监会关于加强学校保险教育有关工作的指导意见》(教基〔2006〕24号)

提出，将保险教育纳入国民教育体系，要求各级各类学校加强保险教育，普及保险知识，培养造就具有较强保险意识的现代公民。

经济的快速发展使保险行业逐渐成为我国新的朝阳行业。近几年来，保险业的年均增长速度超过了30%。随着大量新主体的诞生及全国机构布局的需要，人才严重短缺成为制约我国保险业快速发展的主要瓶颈，尽管我国在保险人才培养方面做了大量工作，但保险专业人才匮乏的事实依然存在。有统计分析表明，目前这种供需矛盾的比例为1：4。能否有效解决这一矛盾，已成为保险业能否持续、健康、快速发展的关键。

保险学作为金融学专业与保险学专业的专业基础课和保险人才的必备知识，得到了保险理论界和教育界的普遍重视。在高等院校，不仅相关专业把保险学作为必修课程，主动选修保险学课程的大学生也越来越多。目前，保险学的教材很多，各有特点，但适合应用型本科的保险学教材却凤毛麟角。

本教材在编写过程中，从应用型本科教学的实际需要出发，坚持科学性、应用性与先进性的统一，坚持理论与实践相结合的原则，避免了以往教材过分偏重理论知识的倾向，首次提出并构架了如图0-1所示的保险学体系结构。

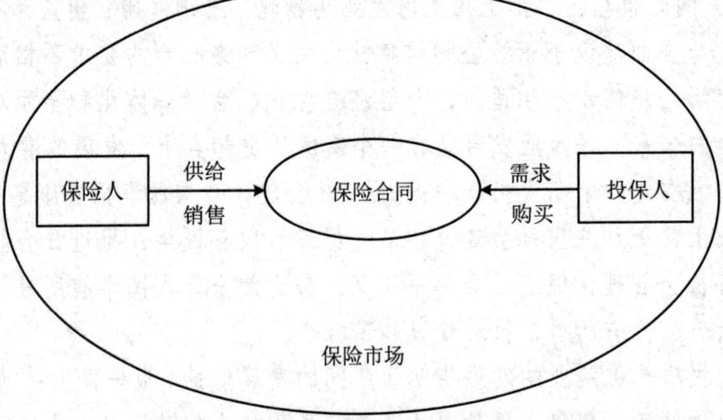

图0-1　保险学体系结构

保险学鸟瞰

可以归纳为“211”，即两大主体、一大载体和一个市场。

两大主体：保险人和投保人。为了使两大市场行为主体交易顺利，衍生出了第三大市场行为主体——保险中介。

一大载体：保险合同。

一个市场：保险市场。

与此相对应，全书分为四篇：第一篇为保险基础，主要讲图0-1的右侧部分，即投保人的保险需求；第二篇为保险合同，主要讲图0-1的中间部分，即保险市场交易的客体；第三篇为保险经营，主要讲图0-1的左侧部分，即保险人的保险供给；第四篇为保险市场，主要讲图0-1的整体，即从宏观上、整体上介绍保险市场各要素之间的相互关系。

本书各章的基本体例结构如下。

- 内容提要；
- 学习目标与重点；
- 关键术语；
- 引入案例/案例点评：引入思维环境；
- 本章正文；
- 个案研究：穿插于正文中，通过个案加深对重点问题和难点问题的理解与掌握；
- 知识链接：在正文中介绍文中观点的来源；
- 专栏/专论摘要/新闻链接：在正文中介绍当今的一些新趋势和观点，开阔视野；
- 本章小结；
- 本章内容结构；
- 综合练习；
- 阅读材料/附录资料：此类资料篇幅要大于个案研究和专论摘要，是相对比较完整的补充阅读材料，以拓宽学生的知识面，加深对正文内容的理解和认识；
- 阅读书目：每章后列出3～5本阅读书籍，供学生参考查阅。

本书还设置了课堂讨论（实训）、概念辨析、个案研究、知识链接、专论摘要、新闻链接、本章内容结构等新颖的特色栏目，突出案例教学和互动交流、研讨。

本书内容突出以实用为导向，既系统介绍了保险知识，又吸收了我国保险理论和实践创新的最新成果，贴近理论前沿与实践发展，同时也贴近生活实际。本书具有“精”“准”“新”“活”“实”五个显著特点。

“精”：理论部分力求简洁、精练，用结构式描述法替代长篇大论的大段文字描述法，好读、易记，便于理解，使学生对保险学从宏观的角度有个整体、全面的认识，至于从微观的角度进行更深入的学习研究则是各门专业课的任务。因此，本书舍弃晦涩难懂的专业内容和繁杂的公式，力求用通俗易懂的语言讲清其间的逻辑关系和深奥的道理。

“准”：准确阐明保险学的理论和概念，务求使理论体系全面、完整、准确。为此，作者参阅了大量教材并进行了深入的调查研究，设定了本书目前的结构和内容。

“新”：应该说，近年来我国保险业的埋论与实践取得了长足进展，迫切需要对相关内容进行更新。本书体现了我国保险业理论与实践的最新成果，也包括作者在此方面原创性的研究成果，形成了崭新的知识体系。例如，关于保险的功能与作用，传统的论述已经过时，本书以2006年6月15日发布的《国务院关于保险业改革发展的若干意见》及中国保监会主席吴定富的相关讲话内容为蓝本展开，即三大功能、四大作用。再如，有关我国保险业的发展历程所用纵向数据最新用到了2008年，而解读我国保险业的发展现状与发展展望是作者最新的研究成果，用2007年的数据对我国保险市场的特征从区域和主体等多角度进行了深入的横截面分析。还有第十章有关保险资金运用和第十三章有关保险监管等方面的内容，本书也及时吸收了近年来最新的成果，更新了相关内容。全书采用2009版《中华人民共和国保险法》。

“活”：引用、总结了大量鲜活的案例，并且采用新颖的编写手法。

“实”：体现在顺应国情，内容实用性强、系统性好，利于读者循序渐进地学习。

其实，保险学科除保险学外，还有财产保险、人身保险、健康保险、再保险、保险营销、保险精算、保险公司经营管理等多门课程，这些课程之间存在着密切的联系，而保险学是学习其他保险知识的基础。为此，本教材尽量避免与其他相关教材的过分重复，没有过多地强调各专门理论的深度，而是注重保险学科的基础知识，从而提高读者在全面学习保险知识时的时间分配效用，也为后续课程留下了合理的学习空间。

本书既可以作为应用型本科经济管理类专业的教材，也可以作为保险企业广大业务人员的培训用书或参考书，还可以作为最广大的保险客户和潜在客户的保险知识普及用书。

本书的编写出版得到了清华大学出版社的热情鼓励和大力支持，编辑对本书的编写给予了很多具体的指导意见，作者深表感谢！同时，在本书的编写过程中，作者的六位学生也参与了部分章节的编写和资料整理工作，具体如下：郝顺洲参与了第一章，第二章第一、三、四节，第七章的编写；崔雪娇参与了第二章第二节，第三、六章的编写；王春丽参与了第四章的编写；李镇参与了第五、十二章的编写；张晓旭参与了第八、九、十章的编写；何晓晴参与了第十一、十三章的编写。在此，作者对他们的辛勤工作一并表示衷心的感谢！

写书和出书在某种程度上来说也是一件“遗憾”的事情。由于种种缘由，每每在书稿完成之后，总能发现有缺憾之处，本书也不例外。作者诚恳期望读者在阅读本书的过程中，指出存在的缺点和不足，提出宝贵的指导意见，这也是对作者的最高奖赏和鼓励。

刘　平

2009年2月

目 录

第二篇　保险合同

第三篇　保险经营

第四篇 保 险 市 场

导 论

从理论的角度出发，保险学可以分为广义保险学和狭义保险学。前者是将商业保险、社会保险与政策保险等一切采取保险方式来处理风险的社会化保险机制都包括在内，而后者仅指商业保险。换言之，广义保险学研究的是人类社会处理各种风险的社会化保险机制的整体，狭义保险学研究的是采取商业手段并严格按照市场法则运行的社会化保险机制。

由于不同的社会化保险机制在性质及经营手段上差异显著，保险学通常成了商业保险的代名词。考虑到本书的使用对象主要是商业保险方向的学生及商业保险系统的工作者和客户，因此，本书讨论的主要内容是商业保险，即商业保险学应当研究的内容。由于商业保险和社会保险是现代保险的两大支柱，为了让读者对广义的保险类型有基本的了解，在第六章“主要保险类型概览”中增列了“社会保险”一节和有关保险政策简介的阅读材料。

一、保险学的研究对象与内容

从保险学研究的发展历程来看，保险学的产生与发展是一个不断变化、不断升华的过程：从个别到整体、从实务技术到理论综合、从特殊问题到一般规律，保险学逐步由一个专门学术领域发展壮大成为一门属于应用层次的学科。

概括而言，本书的主要研究对象，即商业保险学的研究对象是保险商品交易及体现在这种交易之上的保险经济关系。这种交易行为以各种风险的客观存在为基础，以对价交换为基本原则，以订立的保险合同为依据，其外在形态是保单的买卖，其内容则是特定风险损失的转嫁和利益保障。保险交易行为的特殊性决定了保险学的研究具有其他学科无法替代的特性。

保险商品关系的具体内容主要体现在以下四个层面。

（1）保险合同主体之间的关系，即保险当事人（保险人与投保人）与保险关系人（被保险人、受益人、保单所有人）之间因保险商品交换而形成的相互关系。保险商品关系既是一种经济关系，也是一种法律关系。保险法律关系是保险经济关系的表现形式，保险经济关系是保险法律关系存在的基础。

（2）保险当事人、关系人与保险中介人之间的关系，即保险代理人、保险经纪人、保险公估人因经营保险业务：① 与保险人的保险商品交换关系；② 与投保人、被保险人、受益人的保险商品交换关系。

（3）保险企业之间的关系，即保险企业之间、原保险公司与再保险公司之间以及再保险公司之间因保险经营活动而产生的保险商品关系。

（4）政府与保险主体之间的关系，即国家对保险业实施监管而形成的管理与被管理的关系。

保险学的主要研究任务包括以下四个方面的内容。

（1）揭示保险商品关系质的规定性，明确保险商品关系与非保险商品关系的本质区别，划清商业保险与非商业保险的界限，阐述保险学与其相近学科的关系。

（2）揭示保险商品关系产生和发展的客观条件，阐明保险经济活动的基本原理，明确保险经济活动的基本规则。

（3）阐明保险商品关系的内在矛盾，为正确处理保险业内部关系提供理论指导；阐明保险与国民经济中相关部门之间的关系，明确保险在国民经济中的地位和作用。

（4）揭示保险一般规律在保险经营中的体现，为制定和调整保险产业政策、促进保险业的健康发展提供理论依据。

二、保险学的研究方法

由于保险关系的复杂性和保险业务的特殊性，在研究保险学的过程中，需要采用多种研究方法，主要包括以下三种。

（一）多学科综合研究法

保险学研究的是复杂的保险行为，不仅要遵循一般法律原则与经济规律，还需要运用数理统计、IT等技术手段，因此，保险学研究必须采取多学科综合研究的方法。换言之，保险学只有以经济学、统计学、法学、医学、营销学、投资学、人口学、灾害学等为理论基础，并充分吸收这些学科的最新研究成果，才能获得不断发展。

（二）理论结合实践研究法

保险学是一门应用性很强的学科，因此我们应当坚持理论与实践相结合、以应用为主的研究方法，构筑科学实用的保险学理论体系和框架，为保险发展和实践服务。首先，保险学是一门专门的学问，必然注重理论的分析、论证和思辨，以确立正确的保险理念，对保险的发展进行规律概括和理论提炼。其次，保险学又是一门处于应用层次的学科，应注重研究分析保险实践的最新发展。同时，要运用保险理论指导保险实践健康发展。

（三）纵横结合研究法

纵横结合研究法，即纵向考察与横向比较相结合的研究方法。保险业的出现不是偶然的，而是在社会经济发展到一定阶段，人们涌现出对保险的需求这一条件下得以产生并不断发展起来的，如海上贸易孕育了海上保险等。因此，研究保险学应当从历史的观点出发，通过对历史发展过程的纵向分析去把握保险实践中的现实本质和发展动向。与此同时，保险反映的是人类社会对风险保障的社会性需求，这种需求在各国之间既具有共性，又具有差异性和特殊性。因此，研究保险学又应注重横向比较，学习、借鉴和吸收国外的先进经验，促进我国保险业持续、稳健地发展。

第一篇　保险基础

第一章　风险与保险

第二章　保险概述

第三章　保险存在与发展的基础

第一章　风险与保险

内容提要

风险的客观存在是保险产生与发展的自然基础，无风险，无保险。为此，本章主要讲述保险存在的风险基础理论，深入浅出地解释了什么是风险以及风险的分类，简明扼要地介绍了风险的处理方法及可保风险的条件。具体内容包括：风险的概念及构成要素、风险管理的含义与基本方法、风险管理与保险的联系与区别。通过对本章的学习，读者可以清晰地了解风险与保险的关系，为进一步学习保险知识打下坚实的基础。

学习目标与重点

- 深刻理解风险的含义与特征。
- 熟悉风险管理的概念与基本程序，掌握风险管理的基本方法。
- 重点掌握衡量风险的两个指标、风险处理方法的选择与可保风险的条件。
- 课程思政：通过全国各地支持汶川抗震救灾，彰显社会主义制度的优越性。

关键术语

风险　风险管理　保险

引入案例

“5・12”汶川大地震

2008 年 5 月 12 日 14 时 28 分，四川省汶川县映秀镇发生了里氏 8.0 级特大地震。全国多个省、自治区、市均受其波及，甚至几乎整个东南亚和东亚地区都有震感。汶川大地震主要发生在山区，从而引发了破坏性比较大的崩塌、滚石、滑坡、堰塞湖等灾害，这一系列次生灾害给当地人民的生产、生活造成了极大的破坏。截至 2008 年 9 月 18 日 12 时，“5・12”汶川大地震共造成 69 227 人死亡、374 643 人受伤、17 923 人失踪，直接经济损失达 8451 亿元。这是中华人民共和国成立以来破坏力最大的地震，也是唐山大地震后伤亡最严重的一次地震，灾害的严重程度和波及范围十分罕见。

“5・12”汶川大地震发生以来，保险业在党中央、国务院的坚强领导下，克服种种困难，充分发挥保险的功能作用。各保险公司采取有效措施，在极为困难的条件下保证了保险服务不中断，理赔工作有序进行。截至 2009 年 5 月 10 日，保险业共处理有效赔案 23.9 万件，已结案 23.1 万件，结案率 96.7%；已赔付保险金 11.6 亿元，预付保险金 4.97 亿元，合计支付 16.6 亿元。赔案涉及遇难人员 1.29 万人、伤残 743 人、受伤医治 3343 人。保监会出台保险资金投资政策，积极引导保险公司参与灾区重建工作。部分保险公司同其他企业合作，通过设立债权投资计划或成立产业投资基金的方式支持灾区重建，投资总额已达 100 亿元。

“天有不测风云，人有旦夕祸福。”面对强大的自然灾害、意外事故等，每个人、家庭、企业、社会都面临着不同程度的风险，在日常生活或者生产经营过程中都承担着不同的风险后果。“无风险，无保险。”保险正是人们为了应付不同的风险损失而产生的经济补偿措施，也因此可以知道风险的客观存在是保险产生与发展的自然基础，风险的特征、种类与风险管理技术影响着保险理论与实践的发展。

资料来源：https://baike.so.com/doc/3661979-3848941.html.

https://www.163.com/money/article/592FBBBF0025335M.html.

第一节 风险概述

一、风险的含义

风险（risk）是指一种客观存在的、损失的发生具有不确定性的状态。因此，对风险的理解需要把握以下两大方面。

第一，风险是客观存在的，是不以人的意志为转移的。人们面对风险时通常显得无能为力。虽然人们可以认识、管理、控制风险，但是对于风险事故，人们往往无法避免某种风险事故的发生，只能通过相应措施来减轻风险造成的损害。

第二，风险损失具有不确定性。风险的本质特征就是损失的不确定性，这种不确定性表现为：① 损失发生与否不确定；② 损失发生的时间不确定；③ 损失发生的地点不确定；④ 损失发生的程度不确定；⑤ 损失发生的范围不确定。

存在风险就意味着存在损失的可能性。例如，火灾的发生会造成家庭财产的损失，企业失窃会造成企业财产的损失等。当然，有些风险既含有损失的可能，也含有获利的可能，此为投机风险。保险学所研究的主要是纯粹风险，即只有损失的风险。

二、衡量风险的指标

衡量风险是为了便于认识和控制风险，对某种特定风险的损失发生频率和损失程度进行计算，为选择风险的处理方法和进行风险管理提供决策依据。

衡量风险的指标有损失发生频率和损失程度。

（1）损失发生频率，是指在一定时期内一定规模的风险单位总量中可能发生的损失次数的比例。

（2）损失程度，是指一次风险事故发生所导致的标的损毁程度。用公式表示为：

$$损失发生频率=（损失发生次数\div风险单位总量）\times100\%$$

$$损失程度=（损毁价值\div风险标的总价值）\times100\%$$

损失发生频率表示损失事件发生的相对次数，而损失程度则显示风险损失发生后所导致的经济损失规模。通常情况下，损失发生频率和损失程度成反比关系，即损失程度大的风险事故发生频率小，而损失程度小的风险事故发生频率大。

以工业生产意外伤害事故的研究为例，海因里希调查了55万件机械事故，其中死亡、重伤事故1666件，轻伤48 334件，其余为无伤害事故之后，从而得出一个主要结论，即在机械事故中，死亡/重伤、轻伤和无伤害事故的比例为1∶29∶300，国际上把这一法则标为事故法则或海因里希法则（见图1-1）。

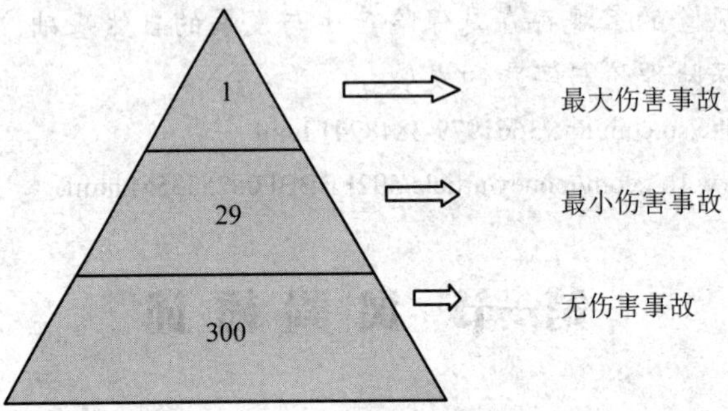

图1-1　海因里希法则

图1-1表明，在工业生产意外事故中，损失发生频率高的事件，其损失程度小；损失发生频率低的事件，其损失程度大。

三、风险的基本属性

人们重视风险与风险管理，起因于风险的属性。风险的基本属性包括自然属性、社会属性和经济属性。

（一）自然属性

风险是由客观存在的自然现象所引起的，自然界通过地震、洪水、雷电、暴风雨、滑坡、泥石流、海啸等形式给人类的生命和财产安全带来风险。但自然界的运动是有规律的，人们可以通过发现、认识和利用这些规律，来降低风险事故发生的概率，减轻损失的程度。

（二）社会属性

不同的社会环境下，风险的内容不同。风险是在一定社会环境下产生的，这是风险的社会属性。风险事故的发生与一定的社会制度、技术条件、经济条件和生产力等都有一定的关系，如战争、冲突、瘟疫、经济危机、恐怖袭击、车祸等是受社会环境影响和支配的。

（三）经济属性

风险的经济属性强调风险发生后所产生的经济后果，即风险与经济的相关联性。只有当灾害事故对人身安全和经济利益造成损失时，才体现出风险的经济属性，也才因此称为风险，否则，不定义为风险。例如，股市风险、信用风险、企业的生产经营风险等，都可能造成相关的经济损失。

四、风险的特征

风险具有以下七个主要特征。

（一）风险存在的客观性

风险是客观存在的，是不以人的意志为转移的。风险的客观性是保险产生和发展的自然基础。人们只能在一定的范围内改变风险形成和发展的条件，降低风险事故发生的概率，减轻损失程度，而不能彻底消除风险。

（二）风险的损失性

风险发生后必然会给人们造成某种损失，而且这种损失的发生也是人们无法预料和确定的。人们只能在认识和了解风险的基础上严防风险的发生和减少风险所造成的损失，损失是风险的必然结果。

（三）风险损失发生的不确定性

风险是客观的、普遍的，但就某一具体风险损失而言，其发生是不确定的，是一种随机现象。例如，火灾的发生是客观存在的风险事故，但是就某一次具体火灾的发生而言是不确定的，也是不可预知的，需要人们加强防范和提高防火意识。

（四）风险存在的普遍性

风险在人们生产生活中无处不在、无时不有，并威胁着人类生命和财产的安全，如地震灾害、洪水、火灾、意外事故的发生等。随着人类社会的不断进步和发展，人类将面临更多新的风险，风险事故造成的损失也可能越来越大。

（五）风险的社会性

没有人和人类社会，就谈不上风险。风险与人类社会的利益密切相关，时刻关系着人类的生存与发展，具有社会性。随着风险的发生，人们在日常经济生活中将遭受经济上的损失或身体上的伤害，企业将面临生产经营和财务上的损失。

（六）风险发生的可测性

单一风险的发生虽然具有不确定性，但对总体风险而言，风险事故的发生是可测的，即运用概率论和大数法则对总体风险事故的发生是可以进行统计分析的，以研究风险的规律性。风险事故的可测性为保险费率的厘定提供了科学依据。

（七）风险的可变性

世间万物都处于运动、变化之中，风险也是如此。风险的变化，有量的增减，有质的改变，还有旧风险的消失和新风险的产生。风险因素的变化主要是由科技进步、经济体制与结构的转变、政治与社会结构的改变等方面的变化引起的。

五、风险的构成要素

（一）风险要素

（1）风险因素：是指引起风险事故发生或增加损失频率或扩大损失程度的要素。通常根据性质将风险因素分为实质风险因素、道德风险因素和心理风险因素三种。

① 实质风险因素（即物理因素，是有形的因素）：是指能直接影响某事物物理功能的因素。例如，大雾天气增加了发生汽车事故的机会，木结构房屋比砖瓦结构房屋更易发生火灾。

② 道德风险因素：是指与人的品德修养有关的因素，即由于个人的不诚实、不正直或不良企图致使风险事故发生，如欺骗、纵火和盗窃等行为。

③ 心理风险因素：是指与人的心理状态有关的因素，是由于人们主观上的疏忽或过失，以致增加风险事故的发生机会或扩大损失程度的原因和条件。例如，生活无规律容易引发疾病，乱扔烟蒂容易引发火灾等。

（2）风险事故：是指引起财产损失或生命健康受损的偶发事件。

（3）风险损失：是指非故意的、非计划的、非预期的经济价值的减少。

（4）风险载体：是指风险事故指向的对象，可分为人身载体和财产载体。

（二）风险要素之间的关系

风险因素引发风险事故，风险事故导致风险损失，风险载体是风险因素和风险损失的承受对象。图 1-2 表示了风险要素之间的关系。

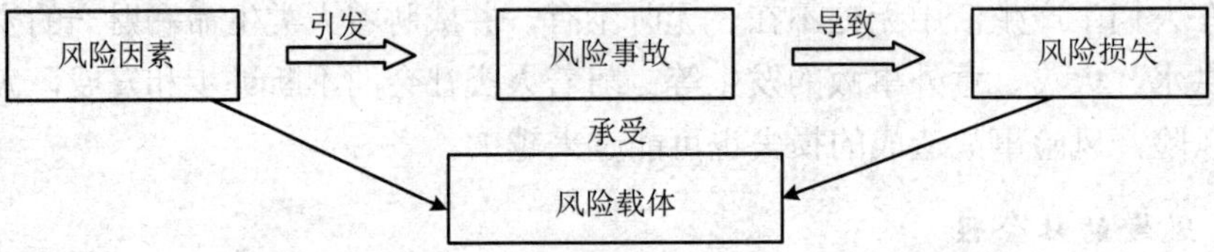

图 1-2 风险要素之间的关系

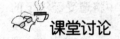

课堂讨论

试举例说明风险要素之间的关系。

六、风险的分类

（一）按风险形成的原因分类

（1）自然风险：是指因自然现象、物理现象或其他物质风险因素导致的风险，如地震、海啸、雪灾等。

（2）社会风险：是指由于个人或团体的不当作为对社会产生危害的风险，如抢劫、盗窃、罢工等。

（3）经济风险：是指在生产和销售等经营活动中因相关经济因素变动或决策失误导致

经营失败的风险，如企业经营不善、破产、通货膨胀等。

（4）政治风险：是指因种族冲突、政治动乱、宗教冲突、叛乱、战争、国家之间的冲突等政治原因造成的风险。

（二）按风险的性质分类

（1）纯粹风险：是指只有可能损失而无获利机会的风险，如火灾、车祸等。

（2）投机风险：是指那些可能有损失也可能获利的风险，如买卖股票等。

概念辨析

纯粹风险与投机风险的区别如下。

① 纯粹风险在一定条件下具有一定的规律性，容易适用大数法则；而投机风险规律性不明确，不易适用大数法则。

② 纯粹风险对社会、企业、家庭、个人有损失的可能性，人们往往采取规避风险的方法；投机风险的获利性可能使其更具有诱惑力，使爱好风险的人们甘愿去冒风险。

③ 保险主要保纯粹风险，投机风险属不可保风险。

（三）按风险产生的环境分类

（1）静态风险：是指在社会经济正常情况下由于自然力的不规则运动或者因人们的错误或失当行为所导致的风险，如洪灾、火灾、欺诈、呆账、破产等。

（2）动态风险：是指以社会经济、政治的变动为直接原因的风险，如市场结构调整、人口增长、环境改变等。

概念辨析

静态风险与动态风险的区别如下。

① 静态风险一般只对某些个体产生损害影响，而动态风险的影响范围则较为广泛。

② 静态风险对个体来说，风险事故发生是偶然的、不规则的，但就社会整体而言却有一定规律性，相对于动态风险其规律性更明显。

（四）按承担风险的主体分类

（1）团体风险：是指以企业或者社会团体作为承担风险的主体。

（2）政府风险：是指主要以政府作为承担风险的主体。

（3）个人与家庭风险：是指以个人或者家庭及其成员作为承担风险的主体，如人身风险、财产风险等。

（五）按风险危及的范围分类

（1）财产风险：是指导致财产损失、灭失和贬值的风险。

（2）人身风险：是指因人的死亡、残废、疾病、衰老等原因而引发的风险。

（3）信用风险：是指在经济交往过程中，债权人与债务人因一方违约造成对方经济损失的风险。

（4）责任风险：是指由于个人或团体因疏忽或过失行为，造成他人财产损失或身体伤害，依法承担民事法律责任的风险。

第二节　风险管理

一、风险管理的概念

风险管理（risk management）是指经济单位通过对风险的识别和衡量，采用合理的手段对风险实施有效的控制和处理，以最低的成本取得最大安全保障的科学管理方法。

风险管理的概念主要涵盖以下四个方面的内容。

（1）对象：风险管理的对象是风险。

（2）主体：风险管理的主体是经济单位，包括个人、家庭、企事业单位、社会团体或其他单位。

（3）途径：风险管理的途径是通过对风险的识别与衡量，选择有效的管理方法。

（4）目的：风险管理的目的是以最小的经济成本达到最大的安全保障。

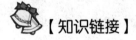

【知识链接】

风险管理的起源与发展

风险管理起源于美国，20 世纪中叶风险管理作为一门系统的管理科学被推出。经过 20 世纪 50 年代的推广、60 年代的系统研究、70 年代的迅速发展，直到 1983 年，美国风险与保险管理协会年会上通过了《101 条风险管理准则》，风险管理才更加规范化、系统化。经过不断的发展，风险管理已逐渐形成了一套较为成熟的体系和方法。风险管理作为一门系统的管理科学，已经从单纯转嫁风险的保险管理发展为以经营管理为中心的全面风险管理，改革并促进了与金融领域的融合发展。

二、风险管理的基本程序

风险管理的基本程序如图 1-3 所示。

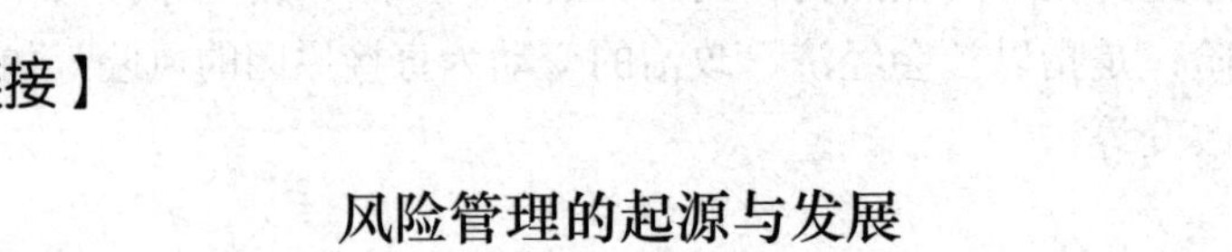

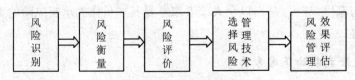

图 1-3　风险管理的基本程序

（一）风险识别

风险识别（risk identification）是指系统地、连续地分析所面临的或潜在的风险类别、形成原因及其影响范围等。风险识别是风险管理的第一步，是风险管理的基础。因为风险是复杂多变的，需要持续、系统地研究风险的变化。识别风险可通过资料整理、历史经验推断来分析、归纳和总结。风险识别的方法有很多种，有财务分析法、保险调查法、流程图分析法、现场实地调查法、专家法等，风险管理者要采用恰当的风险识别方法密切注意风险及其变化发展。

（二）风险衡量

风险衡量（risk measurement）是指在风险识别的基础上，通过对所收集的大量资料进行分析，运用概率论和数理统计及其他科学方法进行数量分析，寻找风险的损失规律。在这个阶段，风险管理人员通过对风险识别的信息整理，从而得到风险事故发生的损失频率和损失程度两项重要指标，为科学决策提供依据。

（三）风险评价

风险评价（risk evaluation）是指在风险识别和风险衡量的基础上，结合其他因素，对风险事故发生的频率和损失程度进行全面考虑，评估风险事故的可能性和它的危害程度，并且与公认的安全指标相比较来衡量风险程度，并决定是否采取相应措施。风险评价主要通过比较风险损失与处理风险所需投入的费用，确定风险的最佳处理方法，达到低成本、高效益，取得最大安全保障。

（四）选择风险管理技术

风险管理技术是风险管理中最为重要的环节。它根据风险评价的结果，选择、实施最佳风险管理技术方法，从而实现风险管理的目标。

（五）风险管理效果评估

风险管理效果评估是对所采用的风险处理方法的适用性和效益性及其实施情况进行分析、检查、评估和修正。在风险对策选定后，还要及时跟踪、调查，不断修正和调整计划。在一定时期内，风险处理方案是否为最佳方法，其效果如何，需要用科学的方法加以评估。

常用的评估公式为：

效益比值=因采取该项风险处理方案而减少的风险损失÷（因采取该项风险处理方案所需费用+机会成本）

风险管理的目标是以最小的经济成本达到最大的安全保障，能使效益比值达到最大的风险处理方案是最佳方案。若效益比值小于 1，则该风险处理方案不可取；若效益比值大于 1，则该风险处理方案可取。

三、风险管理的基本方法

在风险识别、衡量的基础上，风险管理人员运用合理有效的风险管理技术对风险加以处理。风险的处理方法可以分成两大类，即控制型风险处理方法和融资型风险处理方法。

（一）控制型风险处理方法

控制型风险处理方法是指在风险发生前防止和减少风险损失，在风险发生后降低风险事故损失的技术性措施，目的是针对经济单位所存在的风险因素，降低损失频率和减轻损失程度，主要方式有以下四种。

（1）避免。避免是指放弃某项具有风险的活动或减少风险损失的一种风险处理方法，该种方式适用于那些损失发生频率高且损失程度大的风险。它的局限性在于有些风险无法回避，而有时回避了风险也同时失去相应的收益，还有就是回避了某种风险又有可能面临另一种风险。

（2）预防。预防是指在风险损失发生前有针对性地采取有效处理措施，消除或减少可能引起损失的风险处理方法。

（3）抑制。抑制是指在风险事故发生前做好准备，便于在事故发生时或发生后及时采取措施来防止损失扩大的风险处理方法。

（4）集合分散。集合分散是指增加同类风险的若干个风险单位数目，各单位共同分担少数单位可能遭受的损失，以达到降低风险的目的。

课堂思考

下列三种情况分别属于上述哪种风险处理方法？

（1）多个投资者共同投资一个项目。

（2）在有易燃易爆物的场所设置提示标牌。

（3）在建筑物中设置消火栓和安全通道。

（二）融资型风险处理方法

融资型风险处理方法也称财务型风险处理方法，是指通过财务计划或合同安排提留风险补偿资金，用以对风险事故造成的经济损失进行补偿的风险处理方法，具体有自留风险和转移风险两种方法。

（1）自留风险。自留风险是指面临风险的经济单位或个人自己承担风险事故所致损失的一种风险处理方法。它通过内部资金融通或主动或被动自留风险。例如，人们因意外不会降临自己而被动自留风险，不采取保险方式；或组建专业的自保公司主动自留风险等。

（2）转移风险。转移风险是指面临风险的企业或个人，为避免风险损失，将风险损失或与损失有关的财务后果转嫁给其他企业或个人承担的一种风险处理方法。转移风险又分为以下两种方式。

① 非保险转移方式，是指企业或个人通过经济协议或合同，将损失的法律责任或与损失有关的财务后果转嫁给另一些企业或个人承担，如承包、租赁、分包、签订免除责任等。

② 保险转移方式，是指企业或个人通过与保险人订立保险合同，将其风险损失转嫁给保险人的一种风险管理方式。

表 1-1 所示为根据不同情况有不同的风险处理方法选择。

表 1-1　风险处理方法选择

损失程度	损失频率	
	高	低
大	避免风险	保险转移
小	预防、自留、抑制	自留风险

第三节　风险管理与保险

一、风险转移的方式

风险转移的方式主要分为控制型非保险转移方式、财务型非保险转移方式和财务型保险转移方式三种。

（1）控制型非保险转移方式是指借助于经济合同等法律文件，将损失的法律责任转移给非保险人的其他企业或个人，具体形式包括买卖合同、分包合同和开脱责任合同。

（2）财务型非保险转移方式是指企业或个人通过经济合同将损失或与损失有关的财务后果转移给其他企业或个人。

概念辨析

控制型非保险转移和财务型非保险转移的区别如下。

① 控制型非保险转移是转移损失的法律责任和经济活动本身。

② 财务型非保险转移只转移损失的财务后果。

（3）财务型保险转移方式是指企业或个人通过和保险人签订保险合同，使保险人按照约定向被保险人或指定的受益人给付赔偿款来化解企业或个人的财务损失风险，是应用范围最广、最为有效的风险管理方法。

概念辨析

财务型保险转移和财务型非保险转移的区别如下。

① 财务型保险转移是保险经济行为，而财务型非保险转移不是。

② 财务型保险转移的受让人是保险人，是专门的金融保险机构，财务型非保险转移的受让人是其他企业或个人。

③ 财务型保险转移建立在保险合同的基础上，财务型非保险转移依附于原经济合同。

二、风险管理与保险的关系

风险是保险产生和发展的自然基础。在风险管理中，不同的风险有着不同的处理方法，保险是转移风险损失的重要手段。所以，风险管理与保险有着密切的关系。

（1）风险管理和保险都是以风险为研究对象。风险管理主要研究风险发生规律，运用各种风险管理方式实现对风险的有效控制。保险则是以风险存在为前提，通过对风险规律的研究设计险种、开发业务、促进保险业发展。

（2）风险管理和保险都以概率论和大数法则等数学原理作为分析的基础和方法。两者风险估测的科学基础相同。风险管理和保险都要在准确估测预期损失率的基础上达到以最低成本获得最佳安全保障的经济目的。

（3）保险是风险管理的有效措施，被视为一种社会风险损失的经济补偿制度。通过保险可以把企业或个人承担的风险转嫁给保险公司，以较少的经济支出取得较大损失的经济保障。

（4）两者是一种互补关系。保险是风险管理中最普遍的方法。风险管理技术的发展，增强了保险的经济效益，巩固了保险业的发展。

三、可保风险的条件

可保风险（insurable risk）是指保险人可以承保的风险，即投保人可以通过购买保险来转移的风险。由此可知，可保风险仅限于一定时期的保险市场而言，是狭义的保险。讨论可保风险应具备的条件，就是研究保险在风险管理中的适用范围。

可保风险的条件有以下几方面。

（1）风险损失必须是可以用货币来计量的。保险是一种经济补偿行为，风险的财务转嫁和责任的承担都是通过相应的货币来衡量的。所以，不能用货币来衡量的风险损失不能作为可保风险。财产价值可以用价值衡量，而人身因伤残或死亡所蒙受的损失却难以用货币来衡量，因此，在保险实务中采用定额保险合同方式，以事先约定的保险金额作为给付标准。

（2）风险的发生必须具有偶然性。保险人所承保的风险，必须具有发生的可能性。如果风险肯定不会发生，就不会产生保险需求。但是针对单一风险主体来讲，风险的发生与否，以及发生后造成的损失程度是不可知的、偶然的。如果风险必然会发生，保险人不予承保。

（3）风险的发生必须是意外的。风险发生的意外性是指非故意行为所致的风险和不是必然发生的风险，如果是被保险人或投保人的故意行为所致的损失，保险人不予赔偿，否则容易引发道德风险。对于必然发生的风险，可通过其他的风险管理方式来控制和转移。

（4）风险必须是大量标的均有遭受损失的可能性。这是保险经营的基础——大数法则的基本要求，条件是各风险单位遭受风险事故造成损失的概率和损失程度相近。在大量风险事故的基础上，保险人通过大数法则进行保险经营，确定保险费率，满足保险人建立保险基金的需求。

（5）风险应有发生重大损失的可能性。对于保险人承保的风险，风险发生导致重大的风险损失才会使投保人产生保险需求。相反，如果损失程度轻微，选择购买保险是不经济的，一般可以通过自留风险来解决问题。

四、保险在风险管理中的意义

保险是社会经济发展到一定阶段的产物。自然灾害和意外事故的客观存在是保险产生的自然基础，剩余产品是保险产生的物质基础，商品经济是保险产生的经济基础。在现代社会处理风险的手段中，保险始终是风险管理中最普遍、最基础的方法。

（1）保险是风险转移中一种最重要、最有效的手段和方法。作为一种经济补偿手段，如果单位或个人遭受到风险的危害，可以通过保险的方式将所受的风险损失转嫁给保险人以减轻或消化风险造成的损害。

（2）保险可以使投保人以较小的经济成本达到最大的安全保障。投保人为了达到降低风险损失的目的，把不确定的、可能发生的巨额风险损失转换成确定的、小额的保险费支出，因而在各种风险管理形式中，保险受到大众的普遍欢迎，成为普遍的、常用的风险管理形式。

（3）保险由保险公司对风险进行集中处理。在投保人比较多，而且风险事故出现的概率和损失率比较稳定的情况下，保险人可以降低风险管理成本。

（4）保险运用概率论和大数法则对风险进行预测，有利于提高风险管理的自觉性、科学性和准确性。

（5）风险管理的不断演变和发展，促进保险不断创新。随着保险理论的发展，保险组织机构和种类的增多，保险营销渠道不断多样化，保险市场日益丰富，我国保险的监管体系也将日趋完善，保险业的发展将日益得到巩固和完善。

本章小结

没有风险就没有风险管理，也就没有保险的存在。风险的主要特征是损失的不确定性，具体表现为：损失发生与否不确定；损失发生的时间、地点不确定；损失发生的程度和范围不确定。

风险是客观存在的，是不以人的意志为转移的。风险的客观性是保险产生和发展的自然基础。损失是风险的必然结果。运用概率论和大数法则对总体风险事故的发生进行统计分析，可以研究风险的规律性。风险因素引发风险事故，风险事故导致风险损失。

按风险形成的原因可将风险分为自然风险、社会风险、经济风险、政治风险；按风险的性质可分为纯粹风险、投机风险；按风险产生的环境可分为静态风险、动态风险；按承担风险的主体可分为团体风险、政府风险、个人与家庭风险；按风险危及的范围可分为财产风险、人身风险、信用风险、责任风险。

风险管理是经济单位通过对风险的识别和衡量，采用合理的手段对风险实施有效的控制和处理，以最低的成本取得最大安全保障的科学管理方法，它的对象是风险，主体是经济单位，目的是以最小的经济成本达到最大的安全保障。

风险管理的处理方法可分为控制型风险处理方法和融资型风险处理方法。控制型风险处理方式主要有避免、预防、抑制和集合分散；融资型风险处理方式主要有自留风险和转移风险两种方式。

风险转移方式主要包括控制型非保险转移方式、财务型非保险转移方式和财务型保险转移方式三种。前两者的区别是，控制型非保险转移是转移损失的法律责任和经济活动本身；而财务型非保险转移只转移损失的财务后果。后两者的区别是，财务型保险转移是保险经济行为，它的受让人是保险人——专门的金融保险机构；而财务型非保险转移则不是保险经济行为，通常是依附于原经济合同。

可保风险是指保险人可以承保的风险，应具有以下五个条件：风险损失是可以用货币来计量的；风险的发生具有偶然性；风险的发生是意外的；大量标的均有遭受损失的可能性；同时应有发生重大损失的可能性。

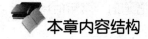

本章内容结构

- 风险与保险
  - 风险概述
    - 风险的含义
    - 衡量风险的指标
    - 风险的基本属性
    - 风险的特征
    - 风险的构成要素
      - 风险因素
        - 实质风险因素（物理因素）
        - 道德风险因素
        - 心理风险因素
      - 风险事故
      - 风险损失
      - 风险载体
        - 人身载体
        - 财产载体
    - 风险的分类
  - 风险管理
    - 风险管理的概念
    - 风险管理的基本程序
    - 风险管理的基本方法
  - 风险管理与保险
    - 风险转移的方式
    - 风险管理与保险的关系
    - 可保风险的条件
    - 保险在风险管理中的意义

- 风险管理处理方法
  - 控制型风险处理方法
    - 避免
    - 预防
    - 抑制
    - 集合分散
  - 融资型风险处理方法
    - 自留风险
    - 转移风险
      - 非保险转移方式
      - 保险转移方式

综合练习

一、名词解释

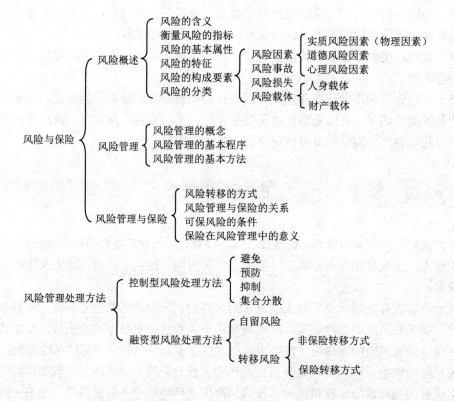

风险	风险因素	风险事故	风险损失	损失程度	纯粹风险
投机风险	静态风险	动态风险	信用风险	自留风险	转移风险

二、判断题

1．无风险，无保险，风险的客观存在是保险产生与发展的自然基础。（　　）
2．风险事故引发风险因素，风险因素导致损失。（　　）
3．风险的本质特征就是损失的不确定性。（　　）
4．投机风险和纯粹风险都属于可保风险。（　　）
5．风险转移包括控制型非保险转移方式、财务型非保险转移方式。（　　）

三、单选题

1．衡量风险的指标有（　　）。
A．发生频率　　B．损失程度　　C．A 与 B　　D．以上都不对
2．风险按承担的主体分类可分为（　　）。
A．团体风险　　B．政府风险　　C．个人与家庭风险　　D．以上都对
3．不属于融资型风险处理方法的是（　　）。
A．自留风险　　B．转移风险　　C．保险转移风险　　D．集合分散
4．风险管理的对象是（　　）。
A．保险　　B．风险　　C．个人　　D．家庭

四、填空题

1．风险的基本属性包括________、________、________。
2．风险按性质可分为________、________。
3．风险按形成的原因可分为________、________、________、________。
4．控制型风险处理方法主要有________、________、________、________。

五、简答题

1．如何理解风险？
2．简述风险的特征。
3．简述风险的构成要素及其之间的相互关系。
4．简述风险管理及其基本程序。
5．什么是可保风险？它具备哪些条件？
6．简述保险在风险管理中的意义。

第二章 保险概述

内容提要

本章主要讲述保险的含义及其功能作用。首先，简明扼要地介绍了什么是保险和保险的本质；其次，阐明了保险与类似经济行为的区别；最后，重点论述了保险的三大功能和四大作用。具体内容包括保险的本质、保险形态的划分、保险的功能和作用。通过对本章的学习，读者将对保险的基础理论知识有进一步的认识。

学习目标与重点

- 掌握保险的含义与本质。
- 了解保险形态的划分方法。
- 重点掌握保险的功能和作用。
- 课程思政：通过三大功能和四大作用说明我国保险的社会主义属性和作用。

关键术语

保险　保险本质　保险功能　保险作用

引入案例

保险业积极应对郑州特大暴雨灾害

2021 年河南郑州“7•20”特大暴雨造成重大人员伤亡和财产损失。关于保险理赔情况，中国银保监会新闻发言人 9 月 7 日表示，据统计，7 月 17 日至 8 月 25 日，河南保险业共接到理赔报案 51.32 万件，初步估损 124.04 亿元，已决赔付 34.6 万件，已决赔款 68.85 亿元，整体件数结案率已达 67%。其中，人身意外险（含意外医疗）件数结案率 76%，车险件数结案率 86%，农险件数结案率 76%，特别是全损秋粮作物赔款进度超过了 94%。

中国银保监会新闻发言人表示，银保监会迅速行动，靠前指挥，先后印发 5 份支持防汛救灾加强金融服务相关文件，立即启动重大灾害应急预案，组织开通 24 小时接报案、开创性实施无差别救援等，明确快受理、快查勘、快理赔，督导保险机构简化手续、环节、标准。

银保监会积极指导督促派出机构、保险机构建立完善保险保障应急机制、提高迅速响应，充分发挥保险经济补偿和社会治理功能。一是要求保险公司积极配合地方政府开展救灾救治、畅通金融服务、在灾害救助和灾后恢复重建中主动担当作为。二是要求保险公司实施无差别救援、加强理赔服务统筹协调、细化防灾救灾措施、做好损失精准摸排等，引导行业建立应急处置工作规范，确保应急应对高效及时。三是加快研究建立保险灾害事故分级分层响应机制，明确不同级别灾害事故下监管系统、保险公司及有关主体的响应措施。

编者点评：

从这次灾害事故可以看出，保险公司对参加保险的人提供风险保障，以便增强他们抵御风险的能力，为被保险人提供风险防范的帮助，减少被保险人因风险事故所带来的经济损失。保险为千家万户送去了温暖，为社会的稳定和经济发展起到了很好的支持作用。

资料来源：https://www.cnstock.com/v_news/sns_bwkx/202109/4753309.htm.

第一节 保险的本质

一、保险的含义

保险是指投保人根据合同约定，向保险人支付保险费，保险人对于合同约定的可能发生的事故所造成的财产损失承担赔偿保险金责任，或者当被保险人死亡、伤残、疾病或者达到合同约定的年龄、期限时承担给付保险金责任的商业保险行为。简单地概括为：保险是集合具有同类风险的众多单位或个人，以合理计算分担金的形式，实现对少数成员因该风险事故所致经济损失的补偿行为。

广义的保险包括社会保险（简称社保）和商业保险；狭义的保险专指商业保险。本书所称保险一般情况下即指后一种含义。

对于保险这一概念，可以从以下几个角度来分析。

（1）从经济的角度看，保险是集合同类风险单位以分摊损失的一项经济制度。保险最主要的特征体现在它是一种经济行为，保险人和投保人之间是一种商品交换关系。面临某种风险的经济单位需要一种经济保障，而保险人则能提供这种保障服务，这种保障服务就是一种特殊的商品。从被保险人之间的关系看，保险体现的是国民收入的一种再分配关系。一定时期内少数经济单位所遭受的风险损失，由参加保险的全体经济单位分摊，集合大家的力量一同应付风险损失，所以各个被保险人之间可以说是一种互助共济关系。而且保险公司通过收取保险费聚集了大量的资金，再对这些资金进行运作，在社会范围内起到了资金融通的作用。

（2）从法律的角度看，保险是一种合同行为。保险合同反映投保人与保险人之间的权利义务关系。《中华人民共和国保险法》（以下简称《保险法》）第十三条规定：“投保人提出保险要求，经保险人同意承保，保险合同成立。”保险人的主要权利是向投保人收取保险费，其主要义务是当约定的风险事故发生时向被保险人给付保险金；被保险人的主要权利是当约定的风险事故发生时可以向保险人请求给付保险金，同时投保人必须履行支付保险费义务及合同规定的其他义务。投保人与保险人在平等自愿的基础上，经过要约和承诺，订立保险合同，确立权利义务关系。

（3）从社会功能的角度看，保险是一种风险转移机制。保险使众多的经济单位结合在一起，建立保险基金，共同对付风险事故。面临风险的单位和个人，通过参加保险，将风险转移给保险公司，以最小的损失代替经济生活中因风险事故带来的高成本。而保险公司则借助概率论中的大数法则将足够多的面临风险的经济单位和个人组织起来，建立保险基金，应付风险事故的发生，使整个社会的经济生活得以稳定。

保险从本质上讲是一种经济补偿机制。它是根据投保方和保险方的合同关系，投保方缴纳一定的保险费建立保险基金，又称风险准备金，保险方对在合同有效期限内发生保险事故给投保方造成的财产损失进行经济补偿，或者对人身伤害按约定的金额给付保险金。简言之，保险本质是指在参与分摊损失补偿的单位或个人之间形成的一种分配关系。

从近代保险经济的主要形式看，其内部关系的对立统一有：被保险人之间的分配关系，这是整个保险分配关系的基础；被保险人与保险人之间的分配关系，这是保险分配关系的表现形式；保险人与再保险人之间的分配关系，这是保险分配关系的发展。其外部关系的对立统一有：保险分配关系与财政、企业财务、信贷、工资、价格等分配关系的关系。

二、保险与类似经济行为的区别

（一）保险与储蓄

保险与储蓄都是以现有的剩余资金为未来做准备，以应付未来的经济需要。在现实生活中，人们往往将保险与储蓄进行比较，然后决定购买保险还是进行储蓄。但是保险和储蓄具有很大的差异性，具体表现在以下几个方面。

（1）经济范畴不同。储蓄属于货币信用范畴，它作为经济生活中的后备，只能是自助的行为。而保险必须依赖多数经济单位或个人才能实现，是一种联合互助的行为。由此可以体现出它们各自的经济关系不一样。

（2）需求动机不同。储蓄的需求动机一般基于购买准备、支付准备和预防准备，这些需求一般在时间上和数量上均可以确定。而保险的需求则基于风险事故发生与否的不确定性，以及发生时间和损失程度的不确定性。

（3）权利主张不同。储蓄以存款自愿、取款自由为原则，存款人对自己的存款有完全的随时主张权，支取未到期存款虽然将损失部分利息收入，但是本利和一定大于本金。保险以投保自愿、退保自由为原则，但中途退保所领取的退保金在扣除保险公司管理费、手续费等费用后一般小于所缴纳的保险费总和。如果不退保，被保险人的主张权要受保险合同条件的约束。

（4）运行机制不同。储蓄主要受利率水平、物价水平、收入水平、社会经济发展水平以及流动性偏好等因素的影响，并且无须采用特殊技术进行计算。保险行为主要受未来损失的不确定性的影响，需要特殊的计算技术基础。

（5）行为后果不同。在一定的期限内，储蓄所获得的是确定的本利和。保险则是如果在保险期限内，保险事故发生后，被保险人或受益人可获得超出其所缴纳的保险费几倍或几十倍的保险赔款；但是如果在保险期间没有发生风险事故，被保险人将得不到所缴纳的保费和赔款。

（二）保险与赌博

保险与赌博都具有射幸性，同属于因偶然事件所引起的经济行为，都有获得超过支出的收入的可能，但两者有着本质的差别。

（1）目的不同。保险的目的是基于人类互助合作的精神，谋求经济生活的安定；而赌博则是以小博大，基于人类的贪婪和图谋暴利。

（2）动机不同。保险以转移风险为动机，利己不损人；而赌博则以损人利己、冒险获利为动机。

（3）机制不同。保险的风险是客观存在的，保险将化风险的不确定性为一定程度的确定性，以达到风险分散的目的；赌博是人为的风险，是将安全置于危险之中。

（4）后果不同。保险可以使被保险人将大额的经济损失变为小额的保险费支出，来转移、减少风险发生所造成的影响。保险对社会经济的发展起到十分重要的作用。赌博则将金钱作为赌注，增加了风险，还会给社会和家庭带来不安定。

（三）保险与救济

保险与救济都是对不幸事故损失进行补偿的行为，目标都是促进社会经济的稳定运行。但两者是不同的，具体表现如下。

（1）权利义务不同。救济是一种基于人道主义的施舍行为，任何一方都不受约束，没有相应的权利义务关系。保险是一种合同行为，要受合同的约束，保险关系当事人双方根据保险合同的约定履行各自的义务并享有相应的权利。

（2）救助方式不同。救济是单方面的他助行为。保险是自助和他助相结合的行为，且以自助为基础，依据保险合同进行救助。

（3）主张权利不同。救济的数量可多可少，形式多种多样，金钱、实物均可，接受救济者无权提出自己的主张。保险金的赔付或给付则必须按照合同履约，被保险人享有按合同约定主张保险金的请求权，如有异议还可以向法院提出诉讼，或要求仲裁，以实现请求权。

第二节 保险形态的划分

将保险按照不同的标准进行不同的分类，有利于保险合同的购买者清楚地了解自己的需求，从而根据需求的不同来购买符合自己需求的保险；同时也有利于保险人针对不同的人群推荐和销售不同的保险产品，提高销售的效率及管理的科学性。以下是几种常见的保险划分方法。

一、按实施方式划分

（一）自愿保险

自愿保险也称任意保险，是指保险双方当事人通过签订保险合同，或是由需要保险保障的人自愿组合而实施的一种保险。是否投保、向谁投保、选择什么样的保障范围、保障程度和保障期限都是由投保人自主决定的。当然，保险人也可以根据自己的情况选择是否承保、怎样承保，并可以自由选择保险标的、设定投保条件。

（二）法定保险

法定保险又称强制保险，是指国家对一定群体对象以法律、法令或条例规定其必须投保的一种保险。法定保险的实施方式有两种：① 保险对象与保险人均由法律限定；② 保险对象由法律限定，保险人由投保人自由选择。

二、按保险标的划分

（一）财产保险

财产保险是指以各种财产物资和有关利益为保险标的，以补偿投保人或被保险人经济损失的一种保险。财产保险有广义和狭义之分。广义的财产保险包括财产损失保险、责任保险、保证保险等。狭义的财产保险包括海上保险、火灾保险、货物运输保险、运输工具保险、利润损失保险、工程保险、农业保险等。由于经济的发展、社会分工的不断细化，财产保险的保险标的也随之改变，财产保险合同的种类也在不断增加。

（二）人身保险

人身保险是以人的寿命或身体作为保险标的的一种保险。由于人的身体、健康和生命无法简单地用货币来衡量，因此人身保险合同采用定额保险合同方式，以双方事先约定的保险金额作为给付标准。根据保障的范围不同，人身保险可划分为人寿保险、意外伤害保险和健康保险。

（三）责任保险

责任保险是以被保险人依法应负的民事损害赔偿责任或经过特别约定的合同责任作为承保责任的一类保险。无论法人还是自然人，在进行日常生产或经济活动时，都有可能因疏忽、过失等行为导致他人遭受损害，责任保险就是承保这种风险的。责任保险种类包括公共责任保险、职业责任保险、产品责任保险和雇主责任保险等。

（四）信用/保证保险

信用/保证保险是以信用风险作为保险标的的保险，都是具有担保性质的保险。保险人对信用关系的一方因对方未履行义务或不法行为而遭受的损失负经济赔偿责任。信用关系的双方即债权人和债务人都可以投保。当债权人作为投保人向保险人投保债务人的信用风险时就是信用保险，当债务人作为投保人向保险人投保自己的信用风险时就是保证保险。

三、按承保方式划分

（一）原保险

原保险是相对于再保险而言的，是投保人与保险人直接签订保险合同而建立保险关系的一种。在原保险关系中，保险需求者将其风险转嫁给保险人，当保险标的遭受保险责任范围内的损失时，保险人直接对被保险人承担赔偿责任。它是风险的第一次转移。

（二）再保险

再保险也称分保，是指原保险人对自己所承担的风险责任，为避免因过于集中而使一次或若干次重大灾害事故影响自身的财务稳定性，将其所承保的一部分转移给其他保险人的经济行为。它是风险的第二次转移。保险是再保险的基础与前提，再保险是保险的支柱与后盾。

（三）复合保险

复合保险是指投保人以投保利益的全部或部分，分别向数个保险人投保相同种类的保险，签订数个保险合同，其保险金额总和不超过保险价值的一种保险。

复合保险的损失处理方式主要有保险分摊法、超额承保法、优先承保法。

（四）重复保险

重复保险是指投保人以同一保险标的、同一保险利益、同一风险事故分别与数个保险人订立保险合同的一种保险。重复保险与复合保险的区别在于，其保险总额超过保险价值。

（五）共同保险

共同保险是指投保人与两个以上保险人之间就同一保险利益、同一风险共同缔结保险合同的一种保险。在保险实务中，数个保险公司可能以某一保险公司的名义签发一张保单，然后每一保险公司对保险事故损失按比例责任分摊方式分摊责任。

四、按保险属性划分

（一）商业保险

商业保险是保险公司根据保险合同约定，向投保人收取保险费，对于合同约定的风险发生造成的财产损失承担赔偿责任；或当被保险人死亡、伤残、疾病或者达到合同约定的年龄、期限时承担给付保险金责任的一种合同行为。

（二）社会保险

社会保险是依据国家立法强制实施的一类保险，是社会保障体系的重要组成部分。社会保险通常有社会养老保险、社会医疗保险、失业保险、工伤保险和生育保险。社会保险业务一般由政府部门或事业单位直接经办，有时也可委托商业保险机构或其他非营利性保险机构代办。

（三）政策性保险

政策性保险是指为国家推行某种政策而配套的一类保险，如国家为交通事故妥善处理而开设的机动车交通事故责任强制保险、国家为鼓励贸易出口而开设的出口信用保险等。

（四）互助合作保险

互助合作保险是由民间举办的非营利性保险，这是最古老的保险形式，在各种行业组织、民间团体中存在较多。

五、按保险价值划分

（一）定值保险合同

定值保险合同即保险合同双方当事人事先确定保险标的的保险价值，并在合同中载明，以确定保险金最高限额的保险合同。

定值保险合同的优点如下。① 理赔手续简便。保险事故发生后可以直接按照事先确定的保险价值进行理赔，不用重新估值。② 争议少。保险金额确定简便易行，因此减少甚至避免了保险当事人之间的纠纷。

定值保险合同的缺点如下。① 使用的范围狭窄。由于定值保险合同容易被利用进行欺诈行为，所以多数保险人不愿采用，有的国家甚至禁止使用这种合同方式。② 专业要求高。确定保险价值需要保险人有足够的估值经验和特有的专业知识，否则很难正确确定保险标的的价值。

（二）不定值保险合同

不定值保险合同即保险合同双方当事人对保险标的不预先确定其价值，而在保险事故发生后再估算价值、确定损失的保险合同。

不定值保险合同的优点如下。① 定值合理。由于很多保险标的发生事故后的损失都是难以确定的，采用不定值保险合同能根据实际情况确定保险标的的真实损失，因而更加合理、科学。② 使用的范围广泛。由于不定值保险合同是根据具体情况确定保险标的价值，比较合理，所以多数保险人愿意采用这种方法。因此，不定值保险合同成为保险合同的主要形式。

不定值保险合同的缺点如下。① 争议较多。由于保险当事人对确定保险标的保险价值的计算方法容易产生分歧，所以由此产生的争议也会增加。② 理赔手续较繁杂。由于保险金额不是事先确定的，所以在保险事故发生后，要重新确定保险赔偿金额，由此产生的手续和程序也很多。

（三）定额保险合同

定额保险合同是针对人身保险合同而言的，在订立合同时，由保险人和投保人双方约定保险金额，被保险人死亡、伤残、疾病或达到合同所约定的年龄、期限时，保险人按照合同约定给付保险金。定额保险合同与定值保险合同有很多相似之处，但也有所不同，具体如下。

（1）适用的对象不同。定值保险合同一般适用于财产保险，而定额保险合同则适用于人身保险。

（2）确定保险金额的方式不同。采用定值保险合同的保险标的可以用货币来计量保险价值，所以通常采用一般的保险价值计算方法就能确定其保险金额；而采用定额保险合同的保险标的通常不能用货币计量其保险价值，所以要采用特殊的计算方法或直接约定的方式确定保险金额。

六、其他划分

（一）按赔付方式划分

（1）定额保险：是指在合同订立时，由保险双方当事人协商确定一定的保险金额，当保险事故发生时，保险人依照预先确定的保险金额给付保险金的一种保险，适用于人身保险。

（2）损失保险：是指在保险事故发生后，由保险人按照保险标的实际损失额支付保险金的一种保险，适用于财产保险。

（二）按保险经营主体划分

（1）公营保险：是指由国家或地方政府投资经营的保险。

（2）民营保险：是指由私人投资经营的保险，其形式主要有股份保险公司、相互保险公司、保险合作社、个人经营的保险。

（三）按保险金与保险价值的关系划分

（1）足额保险：是指以保险价值全部投保而订立保险合同的一种保险。保险合同中估计确定的保险金额与保险价值相等。

（2）不足额保险：亦称为部分保险，是指保险合同约定的保险金额小于保险价值的一种保险。

（3）超额保险：是指保险合同中约定的保险金额大于保险价值的一种保险。

（四）按保险合同的性质划分

（1）补偿性保险合同：一般是指财产保险合同，因为财产保险合同可以用货币计量，在保险人对被保险人进行损失赔偿后，可以使被保险人恢复到事故发生以前的经济水平。

（2）给付性保险合同：一般是指人身保险合同，因为人身保险合同中的保险标的不能用货币进行计量，所以只能根据特殊的计算方式或双方当事人协商确定保险金额。在约定的保险事故发生后，保险人会支付约定的保险金额给被保险人或受益人。

（五）按承担的风险责任划分

（1）单一风险保险合同：是指以一人或一物为保险标的的保险合同，又称单独保险合同。例如，以个人的健康为保险标的投保的保险合同。在保险合同中，单个保险合同居多。

（2）综合风险保险合同：是指保险人对承保的多个保险标的仅确定一个总的保险金额，而不分别规定保险金额的保险合同。

（3）一切险保险合同：是指保险人承担除“除外责任”以外的一切风险的保险合同。除外责任是指保险标的的损失不属于由保险责任范围内的保险事故所导致的结果，因而保险人不予承担赔偿的责任。除外责任包括除外地点（不属于承保风险的地点）、除外风险（不保的风险）、除外财产（不保的财产）和除外损失（由一些法令或法规所引起的损失）。

第三节　保险的功能

保险的特性决定保险的功能，保险的功能是保险本质的客观反映，即保险功能决定了保险制度存在与发展的必要性，也决定了保险业在国民经济和金融体系中的地位和作用。从理论上认识、抽象和概括保险的功能，有利于不断完善保险内部的传导机制，调整保险分配的内外关系。人们对保险功能认识的提高又促进了保险业的进一步发展。2006 年 6 月 15 日，国务院发布的《国务院关于保险业改革发展的若干意见》明确指出，保险具有经济补偿、资金融通和社会管理功能，是市场经济条件下风险管理的基本手段，是金融体系和社会保障体系的重要组成部分，在社会主义和谐社会建设中具有重要作用。

一、经济补偿功能

经济补偿功能是保险的最基本功能，具体包括分散风险的功能和损失补偿的功能。

（一）分散风险的功能

分散风险是指保险将在一定时期内可能发生的自然灾害和意外事故所导致的经济损失的总额在共同的投保人之间分散化，使少数人的经济损失由所有投保人共同分担，从而分散风险事故引发的损失。从本质上来讲，保险是一种分散风险、分摊损失的机制。

举例来说，假定有 10 万个人，每个人在一年内患某种重大疾病的概率为万分之一，而治疗该疾病的医疗费用为 20 万元。虽然对于某个人来说，患病概率很低，然而一旦患病，昂贵的医疗费用就可能超出其承受能力而延误就医、危及生命或使其生活水平下降。在一年之内，这 10 万个人可能患病支付的医疗费为 100 000×0.01%×200 000=200（万元），分摊到每个人就是 200÷10=20（元）。如果在年初每个人预先支付 20 元的保费，在接下来的一年当中，无论谁患了该病，都会由保险公司为其支付最高 20 万元的医疗费。如此，通过支付一笔固定的保费 20 元，每个人就把自己的 20 万元疾病医疗风险转移出去了。

（二）损失补偿的功能

损失补偿是指参加保险的单位或个人通过建立起来的保险基金，对少数成员在风险事故中所遭受的损失进行经济补偿。保险的损失补偿功能可使人们抵御灾害损失，保障经济和生产活动的顺利进行。

损失补偿功能的行使在不同的保险场合有不同的形式，具体表现在以下方面。

（1）在财产保险中体现为补偿被保险人因灾害事故所遭受的经济损失。

（2）在责任保险中体现为补偿被保险人依法应负担的对第三方的经济补偿。

（3）在人身保险中体现为对被保险人或其指定的受益人支付约定的保险补偿金。

分散风险和损失补偿这两个职能是相辅相成的，损失补偿是保险的最终目的，分散风险是经济补偿的前提和手段。因此，两者是保险机制运行过程中手段和目的的统一，是保险本质特征的最基本反映。

【案例 2-1】

大连突发罕见冰雹大灾

2021 年 10 月 1 日凌晨，大连地区突遇强对流天气，罕见冰雹造成大连地区群众 2 万多辆车以及其他部分财产受损。大连银保监局快速响应，指导各保险公司第一时间启动重大自然灾害应急预案，全力以赴开展保险理赔工作。截至 10 月 1 日 15 时，保险机构已接到各类理赔报案 2.89 万件，已估损金额 1.33 亿元。

面对此次灾情，大连保险业主动出击、快速行动。第一时间防灾防损。辖内瓦房店市特产苹果极易遭受雹灾影响，2020 年雹灾赔款 8700 万元。2021 年，中国人民财产保险股份有限公司与气象机构签署协议，出资购买防灾防损服务，对极端天气提前实施人工干预作业。自 9 月 30 日晚 20：00 发布雹灾预警后，中国人民财产保险股份有限公司第一时间在 5 个重点乡镇启动人工干预防灾防损服务，历时近 5 个小时，共计发射除雹弹 408 发，苹果受此次雹灾影响十分有限，达到了稳产稳收的预期效果。

编者点评：

这次重大灾害发生后，经过保险公司的迅速理赔与援助，给因灾害造成财产损失的人民群众带去了温暖，同时由于积极预防，减轻了这次灾害带来的经济损失，充分发挥了保险分散风险、损失补偿和防灾减灾的功能。

资料来源：https://www.financialnews.com.cn/qy/dfjr/202110/t20211007_229959.html?ivk_sa=1023197a.

二、资金融通功能

保险的资金融通功能是指将保险基金暂时闲置的部分，重新投入社会再生产过程中。保险具有“事前收费，事后补偿”的特点，保险组织通过收取保险费聚集保险基金，由于保险费收入和保额赔付经常在时间上不一致，从而使保险具备了聚集社会资金的能力。保险作为金融体系中的重要组成部分，承载和发挥了资金融通的功能，保障社会经济的稳定，充分发挥着保险的经济“助推器”和社会“稳定器”作用，为全面建设小康社会和构建社会主义和谐社会服务。

保险的资金融通功能主要体现在以下几方面。

（1）通过承保业务获取并分流部分社会资金，对国家而言稳定了社会经济的良好运行。

（2）通过投资将积累的保险资金运用出去，以满足未来的支付需要。保险公司为了使企业经营稳定，必须保证保险基金保值、增值。

（3）保险公司作为商业机构，是以营利为目的的，从自身经济利益出发，也愿意通过多渠道投资获得更高收益。从国际经验来看，保险公司收益的重要来源之一就是投资。

保险的资金融通功能使保险业参与到社会资金的整体循环过程中，在对各种风险进行有效控制管理的基础上实现保险资金的保值与增值，同时为社会经济的繁荣与发展做出贡献。

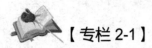

【专栏 2-1】

我国保险资金的运用形式

为了提高保险资金的运用水平，更好地支持国民经济建设，我国保险资金运用渠道逐渐拓宽。《保险法》第一百零六条规定，保险公司的资金运用必须稳健，遵循安全性原则。

保险公司的资金运用限于下列形式：

（一）银行存款；

（二）买卖债券、股票、证券投资基金份额等有价证券；

（三）投资不动产；

（四）国务院规定的其他资金运用形式。

《保险法》第一百零七条规定，经国务院保险监督管理机构会同国务院证券监督管理机构批准，保险公司可以设立保险资产管理公司。保险资产管理公司从事证券投资活动时，应当遵守《中华人民共和国证券法》等法律、行政法规的规定。

三、社会管理功能

保险具有社会管理功能是我国保险实践对世界保险理论的一大贡献，使保险功能理论从经济补偿和资金融通的“二元功能说”发展成为包括社会管理功能在内的“三元功能说”。随着我国保险实践的发展，保险服务不断增强，我国的保险业逐渐由传统的保险业形态过渡到现代保险业。保险功能的不断创新与发展，使保险内容更加丰富。保险的社会管理功能理论为保险业全面服务国民经济和社会发展提供了坚实的理论基础，拓宽了保险业的市场空间，提高了保险业的社会地位。

保险的社会管理功能内涵十分丰富，主要体现在以下几个方面。

（1）社会风险管理。保险公司具有识别、衡量和分析风险的专业知识，能够积极配合有关部门做好防灾防损工作，实现对风险的控制和管理，可以在国家应对公共突发事件应急处理机制中发挥作用。

（2）社会关系管理。通过介入灾害处理的全过程，参与社会关系管理，可以改变社会主体的行为模式，为维护社会关系创造有利条件，起到稳定社会的作用，提高社会运行的效率。例如，发展各种责任保险可以有效调节雇主和雇员的关系、学生和学校的关系。

（3）社会信用管理。保险在经营过程中以信用为基础，以法律为保障，在建立社会信用体系中具有十分重要的作用，可以促进社会信用体系的发展。

（4）社会保障管理。商业保险是社会保障体系的重要组成部分，为社会提供多层次的保障服务，为单位和个人提供完善的保险保障，有利于扩大社会保障的覆盖面，在完善社会保障体系方面发挥着重要作用。

保险的资金融通功能和社会管理功能是在保险经济补偿基本功能的基础上产生和发展的，是保险的派生功能，伴随着保险分配关系的发展而发展。

【专栏 2-2】

量身定制保险方案，保险业为北京冬奥会提供风险保障

为确保赛事顺利进行，国内保险业为北京冬奥会提供了充分的保险保障。北京银保监局的数据显示，国内相关保险机构为冬奥组委 4000 余辆服务车辆提供全面车险保障，为“相约北京”系列测试赛工作人员、志愿者、教练人员、运动员 9000 余人次提供意外伤害和意外伤害医疗保险保障，保额 108.55 亿元。

“我们开发了专属保险方案精准对接冬奥需求。”北京银保监局局长李明肖介绍，保险业为冬奥会量身定制综合责任险、财产险、车险、意外健康险四项专属保险方案，充分满足赛前、赛中、赛后各阶段风险管理需要，并在保障范围、理赔服务等方面给予专属政策。

据悉，新冠肺炎疫情风险被纳入保障范围，冬奥专属新冠肺炎人身综合保险条款针对新冠肺炎导致的医疗费用、紧急救援费用等提供保险保障。北京银保监局印发专项文件加强冬奥车险服务，要求财险机构为北京赛区赛时服务车辆依法办理保险延期，避免重复投保和重复理赔；要求开通车险理赔绿色通道，提高理赔效率，力保赛时服务车辆运行不间断。

北京冬奥会为国内保险业打开了一扇“新大门”——以服务冬奥会为契机，国内保险业将持续助力冰雪产业蓬勃发展。“我们正推动研发有专项保险利率政策的专属保险保障条款，为冰雪产业优质企业和场馆设施赛后改造利用提供保险保障支持。”李明肖介绍，2020 年以来，为迎接本届冬奥会，北京各财险公司已设计推出 50 余款冰雪产业相关保险产品，累计提供风险保障超过 3200 亿元，为继续创新打下了较好的基础。

“冰雪保险”产品丰富，涵盖场所公众责任保险、组织者责任保险、滑雪人员意外伤害保险、专业运动员意外伤害保险等 10 余个险种，可以全方位服务冰雪产业发展。“针对冰雪旅游运动场景，目前我们已经开发了境内旅游保险、北京冬奥专属个人旅游保险等产品。接下来，公司将继续创新产品和服务，打造事前预防、事中管理、事后补偿的全流程风险管理体系，构建‘保险+科技+服务’的冰雪旅游服务模式，推动冰雪旅游高质量发展。”中国人保党委副书记、总裁王廷科说。

资料来源：《人民日报》（2022 年 2 月 14 日 18 版）http://finance.people.com.cn/n1/2022/0214/c1004-32351197.html.

第四节　保险的作用

保险的作用是其功能在特定历史时期和社会条件下的反映，究其根本，是保险制度所表现出来的对社会和经济发展的影响。改革开放以来，我国保险业在促进改革、保障经济、稳定社会、造福人民等方面发挥了重要作用。随着实践的发展，我国保险业必将在全面建

设小康社会和构建社会主义和谐社会的伟大进程中发挥越来越大的作用。

一、促进改革

1992 年社会主义市场经济体制的确定明确了改革的目标和方向，也就是让市场在资源配置中发挥基础性的作用，劳动用工制度改革、住房制度改革、医疗制度改革、社会保障制度改革等改革政策和措施都是以市场为导向的。这就要求保险业及时做出回应，积极配合各项改革，抓住这些改革所提供的机会，适时推出人民群众迫切需要的保险产品，满足社会新的需求。

随着保险业务的不断发展，保险为辅助政府实施社会风险管理、建立社会主义和谐社会发挥了重要的作用。保险为被保险人的单位和个人提供了经济上的保护。当被保险人因突发的风险事故而陷入困境时，保险公司为那些被保险人或受益人给予经济补偿，从而使这些单位或个人脱离困境。人民群众安全了，整个社会才会安定。

随着社会经济的发展，世界各国都面临着越来越大的来自社会保障方面的压力。很多国家开始反思传统的政府包揽对诸如老年风险、健康风险、失业风险、工伤风险等社会风险提供全面保障的做法，开始尝试鼓励商业保险来参与社会风险的管理，从而降低社会风险的水平，提高社会管理的效率，缓解社会矛盾，促进社会经济的改革和发展。因此，充分发挥保险业的作用，加快保险业的发展，对于我国经济体制改革具有重大的意义。

【专栏 2-3】

我国现代社会保险制度的建立与发展

1978 年 12 月，党的十一届三中全会重新确立了解放思想、实事求是的思想路线，把工作重点转移到现代化建设上来，并做出了改革开放的重大决策。在改革开放的推动下，我国逐步从计划经济体制转向社会主义市场经济体制，社会保障制度改革也朝着适应社会主义市场经济的方向转变。

1. 社会保障制度的恢复与转型（1978—1992 年）

1978 年 3 月，第五届全国人大第一次会议通过的《中华人民共和国宪法》，对养老保障、医疗保障、社会福利、贫困救助及军烈属生活保障等方面做出了原则性规定。1978 年 6 月，国务院颁布了《关于安置老弱病残干部的暂行办法》和《关于工人退休、退职的暂行办法》，恢复了中断多年的干部与国营企业职工退休退职制度。

从 1984 年开始，中央和地方开始尝试退休费用的社会统筹。1991 年 6 月，国务院颁布《关于企业职工养老保险制度改革的决定》，首次提出建立多层次养老保险体系框架，明确基本养老保险实行“省级统筹”。

自 1987 年起，职工大病医疗费用社会统筹和退休人员医疗费用社会统筹开始进行试点。1992 年 9 月，劳动部颁布了《关于试行职工大病医疗费用社会统筹的意见的通知》，随后各地区相继开展不同程度的大病医疗费用社会统筹。

改革开放之后的16年间，我国社会保障制度完成了恢复与重建，并开始了社会化的探索。在经济体制转型的大浪潮下，社会保障制度为适应国有企业改革的需要，以企业退休费用的社会统筹为起点，先后启动了养老、医疗、失业、工伤和生育费用社会统筹试点，自下而上地促进了企业保险向社会保险的转变，多元的社会保障体系框架雏形初现，开启了社会保障改革的征程。

2. 现代社会保障制度的框架初步构建（1993—2002年）

1993年11月，党的十四届三中全会通过的《中共中央关于建立社会主义市场经济体制若干问题的决定》提出"加快改革开放和社会主义现代化建设步伐"，将社会保障确认为市场经济体系的五大支柱之一，提出"实行社会统筹和个人账户相结合""建立多层次的社会保障体系""社会保险行政管理和社会保险基金经营要分开"原则，确立了社会保障体系的改革方向。

1997年7月，国务院颁布了《关于建立统一的企业职工基本养老保险制度的决定》，核心内容是"三统一"，即统一企业和职工个人的缴费比例，统一个人账户规模，统一养老金计发办法，标志着我国城镇职工基本养老保险制度的初步建立。

1998年12月，国务院印发《关于建立城镇职工基本医疗保险制度的决定》，正式确立了社会统筹和个人账户相结合、单位和职工共同缴费、覆盖城镇所有用人单位的职工基本医疗保险制度。2002年10月，党中央和国务院颁布《关于进一步加强农村卫生工作的决定》，提出建立新型农村合作医疗制度，并在一些省市进行试点。

我国在确立社会主义市场经济体制的发展方向之后，社会保障领域的各项改革同步进行。职工基本养老保险从两种"统账结合"实施办法走向统一，职工基本医疗保险从"两江试点"迈向全面推进，国有企业待业保险嬗变为覆盖范围更广的失业保险，工伤保险和生育保险在试点中不断发展，新型农村合作医疗、城市低保制度和社会保险费征缴条例应运而生，弱势群体保障制度日益完善，社会保障制度体系的制度框架基本形成。

3. 新时代社会保障制度发展阶段（2003年至今）

2002年11月，党的十六大在全面建设小康社会的目标下，提出了"健全社会保障体系""建立同经济发展水平相适应的社会保障体系"的要求，明确坚持统账结合的社会保险制度，健全失业保险和城镇居民最低生活保障制度，积极探索建立农村养老、医疗保险和最低生活保障制度。社会保障体系建设进入以政府基本公共服务均等化为主线的新发展阶段，覆盖面开始往城乡居民扩展。

2011年6月，国务院印发《关于开展城镇居民社会养老保险试点的指导意见》，决定建立城镇居民养老保险制度，这标志着在制度层面，实现了基本养老保险的全覆盖。2014年2月，国务院出台了《关于建立统一的城乡居民基本养老保险制度的意见》，将"新农保"和"城居保"合并成为"城乡居民基本养老保险"。2015年1月，国务院颁布《关于机关事业单位工作人员养老保险制度改革的决定》，决定对机关事业单位工作人员养老保险和城镇企业职工基本养老保险进行"并轨"，意味着城镇的职工基本养老保险制度完成了统一。

2007年7月，国务院发布《关于开展城镇居民基本医疗保险试点的指导意见》，标志着基本医疗保险在制度层面实现全覆盖。2016年1月，国务院颁发《关于整合城乡居民基本医疗保险制度的意见》，提出整合新型农村合作医疗和城镇居民基本医疗保险制度，建立统一的城乡居民基本医疗保险制度。

回顾党的十六大以来的社会保障制度改革，多层次、社会公平和制度可持续成为社会保障制度改革的总体目标，以社会保险、社会救助为核心的社会保障体系框架不断发展完善，各类补充保障项目日益多元。

资料来源：http://views.ce.cn/view/ent/202105/24/t20210524_36583854.shtml.

二、保障经济

保险在经济发展中有着非常重要的作用。保险通过赔偿被保险人的经济损失，帮助个人或机构在保险合同规定范围内的风险事故发生时得到经济补偿。保险不仅可以使投保人因风险事故所致的经济损失缩小，更可以稳定经济的发展，为经济发展保驾护航。

保险的作用不仅表现在经济补偿上，其最基本的作用是转移风险。通过购买保险，投保人将风险转移给保险人。保险人将风险承担下来，同时向投保人收取一定的保险费。这样，投保人花少量的钱就可以把风险转移出去，解除生活和生产中的后顾之忧。

保险公司作为独立的经济实体，承担着补偿灾害损失的责任，从公司经营管理和自身经济利益出发，必然要关心保险财产的安全，积极进行防灾防损工作。保险公司运用自己长期处理风险的经验和专门知识，指导企业的风险管理，向被保险人提供防灾咨询，进行安全检查，发现问题，提出建议，督促被保险人及时采取措施消除隐患。同时，还从保险费中提取一定比例的防灾基金，资助有关部门增添防灾设施，开展灾害研究。上述工作，既可减少灾害事故的发生或缩小灾害损失的程度和影响，使社会财富少受损失；又可减少保险赔款支出，稳定保险经营，从而实现最好的经济效益和社会效益。而且保险公司把闲置的保险基金用于购买有价证券、进行资金拆借等，既有利于加速保险基金的积累，也有利于经济发展。

保险的产生和发展是社会分工精细化发展的必然结果，在风险管理上实现了专业分工的高效率，具有规模经济。现代工商业的发展，保险功不可没，特别是商业保险，在实现自身效益的同时，对减轻经济的波动、促进经济的发展，发挥着无可取代的作用。

（1）保险有利于企业加强经济核算，能够把企业不确定的巨额灾害损失化为固定的、少量的保险费支出，保证企业的生产正常运行，增强企业和市场的竞争能力，使社会经济良好有序地发展。

（2）保险有利于促进金融的繁荣与稳定。一方面保险作为金融中介，保险人减少了储蓄和借款者之间的交易成本；另一方面还改变了金融资产的期限结构。

（3）保险还有助于活跃经济，促进贸易和商务的发展。

三、稳定社会

保险通过分散风险及提供经济补偿，在保障社会稳定方面发挥着积极的作用。

个人及其家庭生活安定是整个社会稳定的基础。然而，各种风险事故的发生往往使个人或家庭遭到损害，而成为社会不稳定因素。这些不稳定因素会使正常的社会生活秩序遭到破坏。保险通过保障个人及家庭的生活稳定，消除了这些不稳定因素，从而维护了社会生活秩序的安定。

除个人和家庭外，企业是社会的基本单位。企业财产保险可以使企业在遭受自然灾害、意外事故时能够及时获得保险来补偿损失，从而迅速恢复生产。同时，为防止因灾害事故发生而导致营业中断造成预期利润受损，企业还可购买企业业务中断保险或利润损失保险等险种予以预防，以保障企业的经济生命得到延续，社会生产得以正常进行。此外，企业还可用参加保险的方法将其对社会公众的责任转嫁给保险人，也可通过雇主责任保险或员工意外伤害保险、团体保险等手段将对雇员的责任转由保险人承担。

保险的派生功能之一——社会管理功能，在客观上起到了保障社会稳定的作用。保险人通过与消防、交通、公安、水电、地震、气象部门的配合，开展防火、防洪、防震和防止交通事故等宣传工作，提高了投保人对防灾防损重要性的认识；通过参加当地安全委员会和消防委员会等安全组织，做到互通信息，搞好部门间的防灾防损工作；保险人还参加由主管部门组织的地区性或行业性安全联合检查、冬春两季防火检查和夏秋两季防汛检查等，帮助投保人消除事故隐患；结合承保、理赔工作，帮助企业做好安全管理，拨付防灾补助费，用于防灾防损专职部门添置设备、防灾宣传、修建防损设施，使企业发生风险事故的可能性降到最低，既稳定了企业生产，也保障了社会安定。

大力发展保险事业，不仅是健全社会主义市场经济体制的要求，还为社会主义市场经济持续、稳定、健康、快速发展创造了有利条件，其稳定社会的作用是显而易见的。

【专栏 2-4】

保险在巨灾风险管理中大有可为

巨灾，是指台风、暴雨、洪水、地震和海啸等强大自然灾害造成的损失。巨灾风险管理体系包括灾前防灾预测、灾中救援减损、灾后补偿重建等综合的多层次体系。我国是地震、洪水等自然灾害多发的国家，特别是 2008 年以来我国接连发生南方雪灾、“5·12”汶川大地震、郑州特大暴雨灾害、大连突发罕见冰雹大灾等重大自然灾害事故。以前，我国各类自然灾害造成的经济损失的补偿严重依赖国家财政，使本已紧张的国家财政承受了巨大的压力，保险这种社会化的风险损失承担机制在管理巨灾风险方面的作用远未充分发挥出来。

“十四五规划”明确提出，发展巨灾保险。在政府的主导下，建立起巨灾风险机制，建立起市场化的补偿机制，有利于提高风险管理水平，减轻政府负担，提高全社会的救灾效率，有效地提升保险在国家灾害救助体系中的地位，对于稳定社会有巨大的促进作用。在 2021 年应对郑州特大暴雨灾害、大连突发罕见冰雹大灾中，都已经看到保险业在发挥着积极的作用。

资料来源：中国保监会保险教材编写组．风险管理与保险[M]．北京：高等教育出版社，2007.

《中华人民共和国国民经济和社会发展第十四个五年规划和 2035 年远景目标纲要》。

四、造福人民

随着市场经济的不断发展，按照经济体制转轨的需要，人们在养老、失业、医疗、工伤、生育等方面的风险保障，将从计划经济模式逐步转变到市场经济模式，从而逐渐由以往国家财政统包的做法，变为很大程度上由个人分担的模式。社会保险虽然对这些风险进行保障，但其保障水平较低。以养老保险为例，我国目前实行基本养老保险制度，但基本养老保险由于考虑到不同阶层的承受力，其保障水平有限。现在各家保险公司纷纷开办了商业养老保险。由于商业养老保险可覆盖全民所有制企业、城镇集体所有制企业、国家机关、事业单位的员工，以及农村居民、个体工商户、三资企业中方员工等，而且保障水平可以由投保人自己决定，因而较好地解决了个人年老后的生活保障问题，使他们得以免除后顾之忧，安心生产，保障社会经济稳定发展。再如，在医疗方面，随着社会的进步，人们对医疗的需求日益增强，但昂贵的医疗费用又往往使人们难以承受，而通过保险手段，把从投保人手中收取的保费聚集起来，建立医疗保险基金，把风险分散到广大投保人身上，能有效地解决这一难题。目前我国各家保险公司都开办了不同种类的医疗保险。总之，随着保险种类的不断增多、保险市场和服务领域的不断扩大，保险为促进社会主义和谐社会建设和造福人民发挥着巨大作用。

本章小结

保险是集合具有同类风险的众多单位或个人，以合理计算分担金的形式，实现对少数成员因该风险事故所致经济损失的补偿行为。

保险从本质上讲是一种经济补偿机制。它是根据投保方和保险方的合同关系，投保方缴纳一定的保险费建立保险基金，又称风险准备金，保险方对在合同有效期限内发生保险事故给投保方造成的财产损失进行经济补偿，或者对人身伤害按约定的金额给付保险金。

根据不同的要求，保险的分类方法也不同。按实施方式划分，可分为自愿保险、法定保险；按保险标的划分，可分为财产保险、人身保险、责任保险和信用/保证保险等；按承保方式划分，可分为原保险、再保险、复合保险、重复保险和共同保险；按保险属性划分，可分为商业保险、社会保险、政策性保险和互助合作保险。

保险具有经济补偿、资金融通和社会管理三大功能。经济补偿功能是保险的最基本功能，包括分散风险的功能和损失补偿的功能。资金融通功能和社会管理功能是在保险基本功能的基础上产生和发展的，是保险的派生功能。

保险的特性决定保险的功能，保险的功能是保险本质的客观反映。保险功能决定了保险制度存在与发展的必要性，也决定了保险业在国民经济和金融体系中的地位和作用。

保险的作用可分为四个方面，即促进改革、保障经济、稳定社会和造福人民。

本章内容结构

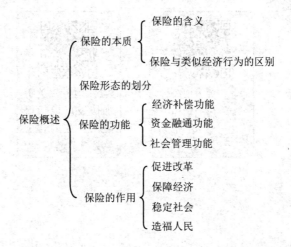

- 保险概述
  - 保险的本质
    - 保险的含义
    - 保险与类似经济行为的区别
  - 保险形态的划分
  - 保险的功能
    - 经济补偿功能
    - 资金融通功能
    - 社会管理功能
  - 保险的作用
    - 促进改革
    - 保障经济
    - 稳定社会
    - 造福人民

综合练习

一、名词解释

保险　　保险本质　　人身保险　　责任保险　　政策性保险

经济补偿功能　　风险分散功能　　损失补偿功能　　资金融通功能　　社会管理功能

二、判断题

1．保险的本质是一种经济补偿机制。（　　）

2．保险的功能决定保险的特性，所以保险功能是保险本质的客观反映。（　　）

3．分散风险和损失补偿是保险机制运行过程中手段和目的的统一，是保险本质特征的最基本反映。（　　）

三、填空题

1．保险的基本功能具体包括________、________；派生功能有________、________。

2．保险的作用可分为________、________、________、________。

四、简答题

1．简述保险的分类。

2．简单分析保险的功能。

3．保险的作用是什么？

4．比较保险与类似经济行为的区别。

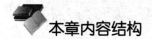

阅读材料

2-1　关于保险性质的若干学说

2-2　国务院关于加快发展现代保险服务业的若干意见（节选）

第三章　保险存在与发展的基础

内容提要

本章首先介绍了以国家为主体、以经济单位为主体和以保险公司为主体的三种主要的经济补偿方式；然后深入阐述了保险存在与发展的五大基础，即自然基础、经济基础、技术基础、法律基础和制度基础；最后介绍了保险与社会经济文化环境的关系。通过对本章的学习，读者可以深层次地了解保险存在与发展的基础，以及衡量保险发展水平的两个重要指标，即保险深度与保险密度。

学习目标与重点

- 了解三种主要的经济补偿方式及各自的特点。
- 重点掌握保险存在与发展的五大基础和衡量保险发展水平的两大指标。
- 初步掌握保险与社会经济文化环境的关系，主要是与经济和人口的关系。
- 课程思政：通过我国保险业发展历史说明改革开放取得的巨大成就。

关键术语

经济补偿方式　保险深度　保险密度

引入案例

续解汶川大地震灾后重建

第一章我们提到了汶川大地震，为了恢复灾区经济，根据中央部署，国务院及时颁布了《汶川地震灾后恢复重建条例》，迅速出台《国务院关于做好汶川地震灾后恢复重建工作的指导意见》和《国务院关于支持汶川地震灾后恢复重建政策措施的意见》。2008 年 9 月 19 日国务院正式印发了《汶川地震灾后恢复重建总体规划》，形成了一个由《总体规划》、10 个专项规划、灾区省年度实施计划和 51 个重灾县（市、区）具体实施规划构成的科学规划体系，涉及土地利用、市场服务体系、生态修复、农村建设、公共服务设施建设、城镇体系和城乡住房建设等。

国家计划用 3 年左右的时间，耗资 1 万亿元，完成四川、甘肃、陕西重灾区灾后恢复重建主要任务，使广大灾区基本生活条件和经济社会发展水平达到或超过灾前水平。在各方面共同努力下，经过两年的日夜奋战，汶川地震灾后恢复重建“三年重建任务两年基本完成”的目标如期实现。截至 2011 年 4 月底，纳入国家重建规划的 41 130 个重建项目已完工 38 803 个，占重建任务的 94.34%；完成投资 8851.53 亿元，占规划投资的 92.37%。“家家有房住、户户有就业、人人有保障、设施有提高、经济有发展、生态有改善”的重建目标基本实现。

在公共服务方面，已建成各类学校 3839 所，占规划任务的 96.6%；建成各类医疗卫生和康复机构 2169 个，占规划任务的 93.3%。学校、医院提高一度抗震设防，严格执行强制性建设标准规范，成为最安全、最牢固、群众最放心的建筑。公共服务能力和综合保障水平比震前有了飞跃提升，灾区基本公共服务均等化实现水平跃居西部地区前列。

而就保险公司的赔付情况，已在第一章里有所介绍。在汶川大地震的理赔中，仅中国人寿的赔付笔数就超过了美国“9·11”事件、印度洋海啸的相关赔付，成为世界上最大的一次寿险赔付。以地震重灾区德阳为例，中国人寿在当地的分公司预计赔付额达 2.5 亿元。

资料来源：http://www.china.com.cn/zhibo/zhuanti/ch-xinwen/2010-08/31/content_22531942.htm.

第一节 经济补偿方式

现代社会的经济补偿方式主要可分为以下三种类型：以国家为主体的补偿方式、以经济单位为主体的补偿方式和以保险公司为主体的补偿方式。

一、以国家为主体的补偿方式

以国家为主体的补偿方式是国家凭借政权的力量，以税收等方式强制参与国民收入分配，建立财政集中型的国家后备基金，以满足国家的重大突发事件和特大灾害事故引起的经济需要。

我国财政集中型的后备基金基本上由以下四部分组成。

（1）国家物资储备。国家物资储备是由财政专门拨款购买特定的物资，作为长期性战略储备的一种形式，它属于实物储备，主要用于解决国民经济发生重大事件和重大意外事故所造成的物资缺口。

（2）国家预算预备费。国家预算预备费是货币形式的财政后备，属于当年财政的机动费用，用于解决国家财政年度内的不平衡问题。

（3）预算周转资金。预算周转资金是为了平衡季节性收支、仅供周转之用的资金，用以解决财政收支在时间上的不平衡所产生的资金需求。

（4）财政历年结余。财政历年结余在财政收支关系上体现为以丰补歉，将因工农业丰收出现的预算结余部分作为财政后备，以备工农业歉收时之用，有利于解决财政收支的年度不平衡问题。

以国家为主体的补偿方式有其存在的客观必然性。西方经济理论认为，风险的某些特征使得政府参与风险补偿成为必然。风险具有外在性，而且是一种公共品，外在性和公共品可能产生市场失灵。对于市场失灵，在微观领域内政府的参与可能更有效、更经济。或者说，对于某些特殊风险，不论是一般经济主体还是保险公司，都可能无能力或不愿意去承担风险事故的补偿责任。此时，以国家财政为主体的补偿方式就显示出其巨大的作用和显著的优越性。

各国实践表明，财政集中型后备基金对解决巨灾事故的补偿、救济、抚恤以及解决国民经济中出现的不平衡问题，具有不可替代的作用。但是，财政集中型后备基金也有其自身不可克服的缺点。例如，国家物资储备常常面临储存看管成本的控制、购买价格的制定、物资更新的运营等各种问题，而且财政集中型后备基金的规模也受国民经济水平和国家现有经济力量的制约。

二、以经济单位为主体的补偿方式

以经济单位为主体的补偿方式通过建立自保型的后备基金进行补偿，即由经济主体根据自身的经营状况筹集一定数额的货币基金，用以专门补偿自身遭受损失（主要是由财产风险和责任风险导致的损失）后产生的经济缺口。

经济主体自保型的后备基金具有其存在的必然性。在企业活动中不可避免地存在多种风险因素，当企业经营者意识到风险的存在，并发现通过商业保险公司将风险转移出去是不可行或者虽可行但代价太高时，就会选择自留风险，这是一种积极的自保。

经济主体自保型的后备基金可以来源于企业自身，即企业盈余或由企业向其他组织借款。当前国际上自保型后备基金的筹集方式如图 3-1 所示。

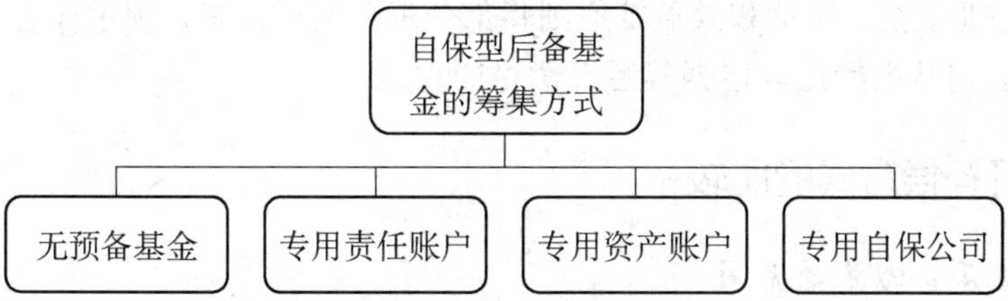

图 3-1　自保型后备基金的筹集方式

（1）无预备基金。无预备基金，即自保企业并不建立任何正式的预备基金，损失发生后，企业或组织只是被动地承受这种损失。虽然这种方式能最大限度地减少管理细节，但如果年度之间的损失太大，极易使企业或组织陷入困境。

（2）专用责任账户。专用责任账户，即企业管理者事先建立一个专用责任账户，用以化解未投保损失的影响。公司每年从利润中预先确定损失的估计值，并加上这些损失额应得的利息或其他收入，一并进入专用责任账户。

（3）专用资产账户。企业建立专用资产账户以持有一定现金或流动性强的投资，预备损失发生的可能。专用资产账户的缺点之一就是持有现金或准现金的资产只能得到较低的收益率。

（4）专用自保公司。一些大的企业或组织往往采用建立专用自保公司的方式来筹集自保基金。专用自保公司的所有权属于被保险方。母公司建立了一个从属保险公司，而该分公司反过来向母公司签发保单。由于保险方和被保险方都处于同一公司，因此风险仍留在公司内，属于自保形式。专用自保公司的优点是：① 可以为母公司带来税收优惠并满足母公司自保型后备基金的管理需要；② 母公司与专用自保公司的保险交易中不存在道德风险和逆向选择的问题，提高了保险效率。

虽然经济主体自保型后备基金得到了较大发展，但对于企业来说，要享受自保型后备基金，一方面必须有一定的资金实力，另一方面必须承担自保基金始终处于高流动性、低收益性的机会成本，加之缺乏对损失进行科学预测的专业能力，因此更多的企业倾向于保险后备基金。

三、以保险公司为主体的补偿方式

以保险公司为主体的补偿方式是通过保险合同，由保险公司向投保人收取保险费而建立的保险后备基金，补偿自然灾害和意外事故造成的财产损失或人身伤亡引起的资金需要。

以保险公司为主体的补偿方式有其自身优点，表现在以下两方面。

（1）保险形式的后备基金有广泛而稳定的资金来源。通过保险合同将社会存在的分散闲置资金集中起来，汇集成雄厚的保险基金，可以弥补风险造成的巨额损失。同时，保险基金可以逐年积累，壮大其经济补偿能力，应付重大灾害事故造成的损失，保证投保人能够尽快恢复生产经营活动。

（2）保险费率的制定及保险基金的建立有科学依据。保险费率可以随着客观经济发展状况及投保人的合理要求加以适当的修正。保险公司可以利用保险费收取与支付上的时间差和数量差，按照安全、流动和效益等原则将部分资金用于投资，满足社会对资金的需求，同时也使保险公司从中受益，增强其经济偿付能力。

四、三种经济补偿方式的比较

（一）补偿基金的来源不同

在以国家为主体的补偿方式中，补偿基金主要来源于国家财政，因而其数量主要受到社会生产力发展水平的制约。

经济主体自保型后备基金主要来源于企业自身利润，在市场竞争日益加剧的趋势下，企业利润本身的不稳定性使自保基金的来源缺乏保障。

保险后备基金来源于保险费，缴纳保险费的主体是全体社会各种经济单位和个体，补偿基金来源范围的广泛性保证了保险基金来源的相对稳定。

（二）补偿范围不同

以国家为主体的补偿基金主要解决遭受特大自然灾害的救济、应付突然出现的紧急事件、涉及国民经济全局的重大损失补偿等，对于企业单位和个人因灾害事故带来的损失，一般不予补偿。

经济主体自保型后备基金由于来自企业利润，因此只能补偿本企业经常发生的小规模灾害事故带来的少量损失，对于巨灾损失的补偿往往无能为力。

保险后备基金是用于补偿保险合同中保险范围内的损失。保险公司出于自身利益最大化的追求，对符合承保条件的风险领域进行见缝插针式的保险产品开发，保险的补偿范围相应扩展到符合承保条件的所有风险领域。

（三）补偿的性质、特征不同

1. 专用性：保险后备基金的专用性最强

保险后备基金是以保险合同的形式，通过对价有偿原则筹集而来，其管理主体是保险公司，且有保险法、金融法等法律法规加以监督规范，因此，保险后备基金的专用性最强。

以国家财政为主体的补偿方式对于解决国家宏观经济发展中的突发事件引起的经济需要有较好的作用，但对经济领域的微观主体面临的灾害事故损失则难以发挥补偿作用。

经济主体自保型后备基金若采用公司设立资金账户的筹资方式进行管理，当公司短期利益与后备基金长期利益发生冲突时，往往会被挪作他用，导致其名存实亡。

2. 科学性：保险后备基金的科学性最强

保险费率是根据大数法则和概率论原理厘定的，具有时间和空间上的分散性。

财政集中型后备基金虽然具备空间上足够的分散性，但它是现收现付制，时间上的分散性不够。

经济主体自保型的后备基金在时空上的分散性也极为有限，难以应付突发性的巨灾风险。

3. 盈利性：保险后备基金的盈利性最好

财政集中型后备基金来源特殊，因而盈利性最差。

经济主体自保型后备基金为了保证后备基金的高流动性以备不时之需，不得不牺牲基金的盈利性。

保险后备基金由于收入与支出的时间差和数量差，以及保险责任的连续性，可以合理地投资运用，实现较高的盈利性。

表 3-1 所示为三种经济补偿方式的比较。

表 3-1　三种经济补偿方式的比较

补偿方式	比较		
	补偿基金的来源不同	补偿范围不同	补偿性质、特征不同
以国家为主体的补偿方式	主要来源于国家财政	主要解决重大损失补偿	后备基金专用性较差、科学性较差、盈利性最差
以经济单位为丰体的补偿方式	主要来源丁企业自身利润	补偿小规模灾害带来的少量损失	后备基金专用性较差、科学性较差、盈利性较差
以保险公司为主体的补偿方式	主要来源于保费	符合承保条件的所有风险领域	后备基金专用性强、科学性强、盈利性高

第二节　保险经营的基础

保险存在与发展离不开以下五大基础：自然基础、经济基础、技术基础、法律基础和制度基础，如图 3-2 所示。

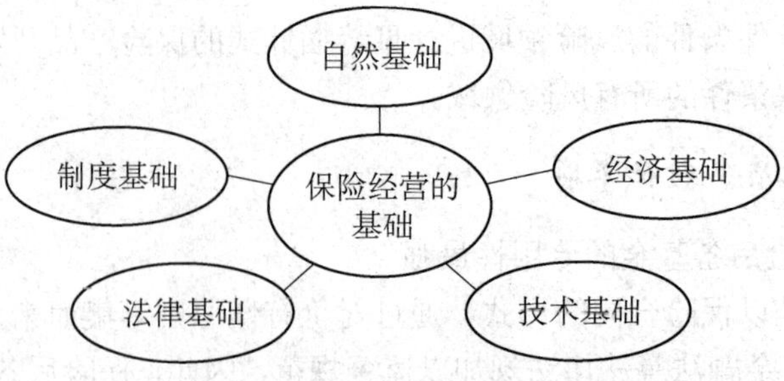

图 3-2　保险存在与发展的五大基础

一、自然基础

在人类生存和发展的历史过程中，存在着各种各样的风险，使人们的目标无法实现。人们可以减少风险但却不能完全消除风险，其根本原因在于，人类社会是地球或整个宇宙存在的一部分，永远受环境的制约，而不可能决定整个环境条件的变化。

风险的客观性、普遍性、损害性以及单一风险发生的不确定性决定了人们只有将风险转嫁出去才能相对地消除风险，营造社会生活和生产的安全环境。保险公司向保户提供经济保障的保险服务，正好满足了人们对于消除风险的安全需要。因此，风险的客观存在是保险产生和发展的自然基础。此点在第一章已经做了充分的说明。

二、经济基础

保险是以众多投保人缴纳保险费形成的保险基金，补偿其中少数投保人受到的经济损失。因此，在全社会的范围集合大批投保人是发展保险的内在要求，这在分散、封闭的自给自足的经济社会里是无法实现的。只有在生产社会化、商品经济高度发展的条件下，生产者之间形成了普遍的社会经济关系时，人们才有可能为求得“保障”这个共同利益而结合起来，由此推动保险的发展。因此，当经济发展中出现大量的剩余产品、商品经济迅速发展时，便为商业保险的产生和发展提供了强有力的经济基础。

在当今我国社会，城镇化是推动保险发展的一个重要因素。城镇化是涉及几亿农业人口转入非农产业的社会结构的根本性变迁。目前我国的城镇化进程正在加快，根据第 7 次全国人口普查公报，2020 年 11 月 1 日零时全国人口中，居住在城镇的人口为 901 991 162 人，占 63.89%（2020 年我国户籍人口城镇化率为 45.4%）；居住在乡村的人口为 509 787 562 人，占 36.11%。与 2010 年第六次全国人口普查相比，城镇人口增加 236 415 856 人，乡村人口减少 164 361 984 人，城镇人口比重上升 14.21 个百分点。我国城镇化率已达 63.89%，这给城镇经济发展带来了机遇，同时也给保险业发展带来了机遇。

伴随着城镇化进程的持续进行，到城镇来的农民脱离了土地保障，必然寻求货币保障。随着农民的收入增加，他们必定会寻找新的方式来保障和提高生活质量，避免各种风险。而收入的增加，也使他们有了购买保险的经济基础，这就促使人们对意外险、健康保险、寿险业需求的增加。国外的经验表明，其寿险大发展时期均发生在城镇化进程加快的阶段。

城镇化的加快，为农村劳动力的转移提供了更为广阔的发展空间。而农村城镇化则为农业的发展提供直接的市场，形成农村经济区域发展中心，从根本上促进农村非农产业的发展和农业劳动力转移，使农村经济得到有效的升级，这无疑又将成为新一轮农民消费能力增长的动力源泉所在。从更广的角度看，农民现实购买力的增加将为保险的购买带来广阔的市场，农村市场的城镇化发展将给保险业带来无限商机。

三、技术基础

单一风险的发生具有不确定性，但总体风险的发生是具有规律性和可测性的。由于有风险的不确定性，人们才将保险风险转嫁于保险企业；由于有众多的风险转嫁于保险企业，才实现了单个风险的不确定性在集合层次上的可测性。这种不可测性向可测性转化的矛盾运动便构成了保险经营的技术基础。很显然，如果没有这种矛盾运动，纵然人们有强烈的风险转嫁愿望，也不会有人愿意接受这种风险，因为接受他人的风险转嫁无异于冒险。因此，离开了这种技术基础，保险就难以存在和发展。

如保险经营管理过程中需要进行一系列的管理决策，而这些管理决策就包括如何制定合理的保险费率、如何提取适当的准备金、如何确定自留风险和安排再保险以及最核心的问题——如何保证保险公司资产和负债的平衡以维持必要的偿付能力。这些问题的解决需要依赖于保险经营的技术基础——保险精算。

精算是指利用数量模型来估计和分析未来的不确定时间（风险）产生的影响，特别是财务影响。保险精算就是以数学、统计学、金融学、保险学以及人口学等学科的知识和原理，去解决商业保险中需要精确计算的问题。在寿险精算中，利率和死亡率的测算即生命表的建立成为寿险精算的核心工作。非寿险精算则以损失发生频率、规模以及对损失的控制作为其研究重心。

保险精算的基本原理主要是收支相等原则和大数法则。收支相等原则即要求保险期内纯保费收入和现金价值与支出保险金价值相等。大数法则是用来说明大量的随机现象由于偶然性相互抵消所呈现的必然数量规律的一系列定理的统称，如切比雪夫大数法则、贝努利大数法则、普阿松大数法则等。大数法则为保险经营特别是非寿险经营中利用统计资料来估算损失概率提供了理论基础，同时对承保标的的数量提供了理论要求。

四、法律基础

保险既体现一定的经济关系，又体现一定的法律关系，保险关系的确立、变更和终止都与保险合同密不可分。保险关系的确立，必须以合同达成为条件。在合同生效之前，保险关系不能存在，这时所发生的一切损失，即使属于可保风险所致，保险人也无赔偿责任。

保险关系的变更，如责任范围的扩大与缩小、保险金额的增减、保险期限的延长与缩短、保单条件的变化、受益人的更换等，都必须在原合同的基础上做出必要的变更。保险关系的终止，无论是由于赔款的支付，或因违约而导致，实质上都是因为保险合同的某一要件的消失而终止。

因此，保险合同是保险经济关系的实现形式。保险合同作为经济合同的一种，受法律的保护和约束。保险之所以能够对社会经济运行起到重要作用，是因为有其法律基础作为保证。保险的法律基础包括《民法典》《经济法》《保险法》等，其中最重要的是有关保险的法律法规，同时还有《劳动保险条例》《机动车交通事故责任强制保险条例》《失业保险条例》《财产保险合同条例》等。

五、制度基础

具备了自然基础、经济基础、技术基础、法律基础后，保险的存在还需要制度基础。如果在制度安排上排斥保险机制，则无论保险对社会经济的发展有多么重要，它都不可能得到发展。例如，我国在 1958 年实行“大跃进”、人民公社化运动以后，在“左”倾思想的影响下，采取了“一大二公”制度，农民面临的灾害事故和生、老、病、残等风险保障都由人民公社包下来。国内保险业务陆续停办，我国保险业遭受了巨大的挫折。

因此，在限制、排斥商品经济，实行高度集中的计划经济体制时期，经济的管理主要采用行政手段，所有生产都由国家计划安排，商业上统购包销，财政上统收统支，个人吃企业的“大锅饭”，企业吃国家的“大锅饭”，企业的灾害损失由财政解决，职工的生老病死由企业解决。商业保险失去了存在的制度基础。直到 1978 年党的十一届三中全会召开以后，中国人民保险公司于 1979 年得以恢复营业。此后，在我国由计划经济向市场经济的转化过程中，保险业得到了空前的发展。截至 2020 年年底，我国共有中资人身险公司（含人寿险公司、养老险公司和健康险公司等）63 家，外资人身险公司 28 家；中资财产险公司（含农业险公司、出口信用保险公司等）65 家，外资财险公司 23 家，出现了百花齐放的景象。

第三节　保险与社会经济文化环境

保险和其他社会经济活动一样，都是在一定社会经济条件下产生，并随着社会经济的发展而发展的。一国的保险业发展水平，受制于该国的经济发展水平、人口因素，这些因素构成了保险发展的社会经济环境。

一、保险发展与经济发展水平

（一）经济体制与保险业发展

经济体制决定保险业的发展。一个国家在一定历史发展时期，采用何种方式解决灾害损失补偿问题，由其经济体制决定。在自然经济条件下，生产规模狭小，产业结构简单，剩余产品不多，经济联系松懈，没有现代保险产生的条件，保险损失主要以分散自留的后备基金解决。在资本主义条件下，由于生产社会化和分工的发展，保险逐渐成为补偿灾害损失的主要形式。

（二）经济发展水平与保险业发展水平

（1）经济发展水平决定和影响保险需求。保险需求是指投保人对各种保险产品的现实的、有购买力的需求。保险人基于规避风险的目的，愿意以较小的、明确的“损失”（即保费）来替换大的、不确定的未来损失。考察投保人保险需求的直接形成过程，可知影响保险需求的因素主要有风险因素、消费后的剩余、消费者的风险意识和保险意识。而一国经济的发展又对上述三个因素产生决定性的影响，其主要表现如下。

一是经济的发展将提高消费者的平均收入水平，增加消费后的剩余，从而提高消费者对保险产品的现实购买力。

二是经济的发展将增加投保人的现有财富量，由此导致风险载体增多，风险总量提高，进而使投保人增加对保险的需求。

三是经济的发展将促使人们的需求层次不断上升，从而提高对保险的需求。

（2）经济发展水平决定和影响保险供给。一国经济的发展意味着国民收入的净增长以及社会剩余产品的增加，有更多的资金会投入保险业。伴随着资本的流入，也会有大量的专业人才随之流入。

（3）考察保险与经济发展水平之间的关系，也可以利用保险深度指标。保险深度指的是保费收入总额占 GDP 的比例，即保险费收入总额与国内生产总值之比，用公式表示为：

$$保险深度=保险费收入总额\div GDP\times 100\%$$

保险深度越高，说明国民对保险的需求量越大；反之，国民的保险需求量越小。2020 年我国的保险深度为 4.45%（笔者根据相关数据计算所得），与 23 年前 1997 年的 1.46%相比有了长足进步，但还是远低于 2020 年的世界平均水平（2020 年全球保险深度约 7.3%），这同时也意味着我国保险业的发展潜力和空间巨大。

二、保险发展与人口

（一）人口总量

人口总量是决定保险需求总量的重要因素。一般来讲，人口总量越大，购买保险的总量也就越大。但是，这种关系不是绝对的。

（二）人口结构

人口结构包括人口的年龄结构、职业结构、城乡结构以及婚姻结构，这些因素都从不同角度决定和影响着保险业的发展。

（1）人口的年龄结构。人口老龄化一方面给个人储蓄性寿险带来更大的需求，但另一方面也有负面影响：① 人口老龄化及人均寿命的延长，将使寿险业面临更多的年金支付，有可能使其蒙受亏损；② 人口老龄化带来经济增长减速，也会间接影响保险业发展；③ 人口老龄化增加了中年人的负担，中年人作为家庭收入的主要来源者，地位越来越重要。为了避免因中年人早逝而出现的家庭危机，中年人对人寿保险的需求也在增长。

（2）人口的职业结构。一般来说，在职者比非在职者的收入水平相对较高，因此较容易接受保险；从事现代职业的人与从事农业的人相比，前者更容易接受保险这一风险防范方式。各国保险业发展的历史表明，保险，尤其是人寿保险，通常是由在业人口扩展到非在业人口、由工商业者扩展到农业劳动者。

（3）人口的城乡结构。城市人口与农村人口有不同的保险需要，人口的城市化或城镇化可能带来保险需求变化。

（4）人口的婚姻结构。从总体上考察，人口的婚姻结构对保险经济的发展客观地存在一定的影响。未婚的人士对保险的关心程度小于已婚人士，结婚并生育的家庭对保险的关注程度高于结婚但未生育的家庭。

（三）人口素质

一个国家的人口素质越高，保险发展就越快；相反，人口素质越低，保险发展就越慢。

（四）人的生命周期

人的生命周期经历幼儿阶段、少年阶段、中年阶段和老年阶段。幼儿和少年阶段，生活上必须依赖别人，人们所面临的风险可称为抚育风险。中年阶段，生活独立，人们主要面临的是各种意外风险。老年阶段，人们主要面临的是赡养风险。所以，不同的年龄段对保险的需求也不同。

在衡量一国或一个地区保险业发展水平时，除了使用保险深度指标外，同时也使用保险密度指标。保险密度指的是人均保费数量，用公式表示为：

保险密度=保险费收入总额÷人口数量

2020年，我国的保险密度为3135元（笔者根据相关数据计算所得），与23年前1997年的88元相比有了巨大的进步，但是，还是远低于2020年的世界平均水平（2020年全球保险密度约687美元，按2020年年底的汇率换算折合人民币大约4500元），进一步说明了我国保险业的发展潜力和空间巨大。

三、保险发展与社会文化环境

（一）家庭和家族观念

家庭和家族内部的保障机制即互济行为，对保险服务有一定的替代作用。家庭和家族观念越强，对保险服务的需求可能越小。

家庭的主要功能包括生产功能、消费功能、抚育功能以及赡养功能。然而在经济社会发展中，家庭的这些功能在发生变化。随着社会分工越来越细，家庭的保障共济功能在逐步减弱。家庭成员与社会联系密切了，与家庭的联系会发生不同程度的淡漠；对社会的依赖增强了，对家庭的依赖会发生不同程度的减弱。保险和家庭在保障功能上的重叠，使其具有一定的替代性。家庭功能削弱，社会功能加强，因此才有保险尤其是人身保险的广泛发展，这一点在西方国家表现得比较充分。

就我国实际情况而言，随着我国经济体制改革的进行以及生育政策的推行，家庭的规模正在减小，带来“白发浪潮”与“独苗浪潮”，形成新型的家庭结构。在独生子女家庭，人们面对的风险往往不是通过家庭成员之间的互助互济来解决的，而是通过更为广泛的社会成员之间的互助互济来解决。我国新型的家庭结构中，一对年轻的夫妇要承担沉重的生活负担，一方面有四个老人需要赡养，另一方面还要养育子女，无论是经济能力还是精神负担，客观上都存在一定的压力，必须求助于社会化服务体系。商业保险和社会保险就是担负这一重要任务的有效机制。如果没有商业保险和社会保障机制来替代家庭养老的机制，许多家庭肯定会有后顾之忧，难以安居乐业，当然也不利于计划生育政策的继续推行。因此，家庭结构与功能的变化，与保险尤其是人身保险制度的发展高度相关。家庭规模越小，家庭功能越弱，就越需要保险业的发展。

（二）价值观念

保险产品的核心功能在于防范和化解人们所面临的人身和财产风险，对它的需求反映了人们对生活的一种现实、积极、主动的态度。人们的价值取向越与这种态度相近，就越能认同保险的核心功能，进而接受保险产品。

（三）宗教信仰

宗教信仰会对个人认识风险以及化解风险的有关活动产生深远影响。一些宗教、教派的保守主义者认为，人的命运早已注定，灾难性事件的发生正是“神的旨意”。有的教义规定人们禁止收取利息，虔诚的教徒将现代保险视为某种形式的高利贷而加以排斥。可见，宗教信仰也直接影响人们对保险的需求。

本章小结

现代社会的经济补偿方式可分为三种类型：一是以国家为主体的补偿方式，即通过建立财政集中型的国家后备基金进行补偿；二是以经济单位为主体的补偿方式，即通过建立经济主体自保型的后备基金进行补偿；三是以保险公司为主体的补偿方式，即通过建立集中于保险公司的保险后备基金进行补偿。

保险是在一定的社会经济条件下产生的，并伴随着社会经济的发展而发展。保险存在与发展的基础包括自然基础、经济基础、技术基础、法律基础和制度基础。保险发展水平与社会经济的发展水平、人口以及社会文化环境有着密切关系。

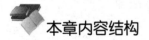

本章内容结构

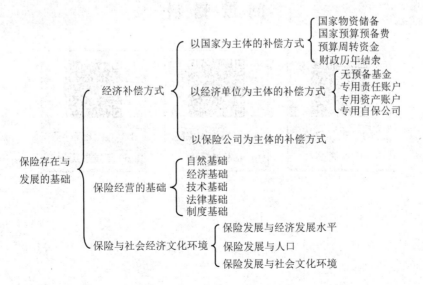

- 保险存在与发展的基础
  - 经济补偿方式
    - 以国家为主体的补偿方式
      - 国家物资储备
      - 国家预算预备费
      - 预算周转资金
      - 财政历年结余
    - 以经济单位为主体的补偿方式
      - 无预备基金
      - 专用责任账户
      - 专用资产账户
      - 专用自保公司
    - 以保险公司为主体的补偿方式
  - 保险经营的基础
    - 自然基础
    - 经济基础
    - 技术基础
    - 法律基础
    - 制度基础
  - 保险与社会经济文化环境
    - 保险发展与经济发展水平
    - 保险发展与人口
    - 保险发展与社会文化环境

综 合 练 习

一、名词解释

保险深度　保险密度

二、判断题

1．保险密度是保险费收入与国民收入的比值。（　　）

2．宗教信仰同样影响保险业的发展。（　　）

3．1996 年，我国首部《保险法》颁布实施。（　　）

三、简答题

1．三种经济补偿方式的比较。

2．保险经营的基础是什么？

3．简述保险与经济发展的关系。

四、计算题

计算以下年份的保险密度和保险深度。

年　份	国内生产总值/亿元	保费收入/亿元	人口数量/万人
2000	89 404	1 596	129 533
2005	182 321	4 927	130 756
2010	397 983	14 528	133 972
2015	676 708	24 283	137 462
2020	1 015 986	45 257	144 350

资料来源：相关年度国民经济与社会发展统计公报及第五次、第六次和第七次全国人口普查公报。

阅 读 材 料

3-1　世界保险发展简史

3-2　旧中国保险业发展简史

3-3　中国保险业 60 年发展历程

第二篇 保险合同

第四章　保险合同的理论与实务

内容提要

保险合同是保险经济关系建立的法律协议，是保险交易双方都必须严格遵守的法律文件，是保险学原理的核心内容。本章主要内容包括：保险合同的概念及其特征，保险合同构成要素及其主要内容，保险合同的订立、生效、履行、变更与终止，保险合同的解释与争议处理。通过对本章的学习，读者可以掌握与保险经济行为相关的法律知识以及保险合同构成的具体内容。

学习目标与重点

- 掌握保险合同的概念与特征。
- 重点掌握保险合同的构成要素与具体内容。
- 掌握保险合同的订立、生效、履行、变更、解除、中止、终止与争议处理等相关内容。
- 课程思政：通过保险合同的学习，强化法律的严肃性和遵守法律的自觉性。

关键术语

保险合同　保险标的　保险利益　保险价值

引入案例

保险条款约定不明引纠纷

某年3月16日，投保人苗某与保险公司签订了一份有关驾驶方面的人身意外伤害保险单，约定被保险人为苗某，其父母、妻子和孩子4人为受益人，身故保险金额10万元，保险期限1年。保险合同约定：在保险责任有效期内，被保险人在驾驶车辆过程中遭受意外伤害，保险人依约给付保险金；被保险人自意外伤害发生之日起180日内以该次意外伤害为直接原因身故的，保险人按身故保险金额给付保险金。合同签订后，苗某依约交纳了保险费。

该年5月7日，苗某在驾驶农用运输车行驶途中，车辆后车厢发生故障，苗某下车查看检修时被车厢砸中头部致死。苗某的亲属当日告知保险公司要求理赔，保险公司以“该意外事故不是在驾驶车辆过程中发生的，不属理赔范围”为由拒绝赔偿。受益人诉至法院，要求保险公司给付保险金额 10 万元。

法院判决：

法院经审理认为，苗某与保险公司签订的人身保险合同合法有效，苗某在驾车途中下车查看检修车辆是否属于“在驾驶车辆过程中”保险合同未做约定，应做出有利于被保险人和受益人的解释，故判决被告给付原告保险金额 10 万元。

资料来源：http://news.enorth.com.cn/system/2008/08/09/003632330.shtml.

第一节　保险合同概述

一、合同的定义与特征

合同是平等的自然人、法人及其他组织之间为了实现一定目的，共同确定民事权利义务关系的协议，应遵循平等、自愿、公平、诚实信用、公共利益和协商一致的原则，并具备以下法律要件。

（1）合同的当事人必须具有民事行为能力。

（2）合同的订立是双方当事人意思表示一致的行为，而不是单方面的法律行为，任何一方都不能把自己的意志强加给另一方；任何单位或个人对当事人的意思表示都不能进行非法干预。

（3）合同必须合法，包括主体合法、客体合法、内容合法和订立程序合法等。任何自然人、法人和其他经济组织不能利用合同进行违法活动以及损害他人或社会公众利益。不合法的合同，即使订立了，在法律上也是无效的。

二、保险合同的定义与特征

（一）保险合同的定义与一般法律要件

保险合同也称保险契约，是投保人与保险人约定保险权利义务关系的协议，它是保险关系双方当事人之间订立的一种法律上具有约束力的协议。根据当事人双方的约定，投保人支付保险费给保险人，保险人在保险标的发生约定事故时承担经济补偿的责任，或者当约定事件发生时履行给付保险金的义务。

保险合同也是合同，必须具备一般合同的法律要件：① 保险合同的当事人必须具有民事行为能力；② 保险合同的订立是双方当事人意思表示一致的法律行为；③ 保险合同必须合法。

（二）保险合同的特征

保险合同除了具备合同的一般特征外，还具有以下独特的法律特征。

1. 补偿性

这主要是针对财产保险合同而言的。保险合同的补偿性即保险人对投保人所承担的义务仅限于对损失部分的补偿，赔偿不得高于损失的数额。这样的规定可以防止某些投保人为通过保险获利而故意犯罪，同时保护保险人和整个社会的利益。

2. 属人性

保险合同的这一特点也体现在财产保险合同中。保险合同保障的不是财产本身，而是财产所有人的利益。当投保人转让自己的财产时，不能同时转让其保险合同。因为不同的财产所有人对保险标的影响不同，从而造成损失的可能性和严重性也大不相同，所以保险人会根据不同人制定不同的保险费标准。货物运输保险合同和有规定的保险合同除外。

【案例 4-1】

保险能否随车子自动转移

王某将其微型客车与其在保险公司为此车承保的保险一并转让给张某，车子转让不久后丢失，张某要求保险公司进行赔偿，但保险公司拒绝赔付。协商未果，张某诉至法院。

法院判决：

由于在车子转让时，转让方和受让方并没有通知保险公司，也没有征得保险公司的同意，私下转让的保险合同不能产生法律效力，保险公司不承担支付保险金赔偿的义务，所以驳回张某的诉讼请求。

通过案例 4-1 可以知道，保险标的转让后，可保利益发生了转移，保险合同欲随保险标的的转移而转移必须征得保险人的同意，并且应在保险标的转让后立即进行，否则将损害受让人的利益。如果没有征得保险人的同意，发生的保险事故保险人不负赔偿责任。

3. 射幸性

射幸合同是指当事人在签订合同时不能确定各自的利益或结果的协议。保险合同在订立时，投保方交付保费是确定的，而保险人是否履行赔偿或给付保险金的责任取决于偶然的、不确定的自然灾害、意外事故的发生。

保险合同的射幸性分以下两种情况：① 发生保险事故后被保险人可能从保险人处获得超出其所支付保险费的赔偿金；② 如果没有发生约定保险事故或损失，保险人只享有收取保险费的权利而无须赔偿。

需要特别说明的是，保险合同的射幸性是就单一保险合同而言的，全部保险合同不具有射幸性。

4. 双务性

双务性是指投保人有支付确定的保险费的义务，享有当不确定的风险事故发生时经济补偿的权利；保险人有向投保人收取保险费的权利，在约定的保险事故发生时承担经济赔偿或给付保险金的义务。相应的，单务合同当事人一方只承担义务而不享有权利，另一方享有权利而不履行义务。例如，赠与合同就是单务性合同，因为受赠与的一方只享受权利，而无须履行义务。

5. 附和性

附和性是指保险人依照一定的规则制定出保险合同的标准条款，投保人只能依照该条款或同意接受，或拒绝投保，一般不能变更或修改。当然，并不是所有的保险合同都是附和性合同。有些特殊险种的保险合同也采取双方协商的办法来签订。因此，保险合同不是典型的附和性合同，而是具有附和性质的合同。

6. 条件性

条件性是指只有在保险合同所规定的条件得到满足的情况下保险人才履行赔偿或给付保险金的义务；反之，则不必赔偿或给付保险金。例如，一份以健康为保险标的的保险，只有当被保险人发生合同规定的有关健康保险事故后，保险人才承担给付保险金的义务。

7. 要式性

凡法律要求必须具备一定的形式和手续的合同是要式合同。保险合同的成立需要具备一定的要式行为，属于要式性合同。

除了以上的特征外，保险合同还要求当事人双方要以最大诚信的原则来订立合同，以负责任的态度来维护合同规定的权利和义务，确保合同最初签订时的意愿得以实现以及保险合同的作用充分发挥。

三、保险合同的作用

保险合同与其他类型的合同不同，它本身就是一种商品，是人们进行保险交易的直接手段和最终目的，而其他类型的合同是附属在某种实物或者某种服务上才能够存在的，脱离了附属物，合同的存在就没了意义。保险合同在保险交易中发挥着重要的作用。

（1）保险合同规定保险双方当事人的权利和义务。只有明确了权利和义务才能使合同有价值，这也是最初订立合同的意义所在。

（2）保险合同是保险双方当事人从事保险活动的基本规范。合同中规定当事人应该做什么，不应该做什么，是合同得以行使的保证，双方当事人必须遵守。如果某一方做出违反合同中规定的，并且损害另一方当事人权利的行为会受到合同的约束，严重的要受到法律的惩罚。

（3）保险合同是解决保险争议的重要依据。这与其他合同一样，合同的作用就是让当事人都可以按照规定行使权力，从而履行义务；当发生争议时，合同就是处理问题的依据。

（4）保险合同增加了人们经济活动的交易对象。保险合同的出现不但有利于人们日常生活中风险的转移和规避，而且增加了人们的投资项目。例如，现在可以购买一份投连险（或者具有投资功能的其他种类的保险），它不仅在约定的保险事故发生时对被保险人进行经济补偿或给付保险金，而且可以在不发生保险事故时使投保人的资产保值增值。它集合了保障和投资双重功能，是保险在不断发展的过程中形成的新产物，也是保险业符合经济发展要求的具体体现。

第二节 保险合同的要素

保险合同的要素也就是保险合同所涉及的主要方面和主要内容，它确定了保险合同的范围及保险合同的内部结构。掌握保险合同的要素有利于深刻理解保险合同所规定的权利与义务及其关系。保险合同的法律关系包括主体、客体和内容三个不可缺少的要素。

一、保险合同的主体

保险合同的主体是指涉及合同规定的权利、义务的自然人、法人及其他组织机构，是保险活动的直接参与者。保险合同的主体包括当事人和关系人。

（一）保险合同的当事人

保险合同的当事人是保险合同订立的直接参与者，包括保险人和投保人。

1. 保险人

保险人又称承保人，是从事保险业务经营的法人，即保险公司。保险人享有收取保险费的权利，同时负有当约定的保险事故发生时承担损失赔偿或给付保险金的责任。由于保险人的特殊地位和作用，各国政府对保险公司的设立和业务经营都做了严格规定，以确保保险公司经营的稳定性，保护社会公众利益。

根据我国《保险法》第六十七条的规定，设立保险公司应当经国务院保险监督管理机构批准。第六十八条规定，设立保险公司应当具备下列条件。

（一）主要股东具有持续盈利能力，信誉良好，最近三年内无重大违法违规记录，净资产不低于人民币二亿元；

（二）有符合本法和《中华人民共和国公司法》规定的章程；

（三）有符合本法规定的注册资本；

（四）有具备任职专业知识和业务工作经验的董事、监事和高级管理人员；

（五）有健全的组织机构和管理制度；

（六）有符合要求的营业场所和与经营业务有关的其他设施；

（七）法律、行政法规和国务院保险监督管理机构规定的其他条件。

第六十九条规定，设立保险公司，其注册资本的最低限额为人民币二亿元。国务院保险监督管理机构根据保险公司的业务范围、经营规模，可以调整其注册资本的最低限额，但不得低于本条第一款规定的限额，即不得低于二亿元。保险公司的注册资本必须为实缴货币资本。

依据《保险法》的规定，保险公司实行分业经营，同一保险人不得兼营财产保险业务和人身保险业务。但是，经营财产保险业务的保险公司经国务院保险监督管理机构批准，可以经营短期健康保险业务和意外伤害保险业务。例如，中国平安保险（集团）股份有限公司单设寿险公司（独立法人）经营人身保险业务，又单设财险公司（也是独立法人）经营财产保险业务。

2. 投保人

投保人又称要保人，是对保险标的具有保险利益，与保险人订立保险合同，并按照保险合同规定，负有支付保险费义务的自然人或法人。保险人的义务正是投保人的权利，但投保人要获得权利是以履行义务和满足一定的条件为前提的。

投保人通常应具备以下条件。

（1）投保人必须具备相应的民事行为能力。限制行为能力和无行为能力的人不能作为投保人签订保险合同；未取得法人资格的组织也不能成为保险合同的当事人。

（2）投保人对保险标的必须具有保险利益。投保人如对保险标的不具有保险利益则不能申请订立保险合同，否则，已订立的合同也为无效合同。

（3）投保人负有缴纳保险费的义务。保险合同是有偿合同，无论投保人是为自己利益，为他人利益，或是为自己利益兼顾他人利益订立保险合同都要承担支付保险费的义务。

课堂讨论

我国《民法典》关于完全行为能力、限制行为能力和无行为能力是如何规定的？

（二）保险合同的关系人

保险合同的关系人是保险合同订立的间接参与者，与保险合同的当事人共同构成了保险合同的主体，同样受到保险合同的约束，按照保险合同规定的内容履行义务，享受权利。关系人包括被保险人、受益人和保单持有人。

1. 被保险人

被保险人是指其财产、利益、生命、身体、健康、信用或责任等受保险合同保障，享有保险金请求权的人。在自然人中，无民事行为能力与限制民事行为能力的人也可以作为被保险人。但在以死亡为给付保险金条件的保险合同中，除父母为其未成年子女投保人身保险外，不得以无民事行为能力的人为被保险人。因为，如果不用法律加以限制就容易诱发道德风险。

2. 受益人

受益人是指人身保险合同中由被保险人或者投保人指定的享有保险金请求权的人，投保人、被保险人可以为受益人。受益人不能支配受益权，受益权仅限于领取保险金。在人身保险合同中受益人分为固定指定和不固定指定两种。固定指定的受益人未经受益人同意不能变更；不固定指定的受益人变更无须受益人同意。投保人和被保险人均可变更受益人，投保人确定或变更受益人须经被保险人同意，并书面通知保险人；被保险人确定或变更受益人无须投保人同意，只要书面通知保险人即可。受益人为数人时，被保险人或者投保人可以确定受益顺序和受益份额；未确定受益份额时，受益人按照相等份额享有受益权。

需要注意的是，保险合同中的受益人和传统的继承人的区别。两者虽然都是在他人死后受益，但两者的性质是不同的。受益人享有的是受益权，是原始取得，受益人领取的保险金不是遗产，没有用其偿还被保险人生前债务的责任和义务；而继承人享有的遗产是继承取得，在其继承遗产的范围内有为被继承人偿还债务的责任和义务。

【知识链接 4-1】

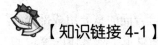

《保险法》第四十三条　投保人故意造成被保险人死亡、伤残或者疾病的，保险人不

承担给付保险金的责任。投保人已交足二年以上保险费的，保险人应当按照合同约定向其他权利人退还保险单的现金价值。

受益人故意造成被保险人死亡、伤残、疾病的，或者故意杀害被保险人未遂的，该受益人丧失受益权。

3. 保单持有人

保单持有人又称保单所有人，是拥有各种保单权利的人。因为多数人寿保险合同具有储蓄性特征，并且在许多情况下所有人与受益人并不是同一个人，所以保单持有人的概念主要适用于人寿保险合同。财产保险合同中的投保人、被保险人、受益人和所有人通常是同一个人。保单持有人的保单权利一般包括：变更受益人的权利；保单转让权；保单质押权；保险费返还请求权；责任准备金返还请求权；保单利益分配请求权；保险合同解约权；指定新的所有人的权利。

课堂讨论

查询、讨论更多有关受益人和受益权的知识：受益人的法律资格、受益人的产生、受益人的人数、受益人的权利、受益人的变更和受益人的义务等。

二、保险合同的客体

保险合同的客体即保险利益，是指投保人对保险标的具有的法律上承认的利益。保险标的是保险合同所载明的投保的对象，是保险事故发生所在的本体，即作为保险对象的财产及其有关利益或者人的生命、身体和健康。保险合同的客体不是简单的保险标的，而是保险标的所体现的保险利益。保险利益的存在和大小以保险标的的存在和大小为条件；而保险合同的有效性又是以保险利益的存在为前提的。有关保险利益的具体内容详见第五章第一节“保险利益原则”。

三、保险合同的内容

保险合同的内容有广义和狭义之分：广义的保险合同内容是指保险合同记载的全部事项，包括合同的主体、权利和具体事项；狭义的保险合同内容仅指投保人与保险人约定的保险权利与义务。这里要讨论的是广义的保险合同的内容。只有明白保险合同的内容，才能确保当事人行为的规范性，所以了解保险合同的内容是双方当事人的权利，也是义务。保险合同的主要内容包括基本事项、主要条款和合同形式。

（一）保险合同的基本事项

保险合同的基本事项是指保险合同应包括的基本内容，是保险合同的重要组成部分，是保险合同的主体享有权利和履行义务的基础。保险合同主要包括以下十项具体内容。

（1）当事人的姓名或名称和住所。明确当事人的名称和住所是履行保险合同的前提。在保险合同中，保险人即保险公司的名称和住所应已列明；应填写的是投保人、被保险人名称和住所，以及人身保险合同中受益人的名称和住所。如果被保险人不止一个，则需要在保险合同中列明。

（2）保险标的。列明保险标的可以确定转嫁风险的范围和保险费的多少。

（3）保险责任和责任免除。保险责任是指保险合同中载明的保险事故发生后保险人应该承担的经济赔偿或给付保险金的责任。责任免除又称除外责任，是对风险的限制，是指保险人不负赔偿或给付责任的范围，包括不保风险、不赔损失和不保标的。

（4）保险期限和保险责任开始时间。保险期限是指保险合同的有效期，保险人仅对保险期限内发生的保险事故所造成的损失承担赔偿或给付保险金的责任和义务。保险责任开始时间是保险责任期限的起始时间。在我国保险实务中，采用“零时起保”制。具体详见本章第三节的相关内容。

（5）保险价值。保险价值是指保险标的在某一特定的时期内可以估计或确定的经济价值。保险价值的概念属于财产保险，人身保险的保险标的是人的生命和身体，是无法用金钱来衡量的。财产保险标的的价值可以由投保人和保险人约定并在合同中载明，也可以按照保险事故发生时保险标的的实际价值确定。

（6）保险金额。保险金额又称保额，是指保险人承担赔偿或给付保险金的最高限额。我国《保险法》规定：保险金额不得超过保险价值。超过保险价值的，超过部分无效，保险人应当退还相应的保险费。

（7）保险费率与保险费。保险费率是保险商品的价格，一般以单位保险金额所收取的保费比例为标准。保险费是指投保人为取得保险保障而交付给保险人的费用。保险费包括纯保险费和附加保险费。其计算公式为：

$$保险费=保险金额\times保险费率$$

（8）保险金赔偿或给付办法。保险金赔偿或给付是实现保险经济补偿和保障职能的最终体现，采用货币形式。财产保险合同属于补偿性合同，保险金的赔付依据规定的方式计算赔偿金额；人寿保险合同属于给付性合同，保险金的给付依据约定的保险金额。

（9）违约责任和争议处理。违约责任是指合同当事人未履行合同义务所应承担的法律后果。争议处理是指发生合同争议时约定所采用的处理方式。具体详见本章第五节的相关内容。

（10）订立合同的时间。通常是指合同的订约时间。订约时间对于核实保险利益存在与否和双方当事人权利义务法律主张的时间效力等具有重要意义。

（二）保险合同的主要条款

保险合同的条款是规定保险人与投保人之间基本权利和义务的合同条文，是保险公司履行保险责任的依据。保险合同的条款主要分为基本条款、附加条款、保证条款和协会条款四种类型。

（1）基本条款：又称法定条款，即保险合同的法定记载事项，明确了保险人和被保险人之间的基本权利与义务，以及有关法规规定的保险行为成立所必需的各种事项和要求。

（2）附加条款：又称任选条款，是指保险人根据投保人的特殊保险需求而增加保障风险的条款。附加条款是对基本条款的补充性条款，效力优先于基本条款，通常采用在保险单上加批注或批单的方式使之成为保险合同的一部分。

（3）保证条款：是指保险合同中要求投保人和被保险人就特定事项保证作为或不作为的条款。保证条款通常由法律规定，是投保人、被保险人必须遵守的条款。投保人或者被保险人如违反保证条款，保险人有权解除保险合同。具体详见第五章第二节的相关内容。

（4）协会条款：是保险同业协会根据需要协商约定的条款。例如，《英国伦敦保险协会海运货物保险条款》（I. c. c.）就是协会条款，附在保险合同上。I. c. c.是当今国际保险水险市场的通用特约条款，具有相当的影响力。

【案例 4-2】

投保人违反保证条款，出险难获赔

某成衣厂于某年1月31日与某保险公司签订了财产保险合同，保险期限从该年2月1日起至次年1月31日止，保险金额为35万元，并于当日缴付了全部保险费。该年2月7日晚，因是春节期间，该厂的值班人员钟某擅自离开工厂，到朋友家去吃晚饭，饭后又与朋友一起打麻将，直到第二天下午3时才回到成衣厂，发现成衣厂防盗门被人撬开，厂内的财产被盗。经现场勘查，该成衣厂的财产损失约16万元。由于此案一直未破，成衣厂于该年5月11日向保险公司提交书面索赔报告。该年6月20日，保险公司出示《拒赔通知书》，称依据该保险公司的《企业财产保险条款附加盗窃险特约条款》的约定，“由于保险地址无人看守而发生的被盗窃损失，保险人不负赔偿责任”。而成衣厂认为应该赔，遂引起纠纷。最后成衣厂向法院起诉保险公司，要求其承担财产赔偿损失。

法院判决：

成衣厂在保险公司办理企业财产保险，并缴纳了保险费，保险合同合法有效，双方当事人应当遵照执行。成衣厂在保险期限内发生保险财产被盗，但是被盗是由于保险地址无人看守导致的，保险地址无人看守这一事实已由被保险人提供的书面材料证实，该行为属于保险条款中的除外责任。因此，法院做出如下判决：驳回成衣厂的诉讼请求。

资料来源：林宝清. 保险法原理与案例[M]. 北京：清华大学出版社，2006.

（三）保险合同的形式

保险合同大致分为以下五种形式。

（1）投保单：是投保人向保险人申请订立保险合同的书面要约，是保险合同的重要组成部分。

（2）暂保单：又称临时保单，是正式保单发出前的临时合同。暂保单的法律效力与正式保单完全相同，但有效期较短。正式保单交付后，暂保单即自动失效。

（3）保险单：简称保单，是投保人和保险人之间保险合同行为的一种正式书面形式。

（4）保险凭证：也称“小保单”，是保险人向投保人签发的证明保险合同已经成立的书面凭证，是一种简化的保单。保险凭证的法律效力与保险单相同，只是内容较为简单。在保险实践中，保险凭证没有列明的内容，以同一险种的正式保单为准；保险凭证和正式保单内容相冲突的，以保险凭证的特约条款为准。

（5）批单：是保险合同双方就保险单内容进行修改和变更的证明文件。批单是保险合同的重要组成部分。批单的内容与原保单的内容发生冲突的以批单为准；后签发的批单与先签发的批单发生冲突的，以后签发的批单为准。

第三节　保险合同的订立、生效与履行

一、保险合同的订立

保险合同的订立是投保人与保险人之间基于意思表示一致而产生的法律行为。我国《保险法》规定：投保人和保险人订立保险合同，应当协商一致，遵循公平原则确定各方的权利和义务，除法律、行政法规规定必须保险的外，保险合同自愿订立。从事保险活动必须遵守法律、行政法规规定，尊重社会公德，不得损害社会公共利益。订立保险合同要经过提出投保申请和同意承保两个阶段，即合同实践中的要约和承诺。

（一）要约

要约又称订约提议，是要约人向另一方提出订立合同的建议和要求的法律行为。要约有效的条件有以下三个。

（1）要约必须明确表示订约愿望。

（2）要约必须具备合同的主要内容。

（3）要约在其有效期内对要约人具有约束力。

保险合同的要约人是投保人。保险公司和其代理人积极主动地开展业务并不是在发出要约，仅仅是要约邀请，只有投保人提出投保申请，将填写好的投保单交予保险公司或其代理人时，才是要约行为。

（二）承诺

承诺又称接受订约提议，是当事人的另一方就要约方的提议表示同意与其订立合同的意思表示。承诺有效也要满足以下三个条件。

（1）承诺不能附带任何条件，是对要约的完全接受。若对要约有修改建议，是部分接受或是附有条件的接受，这种情况是拒绝原要约，而不是承诺。

（2）承诺由受约人本人或其合法的代理人做出。承诺通常采用书面的形式。

（3）承诺须在要约的有效期内做出。如果超出有效期，承诺被视为无效。

在合同的订立过程中，如果对原要约内容进行修改或提出其他的条件那就是新的要约，要约可以反复多次，但承诺只能有一次。因为只要做出承诺，合同即告成立。保险合同的承诺即保险人承保。

二、保险合同的生效

保险合同的成立是投保人与保险人就合同的条款达成协议，保险合同的成立不代表合同已经生效。保险合同的生效是指保险合同的条款对当事人双方产生了法律上的约束力。因此，保险合同成立后并不代表保险合同就会立即生效。保险人只承担保险合同生效后约定的保险责任。

（一）财产保险合同的生效

财产保险合同以保险双方约定交付保险费的时间和方式为生效的条件，也称零时起保责任制。例如，某企业于某年 10 月 15 日 14 时投保，双方约定于该年 10 月 16 日零时合同生效，为期一年，保险公司允许投保人在合同生效日起 15 天内交付保险费。该企业在该年 10 月 16 日零时起 15 天内，如果发生所约定的保险事故，保险人承担赔偿责任，但可从赔款中扣除应收保费。

（二）人身保险合同的生效

人身保险合同以投保人交付首期保险费为生效条件。由于人身保险合同一般是长期合同，通常采用年均缴费的方式。因此，投保人缴付首期保费即视为合同生效。

保险合同成立和生效时间的确定是保险交易过程中非常重要的环节，也是容易产生保险纠纷的一个直接原因。

【知识链接 4-2】

《保险法》第十三条　投保人提出保险要求，经保险人同意承保，保险合同成立。保险人应当及时向投保人签发保险单或者其他保险凭证。

保险单或者其他保险凭证应当载明当事人双方约定的合同内容。当事人也可以约定采用其他书面形式载明合同内容。

依法成立的保险合同，自成立时生效。投保人和保险人可以对合同的效力约定附条件或者附期限。

三、保险合同的有效与无效

（一）保险合同的有效

保险合同的有效，即指保险合同由当事人双方依法订立并受国家法律保护，具有法律效力。保险合同有效应具备以下条件。

（1）保险合同主体必须具备合同资格，即投保人和保险人都必须具备法律所规定的主体资格，否则会导致保险合同的全部无效或部分无效。

（2）当事人意思表示一致。从事保险活动应遵循自愿和诚实信用的原则，要求当事人意思表示真实，能明确自己行为的后果，有能力承担相应的法律后果。若不是当事人出于自愿而是受到威胁或欺骗而签订的合同，则是无效的合同。

（3）合同的内容合法。只有合法的保险合同才受到国家法律的保护，从而成为有效的合同。

（二）保险合同的无效

保险合同的无效，即保险合同不具有法律效力、不受国家法律保护。保险合同的无效由人民法院或仲裁机构进行确认。造成保险合同的无效有以下几个原因。

（1）保险合同的主体资格不符合法律规定。例如，投保人不具有完全行为能力，保险人超越经营范围经营保险业务等。

（2）保险合同的内容不合法，即保险合同的条款内容违反国家法律及行政法规的规定。

（3）保险合同当事人意思表示不真实，即保险合同不能反映当事人的真实意思，如采用非法手段订立的合同等。

（4）保险合同违反国家利益和社会公众利益。任何合同的订立都应该考虑国家和社会公众的利益，如果订立的合同违反了这个最基本的条件，不仅无效，而且合同的当事人要受到法律的制裁。

（5）保险合同的形式不合法，即没有采用法律规定的形式订立保险合同。例如，我国采用的是书面承诺的方式，如果仅仅是口头承诺签订的保险合同是无效的。

保险合同无效的后果是合同不具有法律约束力。保险合同的无效包括部分无效和全部无效两种。全部无效合同是指合同约定的全部权利义务自始至终不产生法律效力，如投保人对保险标的不具有保险利益；部分无效合同是指合同除部分内容无效外，其余部分依然有效。

四、保险合同的履行

保险合同的履行是指双方当事人依法全面执行合同约定的权利义务的过程，也是保险合同的意义和价值所在。在保险合同履行的过程中投保人和保险人都承担不同的义务，同时也享有各自的权利，履行义务是享受权利的前提。

（一）投保人的义务

（1）缴纳保险费的义务：这是投保人的基本义务，也是保险合同生效的必要条件，投保人必须按照合同的约定缴纳保险费。

（2）及时通知的义务：在引起保险事故发生的危险因素增加和保险事故发生时，投保人应及时通知保险人。

（3）如实告知的义务：是指投保人在订立保险合同时将有关保险标的的重要事实，以口头或书面的形式向保险人做真实的陈述。

（4）提供有关证明和材料的义务：保险事故发生后依照保险合同请求保险金给付时，投保人应向保险人提供有关的证明和材料。

（5）避免损失扩大的义务：也就是防灾防损和施救的义务。投保人和被保险人应当遵守国家有关消防、安全、生产操作、劳动保护等方面的规定，维护保险标的的安全。

（6）协助保险人执行代位追偿的义务：在保险人向第三者行使代位请求赔偿权利时，投保人和被保险人应当向保险人提供必要的文件和其所知道的有关情况。

（二）投保人的权利

投保人行使自己的权利，对于保险人按约定履行义务有很大的约束作用。所以投保人要有维权的意识，不能只希望保险人自觉地履行义务。投保人要明白自己在保险活动各个环节中应该拥有的各项权利。

（1）保险条款的了解知晓权：投保人有权要求保险人或其代理人说明保险责任和责任免除条款的具体内容等。

【案例4-3】

投保人的知情权

1997年4月，潘先生向某保险公司重庆万州区营业部购买了50份简易人寿保险，每月缴纳50元保险费，保险期限为30年，总保险金额为48 500元。投保近两年后，1999年3月，潘先生偶尔从一位保险代理人那里看到了自己所投保的简易人寿保险的保险条款，根据条款规定，每一被保险人可以投保一份或者多份简易人寿保险，但是无论多少或者先后投保，总保险金额以5000元为限。这一发现让潘先生大吃一惊，因为他投保简易人寿保险的总金额高达48 500元，远远超过了5000元保险金额的限制。如果按照条款规定，多出的保险金额无效的话，自己对保险的指望岂不白费了？潘先生急忙到保险公司询问，保险公司解释说，潘先生投保的简易人寿保险的条款是1987年3月修订的，经上级公司的指示，可以不受5000元保险金额的限制，当初签订的保险合同仍然有效。潘先生要求保险公司提供有关的文件规定或者对此做出书面承诺，但是保险公司迟迟未提供。为此，潘先生告到法院，要求保险公司公开道歉，并提供所投险种的条款，赔偿其误工费、咨询费和精神损失费500元。

法院判决：

保险公司因误导原告签订保险合同，应登报公开道歉，并赔偿原告误工损失24元。

资料来源：林宝清. 保险法原理与案例[M]. 北京：清华大学出版社，2006.

（2）保险金请求权：是指财产保险发生保险事故时，被保险人可以要求保险人赔偿保险金，或者在人身保险合同中，被保险人发生合同规定的事故时，可以要求保险人给付保险金。投保人保险金请求权具有时间限制，人寿保险的保险金请求权，自其被保险人或受益人知道或者应当知道保险事故发生之日起五年内行使有效，超过期限权利消失；人寿保险以外的其他保险的保险金请求权，自其被保险人或受益人知道或者应当知道保险事故发生之日起二年内行使有效，超过期限权利消失。

（3）解约权：是指投保人在签订保险合同后享有的可以中途解除保险合同的权利，即提前终止保险合同的效力，也称退保。投保人有退保的自由，但对于货物运输保险和运输工具航程保险合同，保险责任开始后，合同的当事人不得解除合同。

【知识链接 4-3】

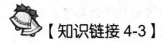

《保险法》第五十四条　保险责任开始前，投保人要求解除合同的，应当按照合同约定向保险人支付手续费，保险人应当退还保险费。保险责任开始后，投保人要求解除合同的，保险人应当将已收取的保险费，按照合同约定扣除自保险责任开始之日起至合同解除之日止应收的部分后，退还投保人。

【案例 4-4】

投保量力而行，退保三思而行

2008 年 1 月，罗女士听说某保险公司新推出投资连结保险，既有保障功能，又有理财功能，心里十分认可。正好自己的邻居高某在保险公司做保险代理人，于是，罗女士找到高某，为自己投保了该险种，每年需要缴纳保费近万元。不久，受金融风暴的影响，罗女士所在企业经营困难，其收入降低了许多，难以承受近万元的保费。罗女士想退保，到保险公司办理退保手续时，罗女士发现退回的保费不足所缴纳保费的一半。罗女士不解，自己的钱存在银行后支取的除了本金还有利息，而在保险公司退保时不仅不给利息，为什么反倒要扣除一半多的保费？为此，罗女士起诉至法院，以保险代理人有欺诈行为和投保的保费超出了自己的经济承受能力为由，要求退还全部保险费。

法院判决：

双方签订的保险合同合法有效，双方当事人均应按照合同规定认真履行，投保人要求解除保险合同时不足一年，按照合同规定，保险公司应扣除手续费后退还保险费，故驳回了罗女士的诉讼请求。

（三）保险人的义务

（1）明确说明义务：保险人有义务向投保人明确说明保险合同条款的主要内容。例如，在什么情况下保险人才承担经济赔偿或给付保险金的义务，什么是除外责任以及其包括的具体内容等。详见第五章第二节的相关内容。

（2）及时签单义务：保险人应当及时向投保人签发保险单或者其他保险凭证。

（3）保密义务：在订立保险合同时，双方依据最大诚信原则，投保人对保险人询问的重要事项，履行如实告知义务。因此，保险人或者再保险接受人对在办理保险业务中知道的有关投保人、被保险人的业务和财产情况负有保密义务。

【案例 4-5】

投保信息被泄露，车主可以索赔

某年 8 月，张先生买了一辆汽车，并为新车投了保险。次年，张先生的车险快到期了，仅一周内他就接到5个向他推销车辆保险的电话和短信，“您的爱车保险快到期了，快到某某保险公司投保有优惠”。张先生说，对方不仅了解他的车险保单情况，而且对他的手机号码及家庭住址也一清二楚。然而，令他感到奇怪的是，这些打给他电话的人他都不认识，他不知道这些人是怎么知道他的手机号码的，他认为自己的个人信息被人利用了。

铁林律师事务所的张律师说，依据相关法律，商业机构有保密的义务，可以允许使用客户信息，但不能转让信息。如果保险公司、汽修厂泄露客户的基本资料，如住址、电话、工作单位等，属于侵犯客户的隐私权，车主可以索赔。

资料来源：http://news.sina.com.cn/o/2008-08-18/033514323044s.shtml.

（4）赔偿或给付保险金的义务：这是保险人最重要、最基本的义务。保险人应严格遵照有关法律、法规及合同的约定及时充分地履行承担损失补偿或给付保险金的义务。

【知识链接4-4】

《保险法》第二十三条　保险人收到被保险人或者受益人的赔偿或者给付保险金的请求后，应当及时做出核定；情形复杂的，应当在三十日内做出核定，但合同另有约定的除外。保险人应当将核定结果通知被保险人或者受益人；对属于保险责任的，在与被保险人或者受益人达成赔偿或者给付保险金的协议后十日内，履行赔偿或者给付保险金义务。保险合同对赔偿或者给付保险金的期限有约定的，保险人应当按照约定履行赔偿或者给付保险金义务。

保险人未及时履行前款规定义务的，除支付保险金外，应当赔偿被保险人或者受益人因此受到的损失。

任何单位或者个人都不得非法干预保险人履行赔偿或者给付保险金的义务，也不得限制被保险人或者受益人取得保险金的权利。

（5）支付其他必要保险费用的义务：即承担保险标的发生损失时，投保人积极采取抢救措施而产生的合理的必要的费用，还有其他必要的救助费用、查勘检验费用以及依法规定的仲裁或诉讼费用等。

（四）保险人的权利

（1）收取保险费的权利：保险费是经济补偿和给付保险金的前提，也是保险市场存在的基础，保险费和保险费率的合理制定与收取对保险市场的健康发展有重要作用。

（2）解约的权利：从保护投保人利益的角度出发，保险人的解约权受到严格的限制，只有在发生法定解约事由时，才可以行使。这一点与投保人可以自由解约有着显著区别。具体内容详见本章第四节的相关内容。

（3）增加保费和不承担赔偿或给付责任的权利：对由于保险标的的转让或改变用途等原因使保险标的的危险增加，保险人有权增加保险费。对于保险合同约定以外的事故或属于除外责任或是由于投保方故意造成的事故，不承担赔偿或给付保险金的责任。

第四节 保险合同的变更、解除、中止与终止

一、保险合同的变更

保险合同的变更是指在保险合同的有效期内依据法律规定的条件和程序，对保险合同的内容进行修改、补充或对保险合同的主体、客体的改变。

【知识链接 4-5】

《保险法》第二十条 投保人和保险人可以协商变更合同内容。

变更保险合同的，应当由保险人在保险单或者其他保险凭证上批注或者附贴批单，或者由投保人和保险人订立变更的书面协议。

（一）保险合同主体的变更

保险合同主体的变更是指保险人、投保人、被保险人和受益人的变更。保险合同中保险人一般情况下是不会变更的，除非发生保险公司的破产、解散、合并、分立等。我们所说的主体变更主要是投保人、被保险人和受益人的变更。保险合同主体的变更又称保险合同转让。在人身保险合同中保单一般不需要经过保险人的同意即可转让，但在转让之后必须通知保险人。

（1）被保险人的变更：一般而言，个人投保的人身保险是不能变更被保险人的，一旦被保险人变更就意味着原保险合同的终止。但在有些团体保险中被保险人是可以变更的。

（2）投保人的变更：投保人的变更需要经过被保险人的同意并通知保险人，保险人核准后可以变更。

（3）受益人的变更：受益人的变更由投保人或被保险人决定。但是，投保人变更受益人必须经被保险人的同意。变更受益人无须保险人同意，但变更后必须书面通知保险人，保险人在保险单上批注或附贴批单后生效。

【知识链接 4-6】

国际惯例规定：货物运输保险单可以随保险标的的转移而转移，不需要经过保险人的同意，只要被保险人背书即可。在火灾保险中，保险单随保险标的所有权转让而转让时，必须事先通知保险人，经保险人同意，并在保单上批注之后才能继续有效；否则，保险合同自保险标的的所有权转让时即中止。保险标的的转让和保险合同的转让是不同的。保险标的的所有权转让是物权转让，保险合同的转让是债权债务关系的转让。保险单不会随保险标的的转让而自动转让，保险单不是保险标的的附属物。

（二）保险合同客体的变更

保险合同客体的变更是指，保险标的所具有的保险利益的变更。保险合同客体的变更在保险合同的变更中很少被提到，但是保险合同客体的变更往往是引起保险争议的一个重要原因，因为保险利益与保险人和投保人的权利义务直接相关，它是确定保险费和保险金的重要标准，是处理保险争议的重要依据，是保险合同存在的重要基础。做好保险客体变更的工作有利于减少很多不必要的争议，从而降低相关方面的费用。

（三）保险合同内容的变更

保险合同内容的变更是指在主体不变的情况下，改变合同中约定的事项。保险合同内容的变更一般由投保人提出，经保险人同意，在合同中加以变更批注，其法律效力对双方均有约束力。保险合同的变更应采取书面形式。国际上对变更事项、变更手段及时间等方面的有效性顺序规定如下。

（1）所有批单或背书优于附加条款，附加条款优于基本条款。

（2）手写变更优于打字变更。

（3）旁注变更优于正文变更。

（4）对同一事项的变更，后变更的优于先变更的。

二、保险合同的解除

保险合同解除是指当事人在合同的有效期内，依照法律规定或合同约定提前终止合同效力的单方面法律行为。责任方对他方所造成的损失，需承担损害赔偿的责任。

保险责任开始前，投保人要求解除合同的，应当向保险人支付手续费，保险人应当退还保险费。保险责任开始后，投保人要求解除合同的，保险人可以收取自保险责任开始之日起至合同解除之日止期间的保险费，剩余部分退还投保人。

保险标的发生部分损失的，自保险人赔偿之日起三十日内，投保人可以解除合同；除合同另有约定外，保险人也可以解除合同，但应当提前十五日通知投保人。合同解除的，保险人应当将保险标的未受损失部分的保险费，按照合同约定扣除自保险责任开始之日起至合同解除之日止应收的部分后，退还投保人。

【案例 4-6】

某年 3 月 10 日，某县航运公司与当地一家保险公司签订了一份船舶保险合同，合同约定保险期限为一年，自该年 3 月 11 日零时起到次年 3 月 10 日 24 时止，保险金额为 30 万元，保险费为 3000 元，分两次缴纳，该年 8 月 20 日缴纳 2000 元，次年 1 月 10 日缴纳 1000 元。合同签订后，航运公司于该年 8 月 20 日按合同约定缴纳了 2000 元保险费，但次年 1 月 10 日没有按期缴纳另一部分保险费 1000 元。次年 2 月 5 日，航运公司投保的“东风”号轮船在海上触礁沉没。航运公司认为，“东风”号轮船已投保了船舶保险，“东风”号轮船触礁属于保险责任范围，且在保险期限内，因此有权要求保险公司支付保险金，遂于 2 月

7 日派人到保险公司缴纳第二部分保险费 1000 元，并要求保险公司赔偿“东风”号轮船沉没的损失。保险公司则坚持，它与航运公司虽有保险合同，但航运公司迟迟未缴纳第二部分保险费，保险公司有权解除保险合同，并拒收该保险费，不予赔偿。双方协商不成，航运公司便起诉到法院。

资料改编自：http://www.maxlaw.cn/z/20170515/865078318655.shtml.

案例讨论：

保险公司是否应该赔偿？为什么？

（一）保险人解除保险合同

我国《保险法》根据保护弱者的原则，在保险合同的解除方面对保险人加以一定的限制。虽然保险人解除保险合同会受到一定的限制，但如果发生了以下情况，保险人亦可以解除保险合同，体现了保险法在制定时也充分考虑到了保险人的利益，有利于保险市场的健康发展。

（1）投保人故意不履行如实告知义务的，保险人对于合同解除前发生的保险事故，不承担赔偿或给付保险金的责任，并不退还保险费。

（2）投保人故意或者因重大过失未履行如实告知义务，足以影响保险人决定是否同意承保或者提高保险费率的，保险人有权解除合同。本款规定的合同解除，自保险人知道有解除事由之日起，超过三十日不行使就消灭。自合同成立起超过两年的，保险人不得解除合同；发生保险事故的，保险人应当赔偿或给付保险金。

（3）投保人因重大过失未履行如实告知义务，对保险事故的发生有严重影响的，保险人对于合同解除前发生的保险事故，不承担赔偿或给付保险金的责任，但应当退还保险费。

（4）被保险人或受益人在未发生保险事故的情况下，谎称发生了保险事故，向保险人提出赔偿或给付保险金要求的，保险人不承担保险责任，并不退还保险费。

（5）投保人、被保险人或者受益人故意制造保险事故的，保险人不承担保险责任，并不退还保险费。

（6）投保人、被保险人在其财产保险合同中未按约定履行其对保险标的的安全应尽的责任，保险人有权增加保险费或解除保险合同。

（7）在财产保险合同有效期内，保险标的危险程度增加，被保险人按照合同约定及时通知保险人的，保险人有权要求增加保险费或者解除合同。被保险人未履行及时通知保险人保险标的危险程度增加，因保险标的危险增加而发生保险事故的，保险人不承担赔偿责任。

（8）在人身保险合同中，投保人申报的被保险人年龄不真实，并且其真实年龄不符合合同约定的年龄限制的，保险人可以解除合同，并按照合同约定退还保险单的现金价值。但是自合同成立之日起逾两年的除外。

（9）人身保险合同采用分期缴纳保险费，合同效力中止超过两年的，保险人可以解除合同。

（10）保险合同约定的其他可以解除合同的事由。

（二）投保人解除保险合同

投保人在保险合同中代表被保险人和受益人的利益，处于受保险合同保障的地位。对于投保人解除保险合同，除我国《保险法》有规定或保险合同另有约定外，投保人有权随时解除保险合同。

我国《保险法》中规定的投保人不能解除保险合同的情况，主要是指货物运输保险合同和运输工具航程保险合同。这类险种保险责任开始后，保险合同双方当事人均不得解除保险合同，以保障双方的经济利益。

（三）保险合同解除的方式

（1）法定解除：是指法律规定的原因出现时，保险合同的当事人一方依法行使解除权，消灭已经生效的保险合同关系。

（2）约定解除：是指双方当事人在签订保险合同时，可以约定解除合同的条件。一旦出现了所约定的条件，一方或双方即可有权解除保险合同。

（3）任意解除：在保险合同中，投保方有任意解除权，保险人无任意解除权。

需要注意的是，保险合同的解除和保险合同无效是不同的，解除权有时效规定，可因时效而丧失解除权；而无效合同并不会因时效而成为有效合同。

三、保险合同的中止与复效

（一）保险合同的中止

保险合同的中止是指在合同存续期间，因某种原因致使保险合同的法律效力暂时失效或停止。在保险合同的中止期间发生的保险事故所造成的损失，保险人不承担赔付的责任。保险合同中止在寿险合同中经常出现。保险合同中止期限为两年，在这两年内，投保人可以申请保险合同的复效，经保险人同意，投保人补缴保险费及相应的利息后，保险合同重新生效。

需要注意的是，在人身保险合同中存在60天宽限期，即指投保人如果没有按期缴纳续期保费，尚有60天缴纳保费的宽限期，在此宽限期内发生保险事故，保险人应予赔偿，但可扣除应收保费。在宽限期到期后，如果投保人仍然没有缴纳保险费，保险合同就进入中止期。

（二）保险合同的复效

保险合同的复效是指，处于中止期的人身保险合同在符合条件的前提下可恢复合同的效力。中止复效条款是使被保险人、受益人恢复保险保障的一种补救措施。申请保险合同复效的条件如下。

（1）投保人有申请复效的意思表示。投保人应向保险人正式提出复效申请，并补缴所欠的保险费及利息。

（2）复效应在保险合同中止之日起两年内做出，并且在此期间没有退保。若已经超过了中止期投保人和保险人仍然没有达成复效的协议，保险人有权解除保险合同。解除保险合同时，投保人如果已经交足两年以上的保险费，则保险人退还保险单的现金价值。没有交足两年以上保险费的，保险人应在扣除手续费后，退还其保险费。

（3）被保险人应该符合投保要求。这一条件是为了防止出现逆选择，投保人必须履行如实告知的义务，被保险人必须提交健康证明等文件。

四、保险合同的终止

保险合同的终止是指，保险合同当事人之间的权利与义务关系因法定或约定的事由发生而不再继续，保险合同的法律效力完全消失。保险合同终止只能说明合同自终止之日后，合同主体之间的原保险合同所规定的法律关系消失；而在合同终止前产生的法律关系，引起的法律责任仍然存在。保险合同终止的原因有以下几种。

（1）保险合同期限届满终止：保险合同的期限是保险人提供保险服务和经济保障的法律有效期。如果未发生保险事故，保险合同有效期届满，则保险人的保险责任自然终止。这也是保险合同最普遍、最基本的终止情况。

注意：续保不是原保险合同的继续，而是新保险合同的成立。

（2）保险合同履行终止：在保险事故发生后，保险人按照保险合同的约定承担了全部的赔偿或给付保险金的责任，保险合同即履行终止。

（3）保险合同违约失效终止：是指因被保险人的某些违约行为，保险人有权终止合同。被保险人的违约行为必须是违反合同基本条款，如不按期缴纳保险费，随意改变保险标的的用途等。投保人违约致使保险合同终止的，保险人不承担保险责任。

（4）保险合同标的全部灭失终止：在保险合同期限内，保险标的由于非保险事故的发生而灭失。在这种情况下，保险标的已经不存在了，保险合同也就随之终止。

（5）保险合同解约终止：保险当事人某一方解除合同，引起保险合同的终止。

终止与中止是有区别的。中止是指合同法律效力的暂时消失，满足一定条件时还可以复效；终止是指合同法律效力的彻底消失，无法恢复。

第五节　保险合同的解释与争议处理

保险合同争议是指在保险合同成立后，合同主体就保险合同内容及其履行等方面产生不一致甚至相反的理解而导致的分歧或纠纷。由于保险实务的专业性和技术性，产生的争议问题往往非常复杂。及时、合理地解决保险争议在保险活动中是非常重要的。

一、保险合同的解释原则和方法

在保险合同履行过程中，有时由于合同条款的用词含义不清，双方当事人对其所做的解释不一致，造成对合同约定的权利义务提出不同的主张和要求。在这种情况下，需要由法院或仲裁机构等法定机关对保险合同做出解释以解决争议。由于保险合同是附和合同，它的主要条款都是保险人事先草拟或印制的，投保人只能表示接受或拒绝。

保险人在拟定合同条款时可能更多地考虑自身的利益，而投保人由于专业知识和时间的限制，难以对一些专业词汇和条文含义做深入细致的研究，所以从公平合理的角度出发，也为使保险人在拟定保险合同条款时做到文字清楚、含义明确，在保险人与投保人、被保险人或者受益人有争议时，人民法院或者仲裁机关对于保险合同的解释应在遵循公正、合理原则的基础上做出有利于被保险人和受益人的解释。

保险合同的解释是指由于保险当事人对保险内容的用语理解不同而发生争议时，依照法律规定的方式或者保险惯例的方式，对保险合同的内容或文字的含义予以确定或说明。

保险合同当事人就合同理解产生争议，协商解决不成的，仲裁机构或法院对争议条款做出的解释具有约束力。保险合同的解释，既要考虑订立合同时双方当事人的真实意图，又不能脱离合同本文。保险合同的解释方法包括以下三种。

（1）文义解释。文义解释是指，按照保险合同条款用语的文字及特定含义或使用方式结合上下文来解释保险合同条款的内容，既不能超出也不能缩小保险合同所用词语的含义。文义解释要求被解释的合同字句本身具有单一明确的含义。

（2）意图解释。意图解释是指，在保险合同的条款文义不清或者有歧义、用文字无法解释时，通过逻辑分析及有关背景资料等判断合同当事人订约当时的真实意图来解释保险合同条款的方式。意图解释只适用于保险合同条款文义不清，用词混乱、含糊，当事人对同一条款所表达的实际意思理解有分歧的情况。意图解释是无法用文义解释方式时使用的辅助性解释方法。

（3）补充解释。补充解释是指，在保险合同条款约定内容有遗漏或不完整时，借助商业习惯或国际惯例，在公平原则的基础上，对保险合同欠缺的内容进行务实、合理的补充解释，以便合同继续履行。

【案例 4-7】

给付 18%还是 2%

2007 年 8 月 1 日，张先生投保了人寿保险及附加意外伤害保险。同年 8 月 30 日，张先生在工作时右手不慎卷入切割机内，导致右手中指、无名指及小手指三指残疾，医院和公安机关的鉴定结论为右手小指末节缺失，第二关节僵硬；无名指第二、第三关节僵硬畸形；中指第二关节僵硬，以上三指掌指关节尚可活动。张先生根据意外伤害保险条款所附《保险公司残疾程度与给付比例表》和《保险公司人身意外伤害残疾给付标准》第 20 项约定，即“一手中指、无名指、小指残缺者给付保险金额的 18%”，要求保险公司给付意外伤害保险金 3.6 万元。保险公司认为，从张先生的伤残程度来看，其右手小指部分缺失，中指和无名指只是部分丧失功能，不符合上述比例表和给付标准第 20 项“残缺”的规定，只能适用第 21 项约定“一手中指、无名指、小指指骨部分残缺的给付保险金额的 2%”，即给付意外伤害保险金 4000 元。张先生对保险公司的赔付决定不服，起诉至法院。

法院判决：

签订保险合同时，保险公司未告知张先生“残缺”的含义，双方对此两字的含义发生了歧义，根据《保险法》第三十一条（2002 版，编者注）的规定，对于保险合同的条款，保险人与投保人、被保险人或受益人发生争议时，人民法院或者仲裁机关应作有利于被保险人或受益人的解释。本案中，可以理解“残”是“残废”的意思，“缺”是“缺失”的意思，张先生的伤残程度符合《保险公司意外残疾给付标准》第 20 项的规定，保险公司应给付张先生人身意外伤害保险保险金 3.6 万元。

资料改编自：https://china.findlaw.cn/info/baoxian/bxfal/183591.html.

从解释的法律效力上看，保险合同的解释分为立法解释、司法解释、行政解释和学理解释。立法解释是指立法机关（全国人大常委会）对有关保险法律的解释，具有最高法律效力。司法解释是指司法机关（最高人民法院）在法律具体适用性方面的解释。行政解释是指最高行政机关（国务院）及其主管部门（中国银保监会）对自己根据宪法和法律所制定的行政法规和部门规章所进行的解释。学理解释是指一般社会团体、专家学者等对法律所进行的法理性的解释，具有一定的参考作用，但不具有法律效力。

二、保险合同争议处理的方法

保险合同争议是指由于合同条款文字表达的含义不明确，解释条款时产生了分歧或者由于一些赔损案情况较复杂，对造成损失的原因、保险责任的归属、赔偿的计算等问题产生争议。解决保险合同争议的方式有以下几种。

（一）协商

协商是指保险合同纠纷发生后，由保险合同的当事人就保险合同争议的问题进行磋商，在互谅互让的基础上，本着合法和平等互利的原则，双方都做出一定的让步，在彼此都可以接受的情况下达成和解协议的方式。这种方法比较简便，容易化解矛盾，有利于合同继续执行和降低费用。

（二）调解

调解是指当事人自愿将合同争议提交给第三方，在第三方的主持下进行协商的方式。保险合同的调解分为行政调解、仲裁调解和法院调解。行政调解是由各级保险监管机构主持的调解，从法律效果而言，行政调解不具有法律强制执行的效力。仲裁调解和法院调解一经形成调解协议，即具有法律强制执行的效力，当事人不得再就同一事件提交仲裁和起诉。

调解和协商的区别在于，调解有第三方加入，而协商是当事人双方就争议自行协商解决。我国在处理合同纠纷时，坚持先调解原则，在调解不成时，再选择仲裁或诉讼的方式。

（三）仲裁

仲裁是指，当事人双方自愿将保险合同的争议依照事先签订好的仲裁协议交予双方共同信任、法律认可的仲裁机构的仲裁员居中进行调解和仲裁。如果保险双方已达成仲裁协议，则法院不再受理其中任何一方的起诉。

采取仲裁方式解决争议，手续简便，既可以充分发挥当事人双方的自主性，又因为可以选择保险专家裁决，有说服力。因此，仲裁是保险争议处理的重要方式。

【知识链接4-7】

仲裁机构与行政机关之间不存在隶属关系，仲裁委员会之间也没有隶属关系，也不存在级别管辖和地域管辖。仲裁实行一裁终局的制度，裁决书做出之日即产生法律效力。

仲裁机构做出的仲裁具有很强的法律约束力。如果一方不履行仲裁裁决，另一方可以向法院申请执行仲裁裁决。当事人就同一纠纷不得再次申请仲裁，也不得向法院提起诉讼，仲裁委员会和法院也不予受理。

例外：在仲裁裁决生效后6个月内，当事人提交符合法定撤销裁决书的法律证明，可以向仲裁委员会所在地的中级人民法院申请撤销裁决。

（四）诉讼

诉讼是指争议双方当事人依法申请人民法院解决争议，进行裁决的方式，是解决争议最激烈的一种方式。当事人双方因合同发生纠纷时，有权以自己的名义直接请求法院通过审判给予法律上的保护。当事人应当在法律规定的时效以内提起诉讼。

【知识链接4-8】

与仲裁方式不同，法院在受理案件时，实行级别管辖和地域管辖、专属管辖和选择管辖相结合的方式。我国现行的诉讼制度实行二审终审制度。

本章小结

保险合同是指保险关系双方之间订立的一种法律上具有约束力的协议。根据当事人的双方约定，投保人支付保险费给保险人，保险人在保险标的发生约定事故时承担经济补偿的责任，或者当约定事件发生时履行给付保险金的义务。

保险合同除具备一般合同的基本特征外，还具有补偿性、属人性、射幸性、双务性、附和性、条件性和要式性等特征。

保险合同的要素包括主体、客体和内容三部分。保险合同主体包括保险合同的当事人和关系人；保险合同的客体是指保险利益，它是保险合同存在的基础；保险合同的内容是指保险合同记载的全部事项，包括合同的主体、权利和具体事项。

保险合同的订立是投保人与保险人之间基于意思表示一致而产生的法律行为。保险合同的成立是投保人与保险人就合同的条款达成协议。保险合同的成立不代表合同已经生效。保险合同的生效是指保险合同的条款对当事人双方具有法律上的约束力，即合同条款产生法律效力。保险人只承担保险合同生效后约定的保险责任。保险合同的履行是指双方当事人依法全面执行合同约定的权利和义务的过程。

保险合同的变更是指在保险合同的有效期内依据法律规定的条件和程序，对保险合同的内容进行修改、补充或对合同的主体、客体的改变。保险合同的终止是指保险合同法律效力的完全消失。保险合同终止只能说明合同自终止之日后，合同主体之间的原保险合同所规定的法律关系消失；而在合同终止前产生的法律关系，引起的法律责任仍然存在。

保险合同争议是指在保险合同成立后，合同主体就保险合同内容及其履行等方面产生不一致甚至相反的理解而导致的分歧或纠纷。由于保险实务的专业性和技术性，产生的争议问题往往非常复杂，及时、合理地解决保险争议在保险活动中非常重要。

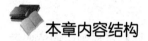

本章内容结构

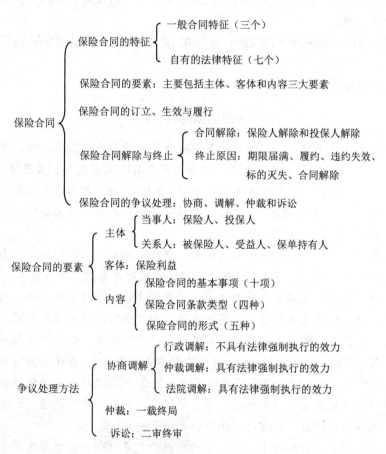

- 保险合同
  - 保险合同的特征
    - 一般合同特征（三个）
    - 自有的法律特征（七个）
  - 保险合同的要素：主要包括主体、客体和内容三大要素
  - 保险合同的订立、生效与履行
  - 保险合同解除与终止
    - 合同解除：保险人解除和投保人解除
    - 终止原因：期限届满、履约、违约失效、标的灭失、合同解除
  - 保险合同的争议处理：协商、调解、仲裁和诉讼

- 保险合同的要素
  - 主体
    - 当事人：保险人、投保人
    - 关系人：被保险人、受益人、保单持有人
  - 客体：保险利益
  - 内容
    - 保险合同的基本事项（十项）
    - 保险合同条款类型（四种）
    - 保险合同的形式（五种）

- 争议处理方法
  - 协商调解
    - 行政调解：不具有法律强制执行的效力
    - 仲裁调解：具有法律强制执行的效力
    - 法院调解：具有法律强制执行的效力
  - 仲裁：一裁终局
  - 诉讼：二审终审

综合练习

一、名词解释

保险合同　　投保人　　保险人　　被保险人　　保单持有人　　受益人

二、判断题

1．只要双方当事人意思表示一致，保险合同就有效。（　　）

2．被保险人可以在任何情况下更改受益人。（　　）

3．只要投保人愿意，保险合同就可以随着保险标的的转让而转让。（　　）

三、简答题

1．保险合同的概念及其特征是什么？

2．保险合同的主体有哪些？

3．简述保险合同的解释原则和方法。

4．保险合同的争议处理有哪几种方式？

四、思考题

1．根据我国《保险法》中有关保险合同的条款，试分析保险合同解释原则中同情弱者的解释原则是否合理。

2．试分析，我国2009版《保险法》与2002版《保险法》相比有哪些改变？为何要做这些改变？

五、案例讨论题

祸起大风惹纠纷

某年5月，濮阳某玻璃制品厂向濮阳某保险公司投保财产保险综合险，保险项目为固定资产和存货，总保险金额为1635万元。次年2月9日晚风雪交加，被保险人厂外3.5万伏高压专供线刮断，致使厂房和玻璃溶液等受损。2月10日，濮阳市气象局出具证明事发当晚最大风速为9 m/s（属5级风），保险公司以事故构不成暴风为由拒赔，被保险人不服诉至濮阳县人民法院，索赔58万元。

被保险人认为，保险条款对暴风没有注释，保险代理人未尽说明条款义务，致使没有专业知识的被保险人认为，能造成保险标的损毁的大风即为暴风。理由有三。① 保险条款中出现的"暴风、台风、龙卷风"等专业术语的意思内涵和外延没有注释。签订保险合同时，由于保险代理人对专业术语不懂，因此也没有向被保险人说明条款内容，致使没有专业知识的被保险人认为，能造成保险标的损毁的大风即为暴风。如果订立合同前保险公司告知暴风就是11级风，风速为31 m/s，被保险人不会投保。② 在保险合同责任免除条款中，也没有约定哪些风给投保人造成的损失保险人免责。③ 保险合同是保险公司提供的格式合同，条款印在保险单反面、字体小、专业术语多，一般人很难读懂，发生争议时法院应做出有利于被保险人的解释。因此，保险公司应予赔偿。

被保险人又提供了一份濮阳市气象局重新出具的气象证明，证明事发当晚瞬时最大风速18 m/s，并证明据中国气象局设定的气象记录表格，有"大风"栏目，无"暴风"栏目。保险公司一审时指出，中国人民银行颁布的条款保险公司无权修改，达不到暴风按条款约定理应拒赔，不能一发生争议就做有利于被保险人的解释。保险公司认为：①《财产保险综合险条款》是中国人民银行制定并颁布的，并不是保险公司制定的，条款的内容保险公司、被保险人都要遵照执行，保险公司没有权力修改，因此，被保险人将本保险合同定性为“霸王合同”无事实依据；② 就本案而言，事发当晚濮阳县最大风速为 9 m/s，不属于暴风范围，因此，保险公司不应赔偿；③ 保险合同是最大诚信合同，应从公平原则出发，综合考虑合同的性质。依据保险立法本意，并不是说一旦保险合同发生争议，就应当作出有利于被保险人的解释，这样做容易使被保险人产生侥幸心理，找理由图取非法利益。本保险合同条款规定清楚、明确，不存在语义含混不清或一词多义，故不适用有利于被保险人的解释。另外，被保险人主张的损失不真实，证人不具有资质能力，且未出庭作证。

法院判决：

暴风界定不明，保险公司赔付 45 万元。

资料来源：https://wenku.so.com/d/610f0cc52002b6705d2552e6e2ce8012.

案例讨论：

你认为法院的判决是否合理？给出自己的意见或见解。

阅读材料

4-1 我国保险合同解释原则存在的若干问题

第五章　保险（合同）的基本原则

内容提要

保险的基本原则，亦即保险合同的基本原则，是保险合同订立和履行必须遵循的基本准则，是保险学原理的核心内容。在保险实践中，必须遵循这些基本准则，许多合同条款无法覆盖或遗漏的难题，都要依据这些基本原则来解决。本章将系统地介绍保险的基本原则，主要内容包括保险利益原则、最大诚信原则、近因原则和损失补偿原则以及由损失补偿原则派生的代位追偿原则和重复保险分摊原则。在前面课程的基础上，再通过本章的学习，读者可以更深层次地认识并掌握保险的本质和精髓。

学习目标与重点

- 掌握四大基本原则的含义及其应用。
- 重点掌握保险利益的确定、最大诚信的要求以及违反最大诚信原则的法律后果。
- 深刻理解损失补偿原则的实现方式及其认定，懂得如何完成损失补偿额的分摊。
- 通过最大诚信原则强化社会主义核心价值观里的诚信要求。

关键术语

保险利益　最大诚信　损失补偿　近因

引入案例

未如实告知是否免责（一）

王某于2007年9月10日向T保险公司投保了《综合个人意外伤害险》。保险合同约定，王某为被保险人，合同期限为1年，自生效日的零时起至期满日的24时止，基本保额为20万元，身故受益人为王某的妻子陈女士。该保险合同还规定，被保险人于本合同有效期内，因遭遇外来的、突发的、非疾病的意外事故，并因该事故导致其身体受到伤害、残疾或者身故的，属于本合同约定的保险责任范围。保险合同的生效日为2007年9月19日。

2008年3月22日，王某因触电身亡。4月6日，王某触电身亡被公安部门认定。陈女士遂向保险公司提出给付保险金的申请。保险公司于5月15日向陈女士发出《不予赔偿告知书》，以王某未告知曾患有动脉硬化为由拒绝赔偿，并称解除保险合同，退还王某所缴纳的保险费。《不予赔偿告知书》未对王某死亡原因提出异议。

陈女士遂向保险公司所在地人民法院提起诉讼。在庭审中，为证实王某的未告知义务，保险公司出具《个人意外与健康保险投保单》一份、王某的病历复印件一份。投保书显示“是否患有心脏疾病、高血压，或者其他血管疾病”的问题答复为“否”，病例显示王某曾于2007年2月因动脉硬化住院治疗。陈女士对两份证据未提出异议。

法院判决：

法院经审理认为，王某与保险公司签署的保险合同不违反法律的强制性规定，是双方的真实意思表示，合法有效。王某在保险期内因触电身亡，受益人陈某依照保险合同要求支付保险金符合法律规定，应予以支持。保险公司以王某投保时未如实告知为由拒绝支付保险金，但是保险公司提供的材料未能证明王某患有动脉硬化与王某死亡之间有因果关系，也非被保险人死亡的直接原因，所以，保险公司抗辩不足，本院不予采纳，保险公司应支付保险金及承担本案的诉讼费。

资料来源：贾晓伟．未如实告知是否免责？[N].中国保险报，2008-10-07.

第一节　保险利益原则

一、保险利益与保险利益原则

要真正理解保险利益原则的含义，首先要明白保险利益的含义。

（一）保险利益的含义

保险利益是指投保人对保险标的具有的法律上承认的利益，即投保人或被保险人因保险标的的损害或丧失而遭受经济上的损失及因保险事故的不发生使保险标的的安全而受益。如果投保人或被保险人对保险标的存在上述经济上的利害关系，则具有保险利益。如果投保人或被保险人没有这种经济上的利害关系，则对保险标的没有保险利益。

保险利益是保险合同得以成立的必要条件，是保险合同的客体。投保人的投保和保险人的承保都基于投保人对保险标的具有保险利益。

（二）保险利益原则的含义

保险利益原则是保险的基本原则，其本质是要求投保人对保险标的必须具有保险利益，否则，保险人可以单方面宣布合同无效。保险合同生效后，投保人和被保险人如果失去对保险标的的保险利益，则保险合同也随之失效。发生保险责任事故后，被保险人不得因保险而获得保险利益以外的额外利益。

【知识链接 5-1】

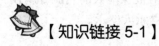

对于保险利益原则，我国《保险法》第十二条规定：“人身保险的投保人在保险合同订立时，对被保险人应当具有保险利益。财产保险的被保险人在事故发生时，对保险标的的应

当具有保险利益。”否则，会导致保险合同无效。因此，保险合同生效都必须以保险利益的存在为前提条件。

（三）保险利益构成的要件

保险利益的成立，必须符合以下条件。

1. 保险利益必须是合法的利益

保险合同是一种民事法律行为，因此，保险利益必须是符合法律规定的，做到主体合法、标的合法及行为合法，符合社会公共秩序要求，为法律认可并受到法律保护的利益。如果投保人以非法律认可的利益即法律上不予承认的利益投保，则保险合同无效。

2. 保险利益必须是经济上的利益

此条件具有两种含义：① 保险利益必须是经济上的；② 投保人或被保险人对保险标的的利益能够用货币计量。财产保险利益必须是可以用货币计量和估价的利益，保险不能补偿被保险人遭受的非经济上的损失。保险在经济运行中的特殊功能就是当被保险人因保险标的发生保险事故而遭受经济损失时，保险人给予其经济补偿。

3. 保险利益必须是确定的利益

保险利益必须是已经确定的利益或者能够确定的利益，即该利益应为能够以货币形式计量的事实上或客观上的利益，包括现有利益和期待利益。现有利益是指在客观上或事实上已经存在的经济利益；期待利益亦称预期利益，是指在客观上或事实上尚不存在，但根据法律规定或合同的约定可以确定在今后一段时间内将产生的经济利益。

（四）保险利益的转移、消灭

保险利益的转移、消灭如图 5-1 所示。

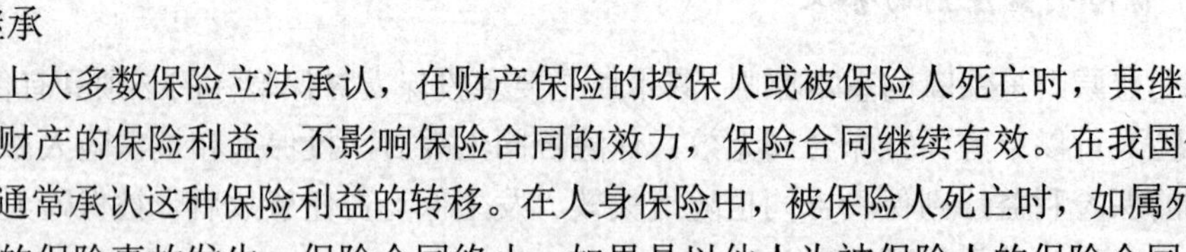

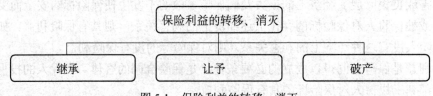

图 5-1　保险利益的转移、消灭

1. 继承

国际上大多数保险立法承认，在财产保险的投保人或被保险人死亡时，其继承人自动获得继承财产的保险利益，不影响保险合同的效力，保险合同继续有效。在我国保险业务实践中，通常承认这种保险利益的转移。在人身保险中，被保险人死亡时，如属死亡保险，即为约定的保险事故发生，保险合同终止。如果是以他人为被保险人的保险合同，若投保人死亡，其保险利益是否移转给继承人存在分歧。一般认为，若对被保险人的利益专属投保人享有，则不能转移；若不具有专属性，则其保险利益应由其继承人继承。

2. 让予

在财产保险中，保险标的的转让是经常发生的。保险标的和保险利益的转移是否影响原保险合同的效力，在理论和各国的法律规定上不尽一致。一般来说，除货物运输保险合同和另有约定的合同外，如果投保人或被保险人将保险标的转移给他人而未征得保险人同意，保险合同效力终止。

【知识链接 5-2】

《保险法》第四十九条 保险标的转让的，保险标的的受让人承继被保险人的权利和义务。

保险标的转让的，被保险人或者受让人应当及时通知保险人，但货物运输保险合同和另有约定的合同除外。[①]

这一规定并未排除保险利益可随保险标的物让予而转移的情形。但对于人身保险合同来说，保险标的是自然人的生命、身体或健康，保险利益一般是不能转让的，也不产生影响保险合同效力的问题。但基于债权债务关系而产生的保险利益可以随着债权的转让而转移，且一般认为原保险合同对新的受让人产生效力。其他人身保险利益不能因转让而转移。

3. 破产

在财产保险中，投保人破产，其保险利益转移给破产财产的管理人和债权人。保险合同仍为破产债权人而存在。但各国法律一般规定一个期限，在此期限内保险合同继续有效；超过这一期限，破产财产的管理人或债权人应与保险人解除保险合同。投保人的破产对人身保险合同没有影响。被保险人破产，对人身保险也不产生保险利益的转移问题。

（五）保险利益的适用时限

保险利益是构成保险合同效力的要件，对于保险合同的效力具有基础评价意义。投保人对于保险标的应当具有保险利益，不具有保险利益的，保险合同无效。而且，一般来说，投保人和保险人不能以保险合同的约定排除或者限制保险利益原则的适用。保险利益作为保险合同的效力要件，不仅对保险合同的成立有意义，而且对保险合同的效力维持也具有意义。保险利益应当在何时存在，才能作为评价保险合同效力的因素，是保险利益原则的时间效力。对于保险利益的存在时间，一般遵循下列原则。

1. 财产保险保险利益的时间限制

财产保险的保险利益，一般要求从保险合同订立到保险事故发生时始终要有保险利益。如果合同订立时具有保险利益，而当保险事故发生时不具有保险利益，不得向保险人请求赔偿保险金。例如，某房屋的房主甲在投保房屋的火灾保险后，将该房屋出售给乙，如果没有办理批单转让批改手续，发生保险事故时，保险人因被保险人已没有保险利益而不需履行赔偿责任。但海上货物运输保险比较特殊，投保人在投保时可以不具有保险利益，但当损失发生时必须具有保险利益。这种规定是为了适应国际贸易的习惯做法。买方在投保时往往货物所有权尚未转移到自己手中，但因其货物所有权的转移是必然的，可以投保海上货物运输保险。

2. 人身保险保险利益的时间限制

人身保险的保险利益存在于保险合同订立时。在保险合同订立时要求投保人对被保险

① 此处仅摘录《保险法》第四十九条第一款和第二款。

人必须具有投保利益，而发生保险事故时，则不追究是否具有保险利益。如某投保人为其配偶投保人身险，即使在保险期限内该夫妻离婚，保险合同依然有效。该规定是基于人身保险的保险标的是人的生命、身体和健康，同时人身保险具有储蓄性。

（六）保险利益原则的重要性

保险利益原则的确立，有以下三方面的意义。

（1）与赌博从本质上划清了界限。要求投保人对保险标的具有保险利益，被保险人只有在经济利益受损的条件下才能得到保险赔偿。

（2）防止道德风险的发生。

（3）限制保险补偿的程度，即保险利益是投保人所获补偿损失的最高限度，保险人所主张的赔偿金额，不得超过保险利益的金额或价值。

二、财产保险的保险利益

这里所说的财产保险是指广义上的财产保险，包括狭义财产保险、责任保险和信用与保证保险等。

（一）狭义财产保险的保险利益

狭义财产保险的保险标的是财产及其有关利益，因此，投保人对其受到法律保护承认的，拥有所有权、占有权和债权等权利的财产及有关利益具有保险利益，包括财产上的现有利益和期待利益。

1. 现有利益

现有利益是指投保人或被保险人对保险标的所享有的现实利益。财产上的现有利益不以所有权利益为限，包括所有权利益、占有权利益、抵押权利益、留置权利益和债权利益等。财产上的现有利益为积极利益。

2. 期待利益

期待利益是因现有利益而存在的确实可得的、以法律或是合同约定产生的未来一定时期的利益。期待利益因现有利益而产生，没有现有利益，也不可能存在期待利益。期待利益并不是一种空想的利益，必须具有得以实现的法律根据或合同依据，如海上承运人对货物运达的预期收入利益、租船人对其租赁船舶的运费收入利益、票房收入利益、租金收入利益等。

（二）责任保险的保险利益

责任利益是被保险人因其对第三者的民事损害行为依法应承担的赔偿责任，它是基于法律上的民事赔偿责任而产生的保险利益，根据责任保险的险种不同，责任保险的保险利益也不同，主要分为以下几种。

（1）公众责任保险。各种固定场所的所有者、经营者或管理者，对因固定场所的缺陷或管理的过失及其他意外事件导致顾客、观众等人身伤害或财产损失，依法应承担经济赔偿责任的，具有保险利益。

（2）产品责任保险。制造商、销售商、修理商因制造、销售、修理的产品有缺陷，对用户或消费者造成人身伤害或财产损失，依法应承担经济赔偿责任的，具有保险利益。

（3）职业责任保险。各类专业人员因工作上的疏忽或过失使他人遭受损害，依法应承担经济赔偿责任的，具有保险利益。

（4）雇主责任保险。雇主对雇员在受雇期间因从事与其职业有关的工作而患职业病或伤、残、死亡等依法应承担医药费、工伤补贴、家属抚恤责任的，具有保险利益。

（三）信用与保证保险的保险利益

信用与保证保险是一种担负性质的保险，其保险标的是一种信用行为。权利人与被保险人之间必须建立合同关系，双方存在经济上的利益关系。当义务人因种种原因而不能履行应尽义务，使权利人遭受损失时，权利人对义务人的信用具有保险利益。当权利人担心义务人履约与否、守信与否时，义务人因权利人对其信誉的怀疑而具有保险利益。如债权人对债务人的信用具有保险利益，可投保信用保险。债务人对自身的信用也具有保险利益，可投保保证保险。其他如雇主对雇员的信用具有保险利益，制造商对销售商的信用具有保险利益，业主对承包商的合同实现具有保险利益。

（四）财产保险利益的具体认定

一般而言，凡属下列情形之一的，可以认定投保人具有保险利益。

1. 对财产享有物权

物权是指权利人对物享有的直接支配并排除他人干涉的权利。物权一般可以分为所有权、用益物权和担保物权。

【知识链接 5-3】

所有权是典型的物权，是指财产所有人依法按照自己的意志通过对其所有物进行占有、使用、收益和处理等方式，独立支配其所有物并排斥他人非法干涉的永久性权利。所有权是其他各种物权的基础，其他各种物权都是由所有权派生而来的。因此，没有限制的所有权人对其所有的财产享有的保险利益最为充分。

用益物权是指依法对他人所有物在合适的范围内以使用、收益为主要内容的权利，通常包括地上权、地役权、典权和永佃权等。我国《民法典》规定的全民所有制企业经营权、国有土地使用权、采矿权、农村集体土地及其他生产资料的承包经营权，也属于用益物权的范畴。

担保物权是依法在他人的所有物上为担保债的履行而设立的物权，通常包括抵押权、质权和留置权。用益物权人和担保物权人皆在其权利范围内享有保险利益。

2. 享有债权

债权是请求他人为一定行为（作为或不作为）的民法上的权利。债权不同于物权的特点之一是债权具有平等性。因此，债权人对于债务人的财产，除设立了担保物权外，并无特别主张之权利。所以，债权人不能以债务人的财产为保险标的投保。但在一定程度上，债权保险利益是得到法律承认的。债权人之所以对债权具有保险利益，是因为债权人在债务人不履行债务时，其利益必然受到损失，符合保险利益的特征。典型的债权保险利益应是信用保险利益。信用保险合同是一种新型的保险合同，由债权人和保险人订立，保险标的是债务人的信用。在债务人不履行债务时，由保险公司代为补偿。

3. 负有法律上的责任

责任利益是指因被保险人依法应承担的民事赔偿责任而产生的经济利益。民事赔偿责任产生的依据主要是合同行为和侵权行为。例如，在租赁合同中，承租人未按照约定的方法或者租赁物的性质使用租赁物，致使租赁物受到损失的，承租人承担赔偿损失的责任。承租人因对租赁物保管不善造成毁损、灭失的，也应当承担损害赔偿责任。

【案例 5-1】

抵押权人的保险利益

王某向刘某借款，将自己的轿车作为抵押，双方到保险公司投保了车损险。为了方便，投保人和被保险人一栏中都写了刘某的名字。在保险期内，王某在驾车途中因驾驶不慎发生翻车，车辆遭到严重损坏，几乎报废。得知事故后，刘某向保险公司提出了索赔。保险公司认为该保险事故属于保险责任，但是刘某对于车辆没有保险利益，所以拒绝赔付。刘某遂将保险公司告上了法庭。法院经过审理认为，刘某作为债权人，抵押车辆是否完整关系到抵押权能否实现、债权能否得到清偿。因此，发生保险事故后，刘某对车辆拥有保险利益，保险公司应当进行赔偿。

三、人身保险的保险利益

人身保险的保险利益在于投保人与被保险人之间的利益关系。人身保险以人的生命或身体为保险标的，只有当投保人对被保险人的生命或身体具有某种利益关系时，投保人才能对被保险人具有保险利益。具体地说，人身保险的保险利益有以下几种。

（1）对自己的生命或身体具有保险利益。任何人对自己的生命或身体都具有保险利益。

（2）投保人对与其有亲属血缘关系的人，法律上规定具有保险利益。亲属血缘关系主要指配偶、子女、父母、兄弟姐妹等家庭成员。通常，只要在同一家庭中生活的近亲属，一般都认为相互之间存在保险利益。

（3）投保人对承担赡养、抚养等法定义务的人具有保险利益，而不论是否存在血缘关系。

（4）投保人对其具有经济关系的人具有保险利益。保险人与被保险人之间的经济利益关系是指雇佣关系、债权债务关系等。雇佣关系体现出来的企业或雇主对其雇员具有的保险利益使其可以以投保人的身份为雇员订立人身保险合同。债务人的生死对债权人的切身利益有直接影响，因此，债权人对债务人具有保险利益，但以其所具有的债权为限。债务人对债权人却不具有保险利益。另外，合伙人对其他合伙人、财产所有人对财产管理人等也都因其存在经济利益关系而具有保险利益。

【知识链接 5-4】

《保险法》第三十一条　投保人对下列人员具有保险利益：

（一）本人；

（二）配偶、子女、父母；

（三）前项以外与投保人有抚养、赡养或者扶养关系的家庭其他成员、近亲属；

（四）与投保人有劳动关系的劳动者。

除前款规定外，被保险人同意投保人为其订立合同的，视为投保人对被保险人具有保险利益。

对于保险利益的确定，各国有不同的规定，国际上主要有以下三种原则。

（1）利益主义原则：以投保人与被保险人之间是否存在经济利益关系为判断依据。英美法系国家基本上采用此种原则。

（2）同意主义原则：无论投保人与被保险人之间是否存在利益关系，只要被保险人同意，则认为具有保险利益。大陆法系国家通常采用此种原则。

（3）利益主义与同意主义相结合原则：即不仅要求投保人与被保险人之间具有利益关系，而且还要被保险人同意，才认为具有保险利益。我国保险法采用此种原则。

【知识链接 5-5】

《保险法》第三十四条　以死亡为给付保险金条件的合同，未经被保险人同意并认可保险金额的，合同无效。

按照以死亡为给付保险金条件的合同所签发的保险单，未经被保险人书面同意，不得转让或者质押。

父母为其未成年子女投保的人身保险，不受本条第一款规定限制。

第二节　最大诚信原则

【新闻链接 5-1】

重塑保险业的诚信

近年来，保险业高度重视信用体系建设，并取得积极进展和成效。实施了《保险从业人员行为准则》《保险监管人员行为准则》《保险营销员诚信记录管理办法》等监管规定和办法，保险业信用建设制度体系基本形成。建立了保险机构和高管人员管理系统、保险中介监管信息系统、全国车险信息共享平台、财产险承保理赔信息客户自助查询平台等监管信息系统，保险业信用记录共享平台初步搭建。综合治理销售误导和理赔难，系统整治和规范市场秩序，对违规失信行为保持高压态势，保险经营行为不断规范，行业形象和社会信誉明显好转。积极开展保险诚信教育，推动保险诚信文化建设，加强行业自律，广大从业人员和消费者的诚信意识不断增强。

然而，与经济社会发展特别是广大消费者的期待相比，保险业信用体系建设仍存在较大差距。主要是：行业信用信息系统建设滞后，统一的信用记录制度和平台尚未建立，信用信息共享机制有待加强；保险征信系统和信用服务体系尚未形成，守信激励和失信惩戒机制尚不健全，信用体系的市场治理功效有待发挥；保险诚信意识和信用水平偏低，销售误导、惜赔拖赔、弄虚作假、不正当竞争、骗保骗赔等不诚信现象依然存在。

资料来源：保监会　发展改革委关于印发《中国保险业信用体系建设规划（2015—2020 年）》的通知（保监发〔2015〕16 号）。

为适应保险业蓬勃发展的需要，2002 年 10 月，我国在总结保险市场发展经验的基础上，对《保险法》进行了修改，总则部分的唯一一处改动是增加了第五条，明确规定："保险活动当事人行使权利、履行义务应当遵循诚实信用原则。"（指 2002 版《保险法》，编者注）相比较而言，修改前的保险法只是将诚实信用原则与遵守法律和遵循自愿原则规定在同一条文之中，此次将其独立成条，其立法意旨就是强调保险活动必须遵循最大诚信原则，突出诚实信用原则在保险法中的地位。这体现了我国《保险法》对保险活动的基本要求和对诚实信用的孜孜追求。

一、最大诚信原则的含义

最大诚信是世界各国立法对民、商事活动的基本要求，是订立各种经济合同的基础。各国保险立法，无一例外地确立保险活动必须遵守诚实信用原则。例如，影响深远的英国《1906 年海上保险法》第十七条规定："海上保险是建立在最大诚信基础上的合同，如果任何一方不遵守最大诚信，另一方可以宣告合同无效。"长久以来，各国保险界和法学界均称最大诚信原则是保险法的基本原则。我国《保险法》第四条规定："从事保险活动必须遵守法律、行政法规，尊重社会公德，不得损害社会公共利益。"

诚信就是诚实和守信用。诚实是指一方当事人对另一方当事人不得隐瞒、欺骗；守信用就是指任何一方当事人都必须善意地、全面地履行自己的义务。因此，最大诚信原则的含义是指：保险合同当事人在订立保险合同当时及在合同的有效期内，应依法向对方提供影响对方做出是否缔约选择及确定缔约条件的全部实质性重要事实，同时信守合同订立的约定与承诺。否则，受到损害的一方，可以此为由宣布合同无效或是不履行合同的约定义务或责任，甚至还可以对因此而受到的损害要求对方予以赔偿。

规定最大诚信原则的原因主要有以下三点。

（1）保险经营的特殊性。一方面，保险经营以风险的存在为前提，保险人对可保风险提供保险保障的承诺。因此，对保险人而言，风险的性质和大小直接决定着保险人是否承保及保险费率的高低。另一方面，保险标的具有广泛性和复杂性的特点，投保人对保险标的的危险程度最为了解，因此，保险人只能根据投保人的介绍和描述来确定是否承保及保险费率的高低。

（2）保险合同的附和性。保险合同的附和性要求保险人具有最大诚信。也就是指，合同中的内容一般是由保险人制定的，投保人只能做出同意或不同意的意思表示。保险合同的条款较为复杂，专业性很强，一般投保人或被保险人不易理解或掌握。因此，要求保险人基于最大诚信原则履行其应尽的义务和责任。

（3）保险所具有的不确定性。最大诚信原则也是由保险本身所具有的不确定性决定的。保险人所承保的保险标的，其保险事故的发生是不确定的，而对有些险种来说，投保人购买保险仅仅支付了较少的保险费，一旦保险标的发生保险事故，被保险人所能获取的赔偿或给付金额将是保险费的十倍甚至百倍。因此，如果投保人不能按照诚实信用原则来从事保险活动，保险人可能无法长期经营，最终也会对其他的投保人或被保险人的保险赔偿或给付造成困难。

二、最大诚信原则的主要内容

最大诚信原则的主要内容包括告知、保证和弃权与禁止反言。

（一）告知

告知是指在保险合同订立之前、订立时及在合同有效期内，投保人对已知或应知的与危险和标的有关的实质性重要事实据实向保险人做出口头或书面的申报，保险人也应将与投保人利害相关的实质性重要事实据实通告投保人。保险人与投保人的告知义务，是法律规定的保险合同订立的义务。

【知识链接 5-6】

重 要 事 实

关于重要事实，英国《1906 年海上保险法》的表述是：“影响谨慎的保险人在确定收取保险费的数额和决定是否接受承保的每一项资料就认为是重要事实。”因此，重要事实就是指那些足以影响保险人确定保险费率或影响其是否承保以及承保条件的每一项事实，如投保人与被保险人的详细情况、有关保险标的的详细情况、危险因素及危险增加的情况以及以往损失赔付情况等，包括作为保险人应告知投保人的有关保险条款、保险费率以及其他条件等可能影响投保人做出投保决定的重要事实。

1. 保险人告知

保险人的告知是指保险人在订立保险合同时，应当向投保人说明保险合同主要条款内容，特别是免责条款的内容。一般而言，保险人告知有两种形式，即明确列示和明确说明。

（1）明确列示。明确列示是指保险人只需将保险条款的主要内容明确列示在保险合同中，即视为已告知投保人。在国际保险市场上，一般只要求保险人采取此种告知。

（2）明确说明。明确说明是指保险人不仅应将保险条款的主要内容明确列示在保险合同之中，还必须对投保人进行正确的说明解释。我国要求保险人的告知采取明确说明的形式，即要求保险人对保险合同的主要条款尤其是免责条款部分进行说明。

2. 投保人告知

国际上，投保人的告知主要有两种形式，即无限告知和询问回答告知。

（1）无限告知。无限告知是法律对告知的内容没有做具体的规定，只要是事实上与保险标的的危险状况有关的任何重要事实，投保人都有义务告知保险人。无限告知的形式对投保人有较高的要求。目前，法国、比利时以及英美法系国家的保险立法都采用这种形式。

（2）询问回答告知。询问回答告知是投保人对保险人询问的问题必须如实告知，对询问以外的问题投保人无须告知。大多数国家的保险立法采用询问回答告知形式，包括我国。

与保险人对保险条款内容的说明义务相对应，投保人在订立保险合同时负有如实告知义务。因为订立保险合同，保险人向投保人收取保险费的多少和是否承保，取决于保险人对其承保危险的正确估计或者判断。保险人如何估计保险危险发生的程度，只能以投保人的真实陈述为基础。因此，各国保险立法均规定投保人负有如实告知义务。

【知识链接 5-7】

《保险法》第十六条第一款　订立保险合同，保险人就保险标的或者被保险人的有关情况提出询问的，投保人应当如实告知。

第十七条第一款　订立保险合同，采用保险人提供的格式条款的，保险人向投保人提供的投保单应当附格式条款，保险人应当向投保人说明合同的内容。

在具体操作上，保险人通常会让投保人先填写投保单，在投保单上列出要询问的投保人、被保险人及保险标的的详细情况让投保人填写，或由代理人按投保单内容进行询问，代为填写，由投保人签字确认。投保人还应该告知以下内容。

（1）在财产保险合同的有效期内，保险标的的危险程度增加的，被保险人按照合同的约定应当及时通知被保险人，保险人有权要求增加保险费或解除合同。

（2）保险标的发生转移或保险合同有关事项变动时，投保人或被保险人应及时通知保险人，保险人确认后可变更合同并保证合同有效。

（3）保险事故发生后，投保人或被保险人应及时通知保险人。

（4）有重复保险的投保人应将重复保险的有关情况告知保险人。

【新闻链接 5-2】

中国保监会关于提醒人身保险投保人正确履行如实告知义务有关事项的公告

为了维护广大投保人的合法权益，提醒人身保险投保人正确履行如实告知义务，现就有关事项公告如下。

一、如实告知不仅是投保人的义务，也是投保人维护自身合法权益的前提和基础。投保人应当按照《保险法》的规定和保险合同的约定履行如实告知的义务。

二、保险单以及健康证明书、重要事项告知书、批单、产品说明书等有关单证是保险合同的重要组成部分，投保人在投保时应仔细阅读投保单及有关单证的有关内容。投保人需要向保险公司如实告知的事项以投保单及有关单证提示的为准，并以书面方式履行告知义务。

三、由于投保人的签名具有法律效力，在推销人员代投保人填写投保单及有关单证时，投保人在签署投保单以前应当确认推销人员代为填写的内容是否属实。

四、如果投保人发现推销人员的宣传与投保内容不一致，请向保险公司做详细咨询，核实后再填写投保单。

五、投保人在购买包含死亡赔付责任的人身保险产品时，必须经被保险人书面同意该项保险并认可保险金额。

（二）保证

保证是投保人或被保险人对保险人做出的一种关于作为或不作为某种行为，或者是某种状态存在或不存在的许诺。保证是保险合同的基础，投保人或被保险人违反保证，就使保险合同失去了存在的基础，保险人有权解除合同。

1. 保证的分类

从表现形式上看，保证可分为明示保证和默示保证。明示保证是指在保险合同中记载的保证事项，需要投保人明确做出承诺。例如，在盗窃险中，保证安装防盗门。默示保证是指习惯上认为投保人、被保险人应该保证某一事项，无须事前明确做出承诺，如在海上保险中，投保人应默示保证适航能力、不改变航道、具有合法性等。

从保证的内容看，保证可分为确认保证和承诺保证。确认保证是指投保人对过去或现在某一特定事项存在或不存在的保证。承诺保证又称为约定保证，是指投保人对将来某一事项作为或者不作为的保证。

2. 保证的起源与适用

保证源于18世纪英国海上保险制度，其目的是排除海上保险中的非常事件。英国《1906年海上保险法》第三十四条规定，保险合同中的保证是指承诺保证，被保险人据此应当承担为或者不为特定事项，或者必须履行某项条件，或者肯定或否认特定事实状态存在的义务。

由于保证条款对被保险人的要求非常严格，稍有违反即带来非常不利的法律后果。为防止保险人滥用保证条款，除了美国对保证条款进行限制外，其他国家的保险立法和司法实践的发展也都倾向于对保证条款的运用加以适当的限制。

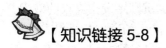

【知识链接 5-8】

对保证条款的限制

（1）保证条款必须在保险合同中载明，并明确表达保证的意思。不能仅凭“保证”二字来判断是否构成了保证条款，必须从实质上进行分析。

（2）保证事项一般应为重要事项。

（3）对保证条款应做出严格的解释。除非有特别解释的需要，保证只涉及其表达的事项，而不能赋予被保险人更多的责任和不利。

（4）在下述情况下被保险人可以不遵守保证：由于情况发生变化，保证事项已不适用于保险合同；新颁布的法律使遵守保证不合法；法律允许的其他情况。

3. 保证与告知的区别

保证与告知是不同的，主要区别如下。

（1）保证是保险合同的重要组成部分，是一种合同义务。除默示保证外，均需列入保险单或其他合同附件中。而告知是在保险合同订立时投保人所做的陈述，是一种先合同义务，并不构成保险合同的内容，但若将告知订入合同，其性质则转化为保证。

（2）保证的目的是控制风险，而告知的目的在于保险人正确估计危险发生的可能和程度。

（3）保证在法律上被推定是重要的，任何违反行为将导致合同被解除的法律后果。而告知需由保险人证明其确实重要，才能成为解除合同的依据。

（4）保证内容必须严格遵守，而告知仅需实质上正确即可。

（三）弃权与禁止反言

弃权是指保险合同中的一方当事人放弃其在合同中的某种权利，通常是指保险人放弃合同解除权和抗辩权。构成弃权需具备以下两个条件。

1. 保险人必须知悉权利的存在

所谓知悉权利的存在，原则上应以保险人确切知情为准。如果保险人不知道有违背约定义务的情况及因此可享有抗辩权或解约权，其作为或不作为均不得视为弃权。

2. 保险人须有明示和默示弃权的意思表示

弃权的意思表示，可以从其行为中推定。如果投保人未按期缴纳保险费，或违反其他约定义务，保险人获得了合同的解除权。如果保险人继续收取投保人逾期缴纳的保险费，即足以证明保险人有继续维持合同效力的意思表示。因此，其本享有的合同解除权及其他抗辩权均视为弃权。又如，保险人明知投保人的损失证明有瑕疵，而仍无条件接受的，也应视为是对瑕疵抗辩权的放弃。再如，保险事故发生后，保险人明知有拒绝赔付的抗辩权，但仍要求投保人或被保险人提出损失证明，因而增加投保人或被保险人在时间及金钱上的负担，视为保险人放弃抗辩权。

对于保险人在获悉投保人违背约定义务后保持沉默的，是否构成弃权，应区别不同情况对待。一般来说，除非保险人有作为意思表示的义务，保险人的沉默不发生弃权的效力。如投保人违反缴纳保险费的义务，除非法律规定或者合同约定保险人的通知是投保人缴纳保险费的前提条件；否则，保险人的沉默不应视为逾期缴纳保险费抗辩权的放弃。又如投保人提出投保要约，保险人收到后仍保持沉默，不构成承诺，保险合同不成立。弃权是一种单方法律行为。一般来说，基于保险合同所产生的权利或抗辩权，保险人或被保险人均可弃权。

在下列情况下，不得弃权：① 放弃的权利是法律禁止放弃或放弃的条件违反社会公共利益，如保险利益就不能抛弃；② 对事实上的主张，不得放弃。

禁止反言也称为禁止抗辩，是指保险合同一方既然已经放弃其在合同中的某种权利，将来不得再向他方主张这种权利。在保险实践中，禁止反言主要用于约束保险人。

需要注意的是，弃权与禁止反言在人寿保险中有特殊的时间规定。保险人只能在合同订立之后的一定时间期限内（通常为两年），以投保人或被保险人告知不实或隐瞒为由解除合同。超过规定期限没有解除合同的视为保险人已经放弃该权利，不得再以此为由解除合同。

三、违反最大诚信原则的法律后果

（一）违反告知义务的法律后果

在保险实务中，投保人或被保险人违反告知义务的情形主要有以下几种。

（1）漏报：由于疏忽而未告知，或者对重要事实误认为不重要而未告知。

（2）误告：指由于对重要事实认识的局限，包括不知道、了解不全面或不准确而导致误告，但并非故意欺骗。

（3）隐瞒：指明知某些事实会影响保险人承保的决定或承保的条件而故意不告知。

（4）欺诈：指投保人一方有意捏造事实，弄虚作假，故意对重要事实不做正确申报并有欺诈的意图。

对于以上违反告知义务的行为，不管投保人或被保险人的动机如何，都会给保险人的利益带来不同程度的损害。因此，各国法律原则都规定，只要投保人或被保险人违反告知义务，保险人有权宣布保险合同无效或不承担赔偿责任。

从各国保险立法的规定看，对于投保人违反告知义务的法律后果，主要有合同无效主义和合同解除主义。我国《保险法》采取了合同解除主义。投保人违反如实告知义务，并不产生保险合同无效的后果，仅导致保险人取得解除保险合同的权利，称为保险人的解约权。我国《保险法》对违反告知义务区分为故意和过失，分别赋予不同的法律后果。

（1）故意违反如实告知义务的法律后果。投保人故意隐瞒事实，不履行如实告知义务的，保险人在保险事故发生前可以解除合同。合同解除后，再发生事故，因保险合同已经解除，保险人自然不承担保险责任。在保险事故发生前没有解除合同，保险人在保险事故发生后仍有权解除合同，并对合同解除前发生的保险事故不承担保险责任，也不退还保险费。

【案例5-2】

未如实告知是否免责（二）

甲某的儿子乙患有癫痫，并且多次复发，在医院治疗时医生曾在出具的诊断书中注明乙对某些药物有过敏反应。甲某很为自己的儿子乙担心，就给他在A保险公司投保了人寿保险，保险金额为30万元，在投保单健康告知“被保险人10年内是否患有下列疾病”一栏中，甲某故意隐瞒了儿子乙患有癫痫的这一事实，填写了“无”。

后乙癫痫再次复发，在医院治疗时甲某焦急地对医生说儿子乙患有癫痫，乙对某些药物有过敏反应，在治疗的时候千万不能用这些药物。后医生在出具的诊断书中注明“乙癫痫再次复发”。A保险公司根据医生诊断书中的注明得知“乙属于癫痫再次复发”，即乙以前就患有癫痫，此次发病不是初犯，遂派理赔人员前往其他医院调查，获取了乙投保前患有癫痫，并且多次复发及在医院治疗的证据材料，于是做出拒赔决定。

资料来源：https://baoxian.lawtime.cn/bxfanli/2011061789563.html.

点评：

本案中作为投保人的甲某故意不履行如实告知这一法定义务，在投保单健康告知“被保险人10年前是否患有下列疾病”一栏中，甲某故意隐瞒了儿子乙患有癫痫的这一重要事实，其行为后果符合《保险法》第十六条的规定，A保险公司做出的拒赔决定是正确的。

那么，在引入案例中，为何保险公司不能拒赔？焦点在于被保险人王某在投保时未履行如实告知义务，保险人是否可以据此免除保险责任，具体地讲就是对《保险法》第十六条如何理解。

根据第十六条的规定，保险人得以解除合同、不承担支付保险金的前提有两个：一是投保人有故意不履行如实告知义务的行为发生；二是该行为足以导致保险公司提高保费或者是拒绝承保。

（1）综合保险公司提供的证据，王某在保险公司询问是否患有相关的疾病中均回答为“否”，但是其的确患有动脉硬化的病史，这一点陈女士亦不否认，因此可以认定王某未向保险公司如实告知病史，保险公司主张王某未如实告知的抗辩成立。

（2）王某未如实告知病史是否足以引起保险公司拒保或者提高保费？保险公司提高保费或者拒绝承保，需以“发生合同约定事故的危险性是否增加”为前提，如果王某有超出一般投保危险的情形，则前提成立，保险公司有权提高保费或者拒绝承保，否则保险公司不得提高保费或者拒绝承保。

在引入案例中，根据保险合同，王某投保的仅仅是意外险。根据保险合同的定义，意外是指“突发的、外来的、非疾病的”，也就是说，“疾病”导致王某身体受到伤害、残疾或者身故的不属于本合同约定的保险责任，“疾病”并不是本次保险的承保范围。可见，王某的既往动脉硬化病史不可能使承保的“意外”危险性增加，保险公司的抗辩不足以成立。

该案确立的一个原则是：不是投保人所有的未如实告知都能成为保险公司拒赔的理由，如果未告知事项未导致承保风险增加的则不能拒赔。该案中，保险公司滥用《保险法》赋予的合同解除权，曲解了《保险法》第十六条的立法本意，其主张自然无法得到法院支持。

（2）过失违反如实告知义务的法律后果。如果投保人因过失不履行如实告知义务，其未告知的事项足以影响保险人决定是否同意承保或者提高保险费率的，保险人在保险事故发生前可以解除合同。在保险事故发生前没有解除合同，在保险事故发生后仍有权解除保险合同。如果未告知的事项对保险事故的发生有严重影响的，保险人对于保险合同解除前发生的保险事故，不承担赔偿或者给付保险金的责任，但可以退还保险费。如果过失未告知的事项对保险事故的发生没有影响或者有影响但不是严重影响，保险人对合同解除前发生的保险事故应承担保险责任。也就是说，在投保人过失不履行告知义务的情况下，不仅要求有过失不告知的重要事实，还要求未告知的事项对保险事故的发生有一定的联系，即未告知的事项对保险事故的发生有严重影响。在这一点上，其与投保人故意不履行告知义务不同。

【知识链接 5-9】

我国《保险法》对违反告知义务的具体规定

1. 关于解除保险合同的规定

第十六条第二款　投保人故意或者因重大过失未履行前款规定的如实告知义务，足以影响保险人决定是否同意承保或者提高保险费率的，保险人有权解除合同。

第二十七条第一款　未发生保险事故，被保险人或者受益人谎称发生了保险事故，向保险人提出赔偿或者给付保险金请求的，保险人有权解除合同，并不退还保险费。

2. 关于不承担赔偿或给付保险金责任的规定

第十六条第四款　投保人故意不履行如实告知义务的，保险人对于合同解除前发生的保险事故，不承担赔偿或者给付保险金的责任，并不退还保险费。

第二十七条第三款　保险事故发生后，投保人、被保险人或者受益人以伪造、变造的有关证明、资料或者其他证据，编造虚假的事故原因或者夸大损失程度的，保险人对其虚报的部分不承担赔偿或者给付保险金的责任。

第五十二条第二款　被保险人未履行前款（编者注：在合同有效期内，保险标的危险程度显著增加的，被保险人按照保险合同的约定应当及时通知保险人）规定的通知义务的，因保险标的的危险程度显著增加而发生的保险事故，保险人不承担赔偿保险金的责任。

3. 关于退还保险费或按比例减少保险金的规定

第十六条第五款　投保人因重大过失未履行如实告知义务，对保险事故的发生有严重影响的，保险人对于合同解除前发生的保险事故，不承担赔偿或者给付保险金的责任，但应当退还保险费。

第三十二条　投保人申报的被保险人年龄不真实，并且其实际年龄不符合合同约定的年龄限制的，保险人可以解除合同，并按照合同约定退还保险单的现金价值。

投保人申报的被保险人年龄不真实，致使投保人支付的保险费少于应付保险费的，保险人有权更正并要求投保人补交保险费，或者在给付保险金时按照实付保险费与应付保险费的比例支付。

投保人申报的被保险人年龄不真实，致使投保人支付的保险费多于应付保险费的，保险人应当将多收的保险费退还投保人。

（二）违反保证义务的法律后果

由于保险合同约定保证的事项均为重要事项，是订立保险合同的条件和基础，因而各国立法对投保人或被保险人遵守保证事项的要求极为严格。凡是投保人或被保险人违反保证，不论其是否过失，也不论是否对保险人造成损害，保险人均有权解除保险合同，不予承担赔偿责任。构成犯罪的，要依法追究刑事责任。

【知识链接 5-10】

《保险法》第一百七十四条　投保人、被保险人或者受益人有下列行为之一，进行保险诈骗活动，尚不构成犯罪的，依法给予行政处罚：

（一）投保人故意虚构保险标的，骗取保险金的；

（二）编造未曾发生的保险事故，或者编造虚假的事故原因或者夸大损失程度，骗取保险金的；

（三）故意造成保险事故，骗取保险金的。

保险事故的鉴定人、评估人、证明人故意提供虚假的证明文件，为投保人、被保险人或者受益人进行保险诈骗提供条件的，依照前款规定给予处罚。

第一百七十九条　违反本法规定，构成犯罪的，依法追究刑事责任。

第三节　近因原则

一、近因与近因原则

要真正理解近因原则的含义，首先要明白近因的含义。

（一）近因的含义

在保险学中，近因是指引起保险标的损失的直接的、最有效的、起决定作用的因素，而不是在时间上或空间上与损失结果最为接近的因素。英国法庭在 1907 年曾给“近因”下过定义：“近因是指引起一连串事件，并由此导致案件结果的能动的、起决定作用的原因。”1924 年其又对“近因”进一步说明：“是指处于支配地位或者起决定作用的原因，即使在时间上它并不是最近的。”

当导致损失的原因有两个或两个以上，而且这些原因包括风险原因和非风险原因时，就要确定哪个原因是近因，以判断保险人是否应承担赔偿责任。

（二）近因原则的含义

所谓近因原则，是指判断风险事故与保险标的损害之间的因果关系，从而确定保险赔偿或给付责任的一项基本原则。保险损害的近因，是指引起保险事故发生的最直接、最有效、起主导作用或支配作用的原因。近因原则的基本含义是：在风险与保险标的的损害关系中，如果近因属于被保风险，保险人应负赔偿责任；如果近因属于除外风险或未保风险，则保险人不负赔偿责任。

近因原则是保险理赔中必须遵循的重要原则。坚持近因原则，有利于正确、合理地判定损害事故责任的归属，从而有利于维护保险双方当事人的合法权益。

二、近因原则的具体运用

认定近因的关键是确定风险因素与损害之间的关系，确定的方法有两种：一是由原因推断结果，即从最初事件出发，按逻辑推理直到最终损害发生，最初事件就是最后一个事件的近因；二是从结果推断原因，即从损害开始，自后往前推，追溯到最初事件，没有中断，最初事件就是近因。在保险理赔中，正确理解近因原则，对确定保险责任具有重要意义。

（一）由单一原因造成损害的近因判定

当造成保险标的损害的原因只有一个时，这个原因就是近因。若这个近因属于承保风险，保险人负保险责任。若该近因属于未保风险或除外责任，则保险人不承担保险责任。例如，货物在运输途中遭受雨淋而受损，若被保险人在水渍险的基础上加保淡水雨淋险，保险人应承担赔偿责任；若被保险人只投保水渍险，则保险人免责。

（二）由同时发生的多种原因造成损害的近因判定

如果同时发生的多种原因均属于近因，且均属于被保风险，保险人承担全部赔偿责任。如果多种原因都属于除外责任，则保险人不承担赔偿责任。如果在多种原因中既有保险责任，又有除外责任，在损失结果可以分解的情况下，保险人只对属于保险责任的原因导致的损失承担保险赔偿责任；在损失无法分解的情况下，有两种处理意见，一种主张由保险人和被保险人分摊，另一种主张保险人完全不负赔偿责任。

（三）由连续发生的多种原因造成损害的近因判定

如果连续发生的原因都是被保风险，保险人承担全部保险责任；如果连续发生的多项原因中含有除外风险或未保风险，若前因是被保风险，后因是除外风险或未保风险，且后因是前因的必然结果，保险人负全部保险责任；若前因是除外风险或未保风险，后因是承保风险，后因是前因的必然结果，保险人不负保险责任。

【案例5-3】

莱兰船舶公司对诺威奇保险公司诉讼案

1918年，第一次世界大战期间，被保险人的一艘轮船被德国潜艇用鱼雷击中，但仍然拼力驶向哈佛港。由于港务当局担心该船会在码头泊位上沉没而堵塞港口，因而拒绝其靠港。该船最终只好驶离港口，在航行途中，船只触礁沉没。由于该船只投保了一般的船舶保险，而未附加战争险，因而保险公司拒赔。法庭诉讼判决是：近因是战争，保险公司胜诉。虽然在时间上看致损的近因是触礁，但船只在中了鱼雷之后始终没有脱离险情，触礁也是由于险情未排除而导致。被保险船只被鱼雷击中为战争所致，不属于船舶保险的保险责任，因此保险人不负赔偿责任。

（四）由间断发生的多种原因造成损害的近因判定

在一连串发生的原因中，有一项新的独立的原因介入导致损害，若新的独立的原因为被保风险，则保险人承担保险责任；反之，保险人不承担保险责任。例如，某人投保了意外伤害保险后被车撞倒，造成伤残并住院治疗，在治疗过程中因感染死亡。由于意外伤害与感染没有内在联系，死亡并非意外伤害（撞车致残）的结果。感染是死亡的近因，不包括在意外伤害保险责任范畴内，故保险人对被保险人死亡不负保险责任，只对意外伤害伤残支付保险金。

第四节　损失补偿原则

一、损失补偿原则的含义及意义

（一）损失补偿原则的含义

经济补偿是保险的基本功能，也是保险产生和发展的出发点与归宿点，因而损失补偿原则也是保险的基本原则，是委付制度和代位追偿权制度的基础。

损失补偿原则是指保险合同生效后，当保险标的发生保险责任范围内的损失时，被保险人有权按照保险合同的约定，获得全面、充分的赔偿，以弥补被保险人由于保险标的遭受损失而失去的经济利益；但被保险人不能因保险赔偿而获得额外的利益。因此，一般来说，损失补偿原则主要适用于财产保险合同以及其他补偿性保险合同；而对于给付性的保险合同，在实务中并不适用。损失补偿原则的含义体现在如下两个方面。

（1）被保险人只有受到约定的保险事故所造成的损失，才能得到补偿。在保险期限内，即使发生了保险事故，但如果被保险人没有受到损失就无权要求保险人赔偿。

（2）补偿的数额必须以实际损失为限，被保险人不能获得多于损失的补偿。因此，各国保险法对保险金额超过财产实际价值的超额保险均做了限制性规定。我国《保险法》规定，保险金额不得超过保险价值，超过保险价值的，超过的部分无效。

（二）损失补偿原则的意义

（1）保险保障关系的实现。保险的基本职能是补偿损失，损失补偿原则体现了保险的基本职能。如果被保险人发现保险事故造成的经济损失不能得到补偿，就违背了保险的职能，这就意味着保险关系没有实现。损失补偿原则约束保险人必须在保险约定的条件下履行保险赔偿责任，从而保证被保险人合法权益的实现。

（2）防止被保险人从保险中营利。损失补偿原则对被保险人是个约束，使其不能因投保而获得超过损失的补偿或称额外利益。如果保险能给被保险人带来额外利益，就会导致某些人制造保险事故以谋取好处，这是不允许的。

二、损失补偿原则的基本内容

（一）被保险人请求保险赔偿的条件

（1）被保险人对保险标的必须具有保险利益。财产保险不仅要求投保人或被保险人投保时对保险标的具有保险利益，而且要求在保险合同履行过程中，特别是保险事故发生时，被保险人对保险标的必须具有保险利益，否则就不能取得保险赔偿。

（2）被保险人遭受的损失必须在保险责任范围之内。保险合同中明确约定了保险责任的范围，只有在此范围之内的损失，保险人才给予赔偿。对于除外责任范围内的损失，被保险人不能要求保险人赔偿。

（3）被保险人遭受的损失必须能用货币计量。如果被保险人遭受的损失不能用货币计量，保险人就无法核定损失，从而也无法支付保险赔款。

（二）损失补偿原则的补偿限制

（1）以实际损失为限。在补偿性合同中，当保险标的遭受保险责任范围以内的损失时，保险人按合同规定承担赔偿责任，其支付的保险赔款不得超过被保险人的实际损失。实际损失是按照损失当时保险标的的实际价值来确定的，而保险标的的实际价值与市场价值有关，所以实际损失通常要根据损失当时保险标的的市场价值来确定。定值保险和重置价值保险例外。例如，对某财产按购买价值 80 万元进行投保，在保险期内，因火灾遭受全损，损失当时的财产市场价值降为 60 万元，则保险人只能按照市场价值认定实际损失，赔偿被保险人 60 万元。

（2）以保险金额为限。保险金额是保险人承担保险责任的最高限额，因此，保险人的损失补偿也必须以保险合同中约定的保险金额为限，即赔偿金额不能高于保险金额。承上例，假设损失时财产的市场价值升为 100 万元，这时虽然被保险人的实际损失为 100 万元，但由于保险金额为 80 万元，按以保险金额为限的原则，保险人赔偿被保险人 80 万元。

（3）以保险利益为限。保险利益是保险保障的最高限额；保险人对被保险人的赔偿以被保险人对保险标的所具有的保险利益为前提条件和最高限额。例如，在抵押贷款中，借款人为取得 80 万元的贷款，将市场价值为 100 万元的房子抵押给银行，银行为保证贷款的安全，将房子投保财产保险，由于银行对该房只有 80 万元的保险利益，所以，当房子遭受损失时，保险人只能根据保险利益为限原则，最多赔偿银行 80 万元。

在具体的保险实务中，上述三个限制同时起作用，并以其中最低的限额为保险赔偿的最高限额。

（三）损失赔偿方式

损失赔偿方式是损失补偿原则的具体应用。财产保险赔偿方式主要有第一损失赔偿方式和比例计算赔偿方式两种。

（1）第一损失赔偿方式，即在保险金额限度内，按照实际损失赔偿，其计算公式为：

当损失金额≤保险金额时，

赔偿金额=损失金额

当损失金额＞保险金额时，

赔偿金额=保险金额

第一损失赔偿方式是把保险财产的价值分为两个部分：第一部分为保险金额以内的部分，这部分已投保，保险人对其承担损失赔偿责任；第二部分是超过保险金额的部分，这部分由于未投保，因而保险人不承担损失赔偿责任。由于保险人只对第一部分的损失承担赔偿责任，故称为第一损失赔偿方式。

（2）比例计算赔偿方式。这种赔偿方式是按保障程度，即保险金额与损失当时保险财产的实际价值比例计算赔偿金额，其计算公式为：

赔偿金额=损失金额×保障程度

保障程度=保险金额÷损失当时保险财产的实际价值

采用比例计算赔偿方式，保障程度越高，即保险金额越接近保险财产的实际价值，赔偿金额也就越接近损失金额。如果保障程度是百分之百，赔偿金额就等于损失金额。所以，被保险人若想得到十足的补偿，就必须按财产的实际价值足额投保。

三、损失补偿原则补偿限制的例外

（一）定值保险

定值保险是保险合同双方当事人在订立合同时，约定保险标的的价值，并以此确定为保险金额，视为足额投保。当保险事故发生时，保险人不论保险标的损失当时的市场价值如何，均按损失程度十足赔付，其计算公式为：

保险赔偿额=保险金额×损失程度

其中，

损失程度=保险财产的受损价值÷保险财产的完好价值

保险财产的受损价值=保险财产的完好价值-残值

在这种情况下，保险赔偿额可能超过实际损失，因此，定值保险是损失补偿原则的例外。海洋运输货物保险通常采用定值保险的方式，因为运输货物出险的地点不定，各地的市价也不一样，很难按照损失时的市价确定损失，故采用定值保险方式。在保险实务中，古董、珍贵的艺术品一般也采用定值保险方式。

（二）重置价值保险

重置价值保险是指以被保险人重置或重建保险标的的所需费用或成本确定保险金额的保险。财产保险一般是按照保险标的的实际价值投保，在保险金额范围内按照保险标的的实际损失价值赔付。但是有些财产会受通货膨胀、物价上涨等因素影响，导致其重置成本上升。如果按照实际损失价值赔付，被保险人重置该种财产可能会遇到资金不足的困难，使保险达不到充分保障的目的。所以为了满足被保险人对受损财产进行重置或重建的需要，保险人推出了重置价值保险方式。在重置价值保险方式中，可能会出现保险赔款大于实际损失的情况，所以说重置价值保险也是损失补偿原则的例外。

（三）人身保险

由于人身保险的保险标的是无法估价的人的生命或身体机能，其保险利益也就是无法估价的。被保险人发生伤残、死亡等事故，对其本人及家庭所带来的经济损失和精神上的痛苦都不是保险金所能弥补得了的，保险金只能在一定程度上帮助被保险人及其家庭缓解由于保险事故的发生所带来的经济困难，帮助其摆脱困境，并给予精神上的安慰，所以人身保险合同不是补偿性合同，而是给付性合同。保险金额是根据被保险人的需要和支付保险费的能力来约定的，当保险事故或保险事件发生时，保险人按双方事先约定的金额给付保险金。所以，损失补偿原则不适用于给付性人身保险合同。

（四）施救费用的赔偿

我国《保险法》第五十七条规定：“保险事故发生时，被保险人应当尽力采取必要的措施，防止或者减少损失。保险事故发生后，被保险人为防止或者减少保险标的的损失所支出的必要的、合理的费用，由保险人承担；保险人所承担的费用数额在保险标的损失赔偿金额以外另行计算，最高不超过保险金额的数额。”这样保险人实际上承担了两个保险金额的补偿责任，显然扩展了损失补偿的范围与额度，这也是损失补偿原则的例外。

第五节　损失补偿原则的派生原则

损失补偿原则的派生原则是对损失补偿原则的补充和完善，主要包括代位追偿原则和重复保险分摊原则。

一、代位追偿原则

代位追偿原则是为了防止被保险人因保险而获得额外利益所规定的，是损失补偿原则的派生原则。代位追偿原则是指保险人依照法律规定或保险合同约定，对被保险人所遭受的损失进行赔偿后，依法取得向对财产损失负有责任的第三者进行追偿的权利或取得被保险人对受损标的的所有权。代位追偿原则包括权利代位和物上代位。

（一）权利代位

1. 权利代位的含义

权利代位即追偿权的代位，是指因第三者对保险标的的损害而造成保险事故，保险人自向被保险人赔偿保险金后，在赔偿金额范围内享有的代位行使被保险人对第三者请求赔偿的权利。

【知识链接 5-11】

《保险法》第六十条第一款　因第三者对保险标的的损害而造成保险事故的，保险人自向被保险人赔偿保险金之日起，在赔偿金额范围内代位行使被保险人对第三者请求赔偿的权利。

代位追偿原则只适用于各类财产保险，而不适用于人身保险。因为人身保险的保险标的是无法估计的人的生命或身体机能，因而不存在由于第三者的赔偿而使被保险人或受益人获得额外利益的问题。所以，如果发生第三者侵权行为导致的人身伤害，被保险人可以获得多方面的赔偿而无须权益转让，保险人也无权代位追偿。

【知识链接 5-12】

《保险法》第四十六条　被保险人因第三者的行为而发生死亡、伤残或者疾病等保险事故的，保险人向被保险人或者受益人给付保险金后，不享有向第三者追偿的权利，但被保险人或者受益人仍有权向第三者请求赔偿。

2. 权利代位权的取得与行使

权利代位权的构成要件是指权利代位权成立所需的条件，主要包括以下方面。

（1）保险标的的损害发生必须是由于第三者的行为引起。造成保险标的损害的原因多种多样，但只有保险标的的损害是由第三者的行为引起的，才有可能存在第三者承担赔偿责任，这是代位追偿权产生的前提条件。

（2）被保险人必须对第三者享有赔偿请求权。代位追偿权建立在被保险人对第三者享有的赔偿请求权基础之上。只有赔偿请求权存在，被保险人才能在获得保险赔偿后，向保险人转让其对第三者享有的赔偿请求权，从而产生代位追偿权。

（3）保险人按保险合同的规定对被保险人履行赔偿义务之后，才有权取得代位追偿权。保险人在向被保险人赔付保险金前，对造成保险标的损害的第三者不能行使代位追偿权。保险人赔付保险金仅有事实上的赔付即可。

（4）权利代位权的构成不以被保险人的全部损失得到赔偿为构成要件。

保险人取得代位追偿权后，究竟应当以自己的名义行使，还是应当以被保险人的名义行使，我国《保险法》没有作出明确规定。一般认为，保险人应以自己的名义行使代位追偿权。因为代位追偿权是一种法定权利，其取得无须征得被保险人同意。而且，代位追偿权的内容即被保险人对第三者的求偿权，自代位追偿权成立之日起就当然地转移给保险人，保险人已经成为债权人，当然可以自己的名义行使。但代位追偿权的行使，也要受到一定的限制。

首先，保险人行使权利代位权，不得超过其已经给付的保险金，以防止保险人不当得利。因此，保险人在权利代位追偿中享有的权益以其对被保险人赔偿的金额为限。如果保险人从第三者处追偿的金额大于其对被保险人的赔偿，则超出的部分应归被保险人所有。

其次，保险人原则上不能对被保险人的家庭成员行使代位追偿权。因为被保险人家庭成员的行为造成保险事故发生，保险人向被保险人赔偿后，再行使代位追偿权，实际上等于被保险人自己承担责任。但若家庭成员故意造成保险事故的，则不影响保险人行使代位追偿权。

保险人行使代位追偿权时，被保险人应履行协助义务。被保险人应当提供的文件包括保险事故发生的时间、性质、损失程度、被保险人向第三者的赔偿请求文件、第三者否认或承认赔偿责任的证明文件等。此外，被保险人还应当向保险人开具权利让与证书。

【知识链接 5-13】

《保险法》第六十三条 保险人向第三者行使代位请求赔偿权利时，被保险人应当向保险人提供必要的文件和所知道的有关情况。

3. 对被保险人过错行为的惩罚

被保险人的某些行为会损害代位追偿权的行使，此种行为主要包括被保险人违反协助义务和被保险人放弃对第三者的求偿权。被保险人违反协助义务和被保险人放弃对第三者的求偿权应承担一定的法律责任，但被保险人的责任应以过错为构成要件，过错包括故意和过失。

对于前者，保险人可以相应扣减保险金；对于保险人已经给付的保险金，保险人可以请求被保险人返还。对于后者，应区分弃权行为发生的不同阶段，分别处理。

（1）保险事故发生后，保险人未赔偿保险金之前，被保险人放弃对第三者请求赔偿权利的，保险人不承担赔偿保险金的责任。但保险人只能在被保险人放弃对第三者的损害赔偿请求权致使其代位权不能行使的范围内，不承担赔偿保险金的责任。若被保险人只是部分放弃对第三者的损害赔偿请求权，保险人不能以此为理由拒绝承担其他部分的保险责任。

（2）保险人向被保险人赔偿保险金后，被保险人未经保险人同意放弃对第三者请求赔偿权利的，该行为无效。因为保险事故发生后，若保险人已经向被保险人赔偿了保险金，代位追偿权已经成立，被保险人对第三者享有的损害赔偿请求权已经转移给保险人，被保险人对此种权利实质上已无权处分，除非保险人追认，否则不发生法律效力。

【知识链接 5-14】

《保险法》第六十一条 保险事故发生后，保险人未赔偿保险金之前，被保险人放弃对第三者请求赔偿的权利的，保险人不承担赔偿保险金的责任。

保险人向被保险人赔偿保险金后，被保险人未经保险人同意放弃对第三者请求赔偿权利的，该行为无效。

被保险人故意或者因重大过失致使保险人不能行使代位请求赔偿权利的，保险人可以扣减或者要求返还相应的保险金。

（二）物上代位

1. 物上代位的含义

物上代位是指保险标的遭受保险责任事故，发生全损或推定全损，保险人在全额给付保险赔偿金之后，拥有对保险标的物的所有权，即代位取得对受损保险标的的权利和义务。

因此，物上代位也称所有权代位。

推定全损是指保险标的遭受保险事故，尚未达到完全损毁或完全灭失的状态，但实际全损已不可避免，或者保险标的失踪达一定时间，保险人按照全损处理的一种推定性损失。

【知识链接 5-15】

《保险法》第五十九条　保险事故发生后，保险人已支付了全部保险金额，并且保险金额等于保险价值的，受损保险标的的全部权利归于保险人；保险金额低于保险价值的，保险人按照保险金额与保险价值的比例取得受损保险标的的部分权利。

2. 物上代位权的取得

保险人物上代位权的取得一般是通过委付来实现的。所谓委付是指保险标的发生推定全损时，投保人或被保险人将保险标的的一切权益转移给保险人，而请求保险人按照保险金额全数赔付的行为。委付是一种放弃物权的法律行为，在海上保险中经常采用。

被保险人提出委付后，保险人应当在合理的时间内将接受委付或不接受委付的决定通知被保险人。如果超过合理时间，保险人对是否接受委付仍然保持沉默，应视为不接受委付行为，但被保险人的索赔权利并不因保险人不接受委付而受影响。在保险人未做出接受委付的意思表示之前，被保险人可以随时撤回委付通知。但保险人一旦接受委付，委付即告成立，双方都不能撤销，保险人必须以全损赔付被保险人，同时取得保险标的物的所有权，包括标的物的所有权利和义务。

【知识链接 5-16】

委付成立的要件

1. 委付必须由被保险人向保险人提出

被保险人为进行委付须提出委付申请。按照海上保险惯例，委付申请应向保险人或其授权的保险经纪人提出。委付申请通常采用书面形式，委付书是被保险人向保险人提出推定全损索赔之前必须提交的文件。被保险人不向保险人提出委付，保险人对受损的保险标的只能按部分损失处理。

2. 委付必须以保险标的的推定全损为条件

委付包含全额赔偿和保险标的的全部权益转让两项内容，因此，要求必须在保险标的的推定全损时才能适用。

3. 被保险人须就保险标的的全部进行委付

由于保险标的的不可分性，委付也具有不可分性，所以委付应就保险标的的全部而为。如果仅委付保险标的的一部分，而其余部分不委付，则容易产生纠纷。但如果保险标的是由独立可分的部分组成，其中只有部分发生委付原因，可仅就该部分保险标的请求委付。

4. 委付不得附加条件

委付要求被保险人将保险标的的一切权利义务转移给保险人，并不得附加任何条件。

《中华人民共和国海商法》第二百四十九条第二款中明确规定："委付不得附带任何条件。"

5. 委付必须经保险人同意

委付是否成立或履行，还需要保险人的承诺。《中华人民共和国海商法》第二百五十条规定："保险人接受委付的，被保险人对委付财产的全部权利和义务转移给保险人。"因此，保险人在接受委付之前须慎重考虑，即受损标的的残值是否能大于将要由此而承担的各种义务和责任风险所产生的经济损失。

3. 物上代位权的行使

由于保险标的的保障程度不同，保险人在物上代位中所享有的权益也有所不同。在足额保险中，保险人按保险金额支付保险赔偿金后，即取得对保险标的的全部所有权。在这种情形下，由于保险标的的所有权已经转移给保险人，保险人在处理标的物时所获得利益如果超过所支付的赔偿金额，超过部分归保险人所有，这点与权利代位不同。此外，如有对第三者损害赔偿请求权，索赔金额超过其所支付的保险赔偿金额，也同样归保险人所有。而在不足额保险中，保险人只能按照保险金额与保险价值的比例取得受损保险标的的部分权利。由于保险标的具有不可分性，保险人在依法取得受损保险标的的部分权利后，通常将该部分权利作价折给被保险人，并在保险赔偿金中作相应的扣除。

二、重复保险分摊原则

（一）重复保险与重复保险分摊原则

根据我国《保险法》第五十六条第四款的定义，重复保险是指投保人对同一保险标的、同一保险利益、同一保险事故，分别与两个以上的保险人订立保险合同且保险金额总和超过保险价值的保险。重复保险分摊原则是在被保险人重复保险的情况下处理损失补偿的基本原则，是损失补偿原则的一个派生原则，即在重复保险的情况下，被保险人所能得到的赔偿金由各保险人采用适当的方法进行分摊，从而使被保险人所得到的总赔偿金不超过实际损失额。

重复保险原则上是不允许的，但事实上却是客观存在的保险现象，其主要原因通常是由于投保人或被保险人的疏忽，或者是为了追求更大的安全感，或者是为了谋取超额赔款而故意造成的。对于重复保险，按照最大诚信原则，各国保险立法都规定，投保人有义务将重复保险的有关情况告知保险人。投保人不履行该项义务的，保险人有权解除保险合同或者宣布合同无效。

（二）重复保险分摊原则的主要内容

在重复保险的情况下，若发生保险事故，对于保险标的所遭受的损失，由各保险人分摊。重复保险的分摊方式一般有比例责任分摊方式、限额责任分摊方式和顺序责任分摊方式。

（1）比例责任分摊方式，即各保险人按其所承保的保险金额与总保险金额的比例分摊保险赔偿责任，其计算公式为：

$$\text{各保险人承担的赔款}=\text{损失金额}\times\frac{\text{该保险人承保的保险金额}}{\text{所有保险人承保的保险金额总和}}$$

比例责任分摊方式在各国的保险实务中运用较多，我国也采用此种分摊方式。

【知识链接 5-17】

《保险法》第五十六条第二款　重复保险的各保险人赔偿保险金的总和不得超过保险价值。除合同另有约定外，各保险人按照其保险金额与保险金额总和的比例承担赔偿保险金的责任。

【例题 5-1】某投保人将价值 50 万元的财产向甲、乙、丙三家保险公司投保同一险种。其中甲公司保险单的保险金额为 20 万元，乙公司保险单的保险金额为 30 万元，丙公司保险单的保险金额为 40 万元。假定在保险有效期内，财产发生保险事故，损失金额 30 万元，则甲、乙、丙三家保险公司应承担的赔偿金额各为：

甲保险公司承担的赔款=30×20/（20+30+40）=20/3（万元）

乙保险公司承担的赔款=30×30/（20+30+40）=10（万元）

丙保险公司承担的赔款=30×40/（20+30+40）=40/3（万元）

三家保险公司承担的赔偿金额总和为 30 万元，刚好等于被保险人的损失。

（2）限额责任分摊方式，即假设在没有重复保险的情况下，各保险人依其承保的保险金额而应负的赔偿限额与各保险人应负赔偿限额总和的比例承担损失赔偿责任，其计算公式为：

$$\text{各保险人承担的赔款}=\text{损失金额}\times\frac{\text{该保险人应负的赔偿限额}}{\text{所有保险人应负的赔偿限额总和}}$$

【例题 5-2】承上例，在没有重复保险的情况下，甲保险公司承担 20 万元的赔偿责任，乙保险公司承担 30 万元的赔偿责任，丙保险公司承担 30 万元的赔偿责任，按限额责任分摊方式计算：

甲保险公司承担的赔款=30×20/（20+30+30）=30/4（万元）

乙保险公司承担的赔款=30×30/（20+30+30）=45/4（万元）

丙保险公司承担的赔款=30×30/（20+30+30）=45/4（万元）

三家保险公司承担的赔偿金额总和为 30 万元，刚好等于被保险人的损失。

（3）顺序责任分摊方式，即按出单顺序进行赔偿，首先由第一个出单的保险人在其赔偿限额内负责赔偿，当第一个保险人不足以补偿被保险人的损失时，第二个保险人对不足的部分在其赔偿限额内接着赔偿，依此类推。因此，在此种方式下，后一个承保人只有在前一个承保人不足以赔偿被保险人的损失时才承担赔偿责任。

【例题 5-3】仍以上例为例，采用顺序责任分摊方式，假定甲、乙、丙三家保险公司按顺序出单，则甲保险公司先赔偿 20 万元，乙保险公司再赔偿超过甲保险公司承保金额以外的损失，即 10 万元，而丙保险公司则不需要承担赔偿责任。

本章小结

保险利益原则是保险合同特有的原则，它强调了保险利益在保险合同的签订和履行过程中的重要性。保险利益必须是合法的利益、经济上的利益和确定的利益。坚持保险利益原则的意义在于使保险区别于赌博，防止道德危险，规定保险保障的最高限度。

最大诚信原则是保险的基本原则之一。它要求保险双方在签订和履行保险合同时必须以最大诚意履行自己应尽的义务，互不欺骗和隐瞒，恪守合同的承诺。最大诚信原则的主要内容包括告知、保证、弃权与禁止反言。

所谓近因，是指引起保险标的损失的最直接的、最有效的、起决定作用的因素，它直接导致保险标的的损失。近因原则的含义是，若引起保险事故发生、造成保险标的损失的近因属于保险责任，则保险人承担损失赔偿责任；若近因属于除外责任，则保险人不负赔偿责任。坚持近因原则，有利于正确、合理地判定损失事故的责任归属，从而有利于维护双方当事人的合法利益。

在保险实践中，对保险标的的损失是否进行赔偿是根据损失事故发生的原因是否属于保险责任来判断的。

经济补偿是保险最基本、最基础的功能，损失补偿原则既是处理保险经济补偿的基本准则，也是保险的基本原则之一。依据损失补偿原则，当保险标的发生保险责任范围内的损失时，被保险人有权按照保险合同的约定，获得全面、充分的赔偿，以弥补被保险人由于保险标的遭受损失而失去的经济利益，但被保险人不能因保险赔偿而获得额外的利益。

代位追偿原则和重复保险分摊原则是损失补偿原则的派生原则。

代位追偿原则是指在财产保险等补偿性保险中，保险标的发生保险事故造成全损或推定全损，或者保险标的由于第三者责任导致保险损失，保险人按照合同的约定履行赔偿责任后，依法取得对保险标的的所有权或对保险标的损失负有责任的第三者的追偿权。代位追偿包括物上代位和权利代位。

重复保险分摊原则适用于财产保险等补偿性保险合同，而不适用于给付性人身保险合同。重复保险是指投保人就同一保险标的、同一保险利益、同一保险事故，分别与两个以上的保险人订立保险合同且保险金额总和超过保险标的价值的保险。重复保险的分摊方式一般有以下三种：比例责任分摊方式、限额责任分摊方式和顺序责任分摊方式，我国采用比例责任分摊方式。

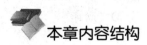

本章内容结构

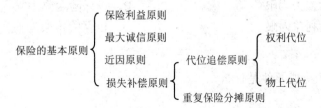

- 保险的基本原则
  - 保险利益原则
  - 最大诚信原则
  - 近因原则
  - 损失补偿原则
    - 代位追偿原则
      - 权利代位
      - 物上代位
    - 重复保险分摊原则

最大诚信原则的主要内容

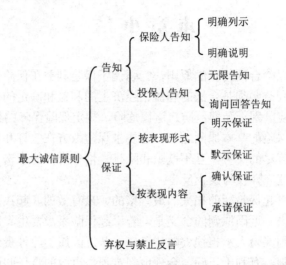

- 最大诚信原则
  - 告知
    - 保险人告知
      - 明确列示
      - 明确说明
    - 投保人告知
      - 无限告知
      - 询问回答告知
  - 保证
    - 按表现形式
      - 明示保证
      - 默示保证
    - 按表现内容
      - 确认保证
      - 承诺保证
  - 弃权与禁止反言

综合练习

一、名词解释

保险利益　告知　保证　重要事实　权利代位　物上代位　委付

二、判断题

1．损失补偿原则适用于所有的保险合同。（　　）

2．债权人对抵押物永远具有保险利益。（　　）

3．某财产保险金额为20万元，所以如果发生保险事故，保险人必须赔偿20万元。（　　）

三、选择题

1．最大诚信原则的主要内容包括（　　）。

A．告知　B．保证　C．弃权　D．禁止反言

2．投保人告知包括（　　）。

A．询问回答告知　B．无限告知　C．明确说明　D．明确列示

3．在保险实务中，投保人或被保险人违反告知义务的情形主要有（　　）。

A．漏报　B．误告　C．隐瞒　D．欺诈

4．损失补偿原则的补偿限制有（　　）。

A．以实际损失为限　B．以保险金额为限

C．以保险利益为限　D．以保险价值为限

四、简答题

1．保险利益的构成要件是什么？

2．最大诚信原则的含义及内容是什么？

3．委付的成立必须具备哪些条件？

五、计算题

某业主将其所有的一幢价值100万元的房子同时向甲、乙、丙三家保险公司投保一年期的火灾保险，甲公司承保的保险金额为20万元，乙公司承保的保险金额为80万元，丙公司承保的保险金额为100万元。假定在此保险有效期内，房子发生火灾，损失80万元。分别用比例责任分摊方式和限额责任分摊方式，计算甲、乙、丙三家保险公司各自承担的赔偿金额。

第六章　主要保险类型概览

内容提要

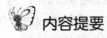

本章是从保险理论到保险实务的一个过渡，具体介绍了一些主要的保险类型，包括人身保险、财产保险、再保险和社会保险，还介绍了一些政策保险。通过本章的学习，读者将从宏观上整体掌握保险类型体系及各种保险类型的相互关系与区别。

学习目标与重点

- 掌握人身保险的特点及主要类型。
- 掌握财产保险的含义、特征及主要类型。
- 了解再保险的含义及与原保险的联系与区别。
- 了解社会保险与商业保险的联系与区别。
- 课程思政：通过农业政策保险说明国家对农民脱贫致富的重视和努力。

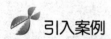

关键术语

人身保险　财产保险　再保险　社会保险

引入案例

三位村民和三个“险种”的故事

一则“保险，让生活更美好”的公益广告让保险被千家万户知晓。从基本保障到美好生活，保险就像一名“多面手”，积极助力经济社会发展。而在扶贫领域，保险也凭借其风险保障和资金融通功能，以四两拨千斤之力，发挥着重要作用。记者近期深入农村地区调研，通过三位村民与保险的故事讲述保险与扶贫的天然联系。

“辛苦十年奔小康，一场大病全泡汤。”过去农村困难群众看病就医虽然有新农合基本医疗保障，但一旦发生重大疾病，高额的个人自负医疗费用仍给老百姓带来很大的经济负担，因无钱而延误治疗的情况也时有发生。而大病保险则帮助这部分人解决了不小的难题。

在贵州省六盘水市盘县，政府利用新农合结余基金向中国人寿购买大病保险，农民不用多掏一分钱却使基金保障效应得到放大。盘县竹海镇十里村低保户叶先粉是大病保险的受益者。

2016 年叶某某因药物性肝损害住院花费 2.2 万元，其中新农合补偿 7095 元，大病保险补偿5254元，医疗救助补偿5546元。出院时叶某某只缴纳了4100多元的个人自付部分，新农合和大病保险接力报销，帮了他和他的家庭不小的忙。在贵州，像叶某某这样的例子还有很多，多重保障不仅让贫困患者及时获得救治，还减轻了家庭经济压力。

“一场大灾，一年白忙。”对于靠天吃饭的农民来说，一场自然灾害就可能让其一年的辛苦泡汤。农业保险作为保险扶贫的主力险种，一直扮演惠农“及时雨”的角色。

2016年6月28日，受强对流天气影响，河南省开封市兰考县固阳镇、谷营镇等多个乡镇遭遇风灾，部分房屋、鸭棚受损严重。其中，兰考县谷营镇曹庄村贫困户王某的鸭棚大面积坍塌，近1000只鸭子被砸死亡，经济损失近10万元。

得益于兰考县政府与中原农险签订的“脱贫路上零风险”保险扶贫项目，王某6月30日就拿到了中原农险赔付的23 000元赔款。“投保时没当回事，也没抱太大希望，没想到赔付这么快又这么多。”王某说。

“保险+扶贫”的模式也在逐渐改变过去“给钱给物、打卡到户”的帮扶模式。借助小额贷款保证保险，扶贫由“输血”转向“造血”。

浙江省丽水市景宁畲族自治县大地乡驮洋村的徐某某曾经是贫困户，记者见到他时，他正在自家的香菇大棚里码放菌棒。“以前向银行贷款很难，种植规模也很小，一年下来挣不着几个钱，勉强维持日常开销。”徐某某说，现在有了小额贷款保证保险，保费由政府承担，保险公司做担保消除了银行顾虑，自己每年可获得10万元无抵押贷款，种植规模扩大到2000多平方米，当年就能增收5万多元。

三位村民，三个险种，这只是保险扶贫的缩影。根据保险大数法则，只要拿出少部分钱，就可以调动保险公司一大笔钱用于扶贫脱贫。

资料来源：和讯网，http://insurance.hexun.com/2016-12-30/187567389.html，2016-12-30.

第一节　人身保险

人身保险是我国保险市场的重要组成部分，目前在我国原保险市场占比约为七成。本节将介绍人身保险的特点、分类和主要类型，包括传统型人寿保险、创新型人寿保险、人身意外伤害保险和健康保险。

一、人身保险的特点与分类

（一）人身保险的特点

1. 人身保险是一种定额保险

由于人身的价值无法用货币估量，所以人身保险无法通过保险标的的价值确定保险金额。因此，一般情况下，人身保险的保险金额由双方当事人协商约定，不存在超额保险、不足额保险，也不存在重复保险。发生保险事故时，保险人按合同约定的保险金额给付。可见，人身保险是一种定额保险。

2. 人身保险是给付性保险

由于人身的价值无法估量，补偿人身损失也就无从谈起，发生保险事故时，保险人支付的保险金就是一种经济帮助和抚慰，解决因人身保险事故造成的经济困境。所以，人身保险中的保险金称为给付金。

3. 人身保险具有长期性和储蓄性

人身保险中的人寿保险，保险有效期通常在5年以上，有的险种长达几十年甚至一生。人身保险的保险期间可分为缴费期、领取期两个阶段，具体情况视不同的险种而定。有的险种缴费期长，而领取期短，有的可能缴费二三十年而到期后一次全部领取保险金，这与储蓄十分相似。

4. 人身保险具有变动性、必然性和稳定性

变动性是指人身保险中的死亡事故随着被保险人的年龄增长而逐年增加。这种变动性给保险人的保费收取带来一个问题，这就是易出现年老的投保人因保险费负担过重而放弃继续投保的情况，这显然不利于保险业务的开展。因此，长期人身保险通常按年度均衡费率计收保险费，即保险人向投保人收取相同的保险费，保险费率在整个保险缴费期间保持不变。必然性是指人身保险事故的发生具有必然性。稳定性是指人身保险中的死亡事故发生概率虽然随被保险人年龄的增长而增加，但整体却具有稳定性。

（二）人身保险的分类

1. 按保险范围分

人身保险可分为人寿保险、健康保险和人身意外伤害保险；人寿保险又可分为传统型人寿保险和创新型人寿保险。

2. 按保险期限分

人身保险可分为长期保险和短期保险。长期保险是指保险期1年以上的保险，人寿保险大多为长期保险。短期保险是指保险期1年以下（包括1年）的保险，人身意外伤害保险大多为短期保险，健康保险有长期保险，也有短期保险。

3. 按承保方式分

人身保险可分为个人保险、联合保险和团体保险。个人保险是指一张保单只为一个人或一个家庭提供保障的人身保险。联合保险是指将存在一定利害关系的两个或两个以上的人视为联合被保险人；当某一被保险人死亡，保险金将给付其他生存的人；如果保险期限内无一人死亡，保险金将给付所有联合被保险人或其指定的收益人。团体保险是指一张总的保单为某一团体单位的所有员工或其中的大多数员工提供保险保障的人身保险。

4. 按投保的动因分

人身保险可分为强制保险和自愿保险。强制保险是指根据法律法规必须购买的保险。自愿保险是指投保人自愿购买的保险。

下面按保险范围的划分，介绍主要的人身保险类型。

二、传统型人寿保险

传统型人寿保险如图6-1所示。

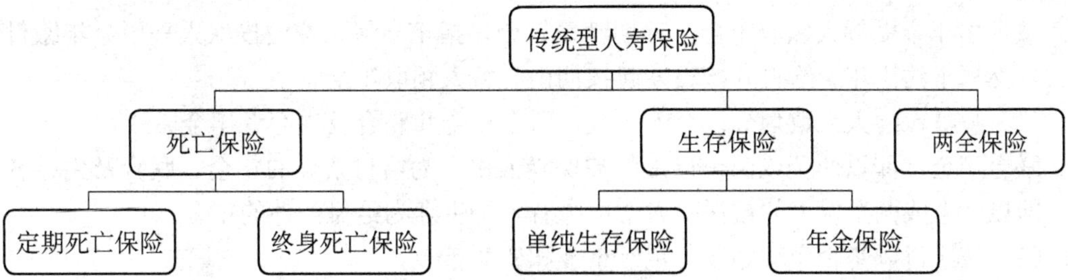

图 6-1　传统型人寿保险

（一）死亡保险

死亡保险是指以被保险人的寿命为保险标的，以死亡为保险事故，当保险事故发生时，保险人按照约定的保险金额给付保险金的人身保险。死亡保险可分为定期死亡保险和终身死亡保险。

1. 定期死亡保险

定期死亡保险简称定期寿险，是一种以被保险人在规定期间发生死亡事故为保险人给付保险金条件的保险。如果被保险人在保险期限内未发生死亡事故，则保险合同终止，保险人不给付保险金。定期保险最大的优点是可以用极为低廉的保险费获得一定期限内较大的保险保障，其不足之处在于若被保险人在保险期限届满仍然生存，则不能得到任何保险保障。

2. 终身死亡保险

终身死亡保险又称终身寿险，是一种不定期的死亡保险，即自保单生效之日起，不论被保险人何时死亡，保险人都给付保险金。该险种保障被保险人的终身，因此保险费率相对较高；受益人可得到一笔数目确定的保险金收入；保单具有现金价值，保单持有人可以享受保单的现金价值。终身寿险按照缴费方式可分为以下三种。

（1）普通终身寿险，即保险费终身分期缴付。

（2）限期缴费终身寿险，其保险费在规定期限内分期缴付，期满后不再缴付保险费，但仍享有保险保障。

（3）趸缴终身寿险，即在投保时一次交清保险费。

（二）生存保险

生存保险是以被保险人于保险期满时仍然生存为保险金给付条件的保险，可分为单纯生存保险和年金保险。

单纯生存保险，是以被保险人在规定期限内生存为给付条件，并一次性给付保险金的保险。

年金保险，是指在被保险人生存期间，保险人按照合同约定的周期（如 1 年、半年、1 个月等）给付保险金的保险。投保年金保险的目的是使晚年的经济生活得到保障。投保人在年轻时开始缴付保费，到了年老以后，便可以定期领取一笔固定数额的保险金，因此，年金保险又称养老金保险。年金又可以划分为不同种类。

（1）按缴费方式划分：趸缴年金和分期缴费年金。

趸缴年金，一次缴清保费的年金，指年金保险费由投保人一次缴清后，于约定时间开始，按期由年金受领人领取年金。分期缴费年金，指年金保险费由投保人采用分年缴付的方式，然后于约定年金给付开始日期起按期由受领人领取年金。

（2）按被保险人人数划分：个人年金、联合年金和联合及生存者年金。

联合年金，即以两个或两个以上的被保险人生存为给付条件的年金。联合及生存者年金，即以两个或两个以上的被保险人中至少有一个生存为给付条件的年金。

（3）按给付额是否变动划分：定额年金和变额年金。

变额年金，年金给付按货币购买力的变化予以调整，这种年金可以克服定额年金在通货膨胀下的缺点。

（4）按给付开始日期划分：即期年金和延期年金。

即期年金，指合同成立后，保险人即行按期给付的年金。延期年金，指合同成立后，经过一定时期或达到一定年龄后才开始给付的年金。

（5）按给付期间划分：终身年金、最低保证年金和短期年金。

终身年金，指年金受领人在有生之年一直可以领取约定的年金，直到死亡为止。最低保证年金，可分为两种：一种是确定给付年金，即规定了一个最低保证确定年数，在规定期间无论被保险人生存与否均可得到年金给付；另一种是退还年金，即当年金受领人死亡而其年金领取总额低于年金购买价格时，保险人以现金方式一次退还其差额。短期年金，是以被保险人在规定期限内生存为给付条件的年金。年金的给付以一定年数为限，若被保险人一直生存，则给付到期满；若被保险人在规定期限内死亡，则年金给付立即停止。

（三）两全保险

两全保险又称生死合险，是指将定期死亡保险和生存保险结合起来的保险。被保险人在保险合同规定的期限内死亡，或保险到期后仍生存，保险人按照合同规定负有给付保险金责任。两全保险承保范围广，保险费率较高，具有储蓄性。

【案例 6-1】

一份保险竟让婆媳反目成仇

买保险的时候，除了投保人和被保人，受益人的填写方式也很有讲究。

陆先生在 2012 年为自己投了 20 万元终身寿险和 30 万元意外险，当时他是单身，在购买保单时“受益人”一栏填写的是“法定”。

2016 年年初，陆先生因交通事故英年早逝，保险公司认定属于保险责任，并支付了 50 万元的保险金。但他身故前已婚，妻子和母亲因为这笔 50 万元的赔偿金反目成仇，对簿公堂。母亲认为儿子投保时是单身，其时写“法定”本意是要母亲作为受益人。妻子则认为丈夫出事时，自己才是法定受益人。

最终法院怎么判的，看完这篇文章你心里就有数了。

首先，我们先复习一下投保人和被保人。投保人，就是为保险买单的那个人，可以给自己投保，也可以为别人投保。被保人，就是被保险公司承保的那个对象。重点说下受益人。受益人，就是保险公司要理赔的对象，说白了，就是最终能从保险公司手上拿钱的人。

受益人就要分两种了，生存受益人和身故受益人。生存受益人，顾名思义就是保险公司赔他钱的时候，他还活着，生存受益人通常是被保险人。身故受益人，就是被保险人身故之后，保险金的领取人。一般性这个设定会出现在涉及身故责任的险种里面，例如寿险、意外险之类的。

那么问题来了，被保险人都去世了，这个钱该给谁呢？

一种情况是，我们在投保时会有一个指定受益人。举个例子，老王买了一份寿险给自己，买的时候他指定小王是他的身故受益人，那么老王去世了之后，保险公司就把这笔寿险的赔偿金交给小王。

指定受益人可以指定一个人，也可以指定多个人，指定多个人的话，还能指定受益的顺序和份额。举个例子，老王买了一份保额为 100 万元的意外险给自己，买的时候他指定王太太为他的第一顺位受益人，比例是 100%；小王和小小王是他的第二顺位受益人，比例是各 50%。那么当老王因为意外死了之后，保险公司的 100 万元赔偿金是给王太太的。如果王太太和老王同时去世或者比老王早去世，那小王和小小王各拿 50 万元。

注意这个同时很关键！如果老王和王太太同时死亡，保险公司会默认指定受益人王太太是比被保险人老王先死的，分钱的时候还是根据老王的意思来办。如果王太太比老王晚死，那这个事就复杂了，这个钱会先给王太太，作为王太太的遗产来分配，王太太没有遗嘱就按照法定继承人来分配。

另外一种情况就是，我们在投保时没有指定受益人，就像开头案例中的陆先生，在受益人一栏里填了“法定”。那么法定受益人就要论资排辈了，不是张三李四都有资格拿到这笔钱的。

排在最前面的，也就是所谓的第一顺序继承人是配偶、父母、子女。如果第一顺序继承人也都去世了，接下来才轮到兄弟姐妹、祖父母、外祖父母。举个例子，老王买了一份保额为 100 万元的寿险，默认为法定受益人。最和谐的情况，这 100 万元就由老王的老婆、父母、子女平均分配。如果老王的老婆、父母、子女早于老王或者和老王同时去世，那么这 100 万元就由老王的兄弟姐妹、祖父母、外祖父母来平分了。

现实情况是……

生前不一定和他特别好，死后占便宜肯定少不了——由于没有指定受益人，大家都会抢着成为法定受益人。一旦发生分歧闹上法院，理赔的速度将会大打折扣。由于没有指定受益人，身故赔偿金往往会被认定为被保险人的遗产，变成遗产了就要交遗产税了，到手的钱肯定大打折扣，而指定受益人的话，这笔遗产税是不用交的。

指定受益人还有一个好处，就是不用偿付老王的欠债。举个例子，老王身前欠了 50 万元的外债，但他同时买了一份 100 万元保额的意外险，只有小王一个亲人。如果他身前指定小王为身故受益人，那小王可以完整地拿到这 100 万元，老王欠的 50 万元外债和他无关。如果老王身前没有指定受益人，那这 100 万元到小王手上之前，先要把老王 50 万元的外债先还清了，再扣除遗产税，最终才能到小王口袋里。

资料来源：https://www.sohu.com/a/271289946_554479.

三、创新型人寿保险

（一）变额人寿保险

变额人寿保险是一种保额随其保费分离账户的投资收益变化而变化的终身寿险。在变额寿险保单的管理上，保费减去费用及死亡给付分摊额后，存入一个单独的投资账户。大多数保险公司可提供的投资方式有货币市场基金、普通股票基金、债券基金以及其他形式的基金，通常保险金额与投资收益直接相连，其特点如下。

（1）保费是固定的，但保额在保证一个最低限额基础上可以变动。

（2）专项账户，与保险公司的其他业务分开管理。每位投保人的保费分为两部分：一是保障账户；二是投资账户，该账户的资金所形成的基金专门用来投资。保险人根据资产运用情况，不断对资产组合进行调整，保单所有人拥有投资组合权，并承担投资风险。

（3）保单的现金价值随着公司投资组合和投资业绩的变动而变动。投资账户的投资收益高，则保单的价值高；反之，保单的现金价值低，保险金额也低。

（二）万能人寿保险

万能人寿保险是一种缴费灵活、保额可调整、非约束性寿险，其特点如下。

（1）采用灵活的保费缴付制。投保人在缴付首期保费后，保险公司从中扣除首期的各种费用、死亡给付分摊等，剩余部分为保单最初的现金价值并用于投资；以后什么时候缴付保费，缴付多少保费由投保人自行决定。一旦保单的现金价值低到不足以支付各种费用开支时，投保人须再缴付保费；否则，保单失效。

（2）保险金可以改变。在保单生效一年后，保单持有者可以在一定的限额范围内选择所需要的保额。

（3）设有独立的投资账户。个人投资账户的价值（即保单的现金价值）有固定的保证利率，当个人账户的实际资产投资回报率高于保证利率时，寿险公司要给予客户高于保证利率部分的收益。

（4）保单运作透明。寿险公司定期向客户提供一份保单信息状况表，向客户说明保费、保额、利息、保险成本及保单现金的发生数额及变动状况。

（三）变额万能人寿保险

变额万能人寿保险是融合了保费缴纳灵活的万能寿险和投资灵活的变额寿险后形成的新的险种，其特点如下。

（1）采用万能寿险的保费缴付方式，保单持有人在规定限度内可自行决定缴费期限及每期保费缴付金额。

（2）吸收变额寿险的特点，在具备可保性及保单最低保额的条件下，保单持有人可以任意选择降低或提高保额。

（3）保单现金价值的变化与变额寿险相同，取决于专项账户基金的投资组合及其收益状况，没有最低收益率限制和本金的保证。保单持有人可以选择各种投资组合，并承担投资风险。

【新闻链接】

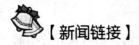

我国近年来推出的新型寿险

近年来，寿险公司为了化解经营风险，提高偿付能力，增强保险产品保障和投资双重功能，吸引客户，纷纷推出新型的投资理财险种。目前，我国寿险市场上的新型投资理财险种主要有投连险（投资连结保险）、万能险和分红险。

四、人身意外伤害保险

（一）人身意外伤害保险的概念

人身意外伤害保险是以被保险人的身体为保险标的，以被保险人遭受意外伤害及其致残、致死为保险事故的一种人身保险。它有以下三个要素。

（1）必须有客观的意外事故发生，且事故原因是意外的、偶然的、不可预见的。

（2）被保险人必须有因客观意外事故造成人身死亡或残废的结果。

（3）意外事故的发生和被保险人遭受人身伤亡的结果，两者之间有内在的、必然的联系。

（二）人身意外伤害保险的特点

1. 保险费率

职业是意外伤害保险中确定保险费率的重要依据。被保险人的职业风险高，保险费率高；被保险人职业风险低，保险费率低；被保险人由低风险职业改为从事高风险职业时，必须履行危险增加通知义务。

2. 保险金额

意外伤害险主要承担意外伤害致残、致死的保险事故，而人们遭受意外伤害的可能性虽然存在，但并不像其他寿险产品特别是终身和两全寿险产品，保险事故必然会发生。因此，意外保险比寿险便宜，即在相同的保费下，意外伤害险的死亡保险金数额通常较高。

3. 保险责任与保险金给付

意外伤害保险的保险责任与保险金给付包括：① 意外伤害致死，即死亡与意外伤害有必然的因果关系，且死亡发生在保险责任期限内，保险人给付死亡保险金；② 意外伤害致残，保险责任只承担永久性的全残、半残和部分残废，并按有关规定计算给付残疾保险金；③ 在投保人与保险人约定的情况下，保险人负责被保险人因意外伤害发生的医疗费用及因意外伤害导致收入减少的损失。

（三）人身意外伤害保险的分类

1. 按保险责任分类

（1）意外伤害死亡、残废保险：其保险责任是当被保险人由于遭受意外伤害死亡或伤残时，保险人给付死亡保险金或残废保险金。

（2）意外伤害医疗保险：其保险责任是当被保险人由于遭受意外伤害需要治疗时，保险人支付医疗保险金。

（3）意外伤害停工保险：其保险责任是当被保险人由于遭受意外伤害暂时丧失劳动能力不能工作时，保险人给付停工保险金。

2. 按实施方式分类

（1）自愿意外伤害保险：投保人和保险人在自愿基础上通过平等协商订立保险合同的意外伤害保险。

（2）强制意外伤害保险：又称法定意外伤害保险，是国家机关通过颁布法律、行政法规、地方性法规强制实施的意外伤害保险。

3. 按保险危险分类

（1）普通意外伤害保险：其所承保的保险危险是在保险期限内发生的各种意外伤害（不可保意外伤害除外）。

（2）特定意外伤害保险：以特定时间、特定地点或特定原因发生的意外伤害为保险危险的意外伤害保险。

4. 按保险期限分类

（1）一年期意外伤害保险：保险期限为一年的意外伤害保险。

（2）极短期意外伤害保险：保险期限不足一年的意外伤害保险。

（3）多年期意外伤害保险：保险期限超过一年的意外伤害保险。

5. 按险种结构分类

（1）单纯意外伤害保险：一张保险单所承保的保险责任仅限于意外伤害保险。

（2）附加意外伤害保险：包括两种情况，其他保险附加意外伤害险和意外伤害保险附加其他保险责任。

6. 按是否出立保险单分类

（1）出单意外伤害保险：承保时必须出立保险单的意外伤害保险。

（2）不出单意外伤害保险：承保时不出立保险单，以其他有关凭证为保险凭证的意外伤害保险。

五、健康保险

（一）健康保险的概念

健康保险是以人的身体为对象，以被保险人在保险期限内因患病、生育所致医疗费用支出和工作能力丧失、收入减少及因疾病、生育致残或死亡为保险事故的人身保险，保证被保险人在疾病、生育或意外事故所致伤害时所需费用或损失获得补偿的一种保险。

健康保险所承保的疾病或疾病风险应符合以下条件。

（1）疾病是由于非先天的原因引起的。先天性疾病和保险合同订立前存在的疾病排除在健康保险承保风险范围之外。

（2）疾病是由被保险人内部引起的。由于明显的外来因素引起的疾病，如食物中毒等，不在保险责任范围内。

（3）疾病是由偶然的原因引起的，也就是疾病的发生须有病因，还能治疗。由于规律性的生理现象，如年老衰弱等自然现象，没有病因，也不属于疾病。

（二）健康保险的特征

1. 保险金给付

人寿保险的给付金额一般是固定的，在保险事故发生时，按照约定的数额全数给付。健康保险既有对患病给付一定保险金的险种，也有对保险费用和收入损失进行补偿的险种，其给付金额往往按照实际发生的费用或收入损失而定。

2. 承保标准

健康保险的承保条件一般比寿险的承保条件更为严格，其对疾病产生的因素需要进行严格的审查，一般是根据被保险人的病历来判断。另外，为防止已经患有疾病的被保险人投保，保单中常规定一个等待期或观察期，等待期或观察期多为半年（180 天），被保险人在等待期或观察期内因疾病支出医疗费用或收入损失，保险人不负赔偿责任。

3. 保单续效方式

保单续效方式的分类如下。

（1）可任意取消保险单。对于这种保险单，保险人可以在任何时候提出终止合同或改变保费、合同责任范围。这种保单的保险人承担的风险小，所以其成本低，并对承保条件要求不太严格。

（2）有条件可取消保险单。对于这种保单，保险人只能在特定的时期，如每月、季、半年的期末提出解除或变更合同，对于提出前已发生尚未处理的保险事故，仍应按原来规定的合同内容承担责任。

（3）有条件续保保险单。对于这种保险单，保险人必须按期续保其合同，直至某一特定的时间或年数。例如，在被保险人符合合同规定的条件和承保标准的前提下，承保 5 年以上或被保险人年龄达 60 岁时可续保的保单。

（4）保证性可续保保单。对于这种保单，保险人保证按期续保，只要被保险人继续缴费，其合同就可续存，直至被保险人到法定退休年龄。但保险人在每次续保时可根据被保险人的健康状况调整费率或变更承保责任。

（5）不可取消保险单。对于这种保单，保险人不得提出取消或变更原保险合同。只要被保险人继续缴费，其合同就不能失效直至其退休。这种保单的保险人承担的风险最大，成本也最高。

4. 成本分摊

健康保险相对于人寿保险具有更大的变动性和不易预测性，主要表现为健康风险涉及非常多的医学技术，加之人的主观能动性的差异，以及人为风险因素（道德风险和心理风险）的介入，使得健康保险成本测算的稳定性较差。为了避免保险人在处理赔款时费用太大，健康保险单通常有以下三种条款规定，以达到被保险人和保险人费用共担的目的。

（1）免赔额条款：规定保险人只负责超过免赔额的部分。免赔额的计算一般有三种：其一，单一赔款免赔额，即针对每次赔款的免赔数额；其二，全年免赔额，即按全年累计，超过一定数额后才赔付；其三，集体免赔额，是针对团体投保而言。规定了免赔额之后，小额的医疗费用由被保险人自负。

（2）比例给付条款：多数健康保险合同对超过免赔额以上的医疗费用均采用保险人与被保险人共同分摊的比例给付方法，如保险人承担 80%～90%，被保险人承担其余部分。这样的规定，既保证了被保险人的经济利益，也促进了被保险人对医疗费用的节约。

（3）给付限额条款：即在合同中规定最高保险金额，医疗费用实际支出超过部分，由被保险人自己支付，保险人通常采用这种方法以控制总支出水平。

（三）健康保险的种类

1. 医疗保险

医疗保险是指提供医疗费用的保险。常见的医疗保险有以下几种：普通医疗保险、住院保险、手术保险、综合医疗保险和特种疾病保险等。

（1）普通医疗保险：这种保险保障被保险人治疗疾病时所发生的一般性医疗费用，主要包括门诊费用、医药费用、检查费用等。这种保险费成本较低，比较适用于一般社会公众。为控制医药和诊断费用水平，这种保单一般都有免赔额和费用分担规定。

（2）住院保险：这种保险的保障项目主要是被保险人住院期间的诊断费、手术费、药费和医院设备使用费。

（3）手术保险：这种保险保障被保险人需做必要的手术而发生的费用，一般负担全部手术费用，而不需被保险人按比例分担。

（4）综合医疗保险：这是保险人为被保险人提供的一种全面的医疗费用保险，其保险范围包括医疗和住院手术等一切费用。这种保单保费较高，且具有较高的免赔额和分担比例。

（5）特种疾病保险：某些特殊的疾病往往给病人带来灾难性的费用支付，如癌症、血液病等，这种保单的保险金额比较大，足以支付其产生的各种费用。给付方式一般为一次性支付保险金额。特种疾病发病概率较低，一般规定较低的免赔额和比例分担。

2. 收入补偿保险

收入补偿保险又称残疾收入补偿保险、收入损失保险等，是对被保险人因疾病或意外而导致残疾后，不能正常工作而失去原来工资收入的补偿保险。残疾收入补偿保险中，一种为健康保险，是保障因疾病所致残疾而导致的收入减少的保险；另一种为意外伤害保险，保障的是因意外伤害所致残疾导致的收入减少的保险。

收入损失保险金的给付以暂时或永久丧失劳动能力为条件，直接以现金支付，并规定给付金额和方式。给付金额有定额给付和比例给付两种。

（1）定额给付：是按保险合同规定的金额定期给付保险金。这种方式，无论被保险人原收入多少，保险人都按照约定金额给付保险金。

（2）比例给付：是根据被保险人的残疾程度，按被保险人原收入的一定比例给付保险金。

第二节 财产保险

财产保险也是我国保险市场的重要组成部分，约占三成市场份额。财产保险有广义和狭义之分。广义的财产保险所保障的标的，其具体存在的形态通常被划分为有形财产与无形财产及有关利益。无形财产或有关利益指各种费用、产权、预期利润、信用、责任等。狭义的财产保险专指以有形财产中的一部分普通财产为保险标的的保险，如企业财产保险、机动车辆保险等。本节主要介绍财产保险的含义、特征和主要类型，包括狭义财产保险（财产损失保险）、责任保险、信用保险与保证保险。

一、财产保险的含义

财产保险是保险人对被保险人的财产及其有关利益，在发生保险责任范围内的灾害事故而遭受经济损失时给予补偿的保险。财产保险具有以下特征。

（1）财产保险以财产及其有关利益为保险标的。

（2）财产保险的保险标的必须是可以用货币衡量价值的财产或利益。在财产保险中，财产或利益的实际价值是获得保险保障的最高经济限额。因此，财产或利益的实际价值必须能够用货币衡量。

（3）财产保险业务活动具有法律约束力。财产保险是一种合同行为，财产保险关系的存在与成立必须由具有法律约束力的文件予以确认，以明确保险标的的合法归属、价值构成和保障的基本范围。保险人和投保人双方订立保险合同的过程以及所承担的权利和义务都受到财产保险合同的约束。

（4）财产保险对于保险标的保障功能表现为经济补偿。根据保险的基本原则，财产保险的补偿功能表现为被保险人的财产或利益在遭受保险责任范围内的损失后，保险人通过保险补偿方式，使被保险人的财产或利益恢复到损失前的状态，维持保险标的的原有价值，但不允许被保险人从保险补偿中获得额外利益。

（5）财产保险属于社会商业活动的组成部分。财产保险是保险人基于保险原理，按照商品经济的原则所经营的保险业务。从保险条款的设计、保险费率的厘定，到保险展业、核保、防灾防损和核赔等经营环节，无不渗透着商业经营的痕迹。

二、狭义财产保险（财产损失保险）

狭义财产保险也称财产损失保险，包括火灾保险、运输保险、工程保险、利润损失保险等。

（一）火灾保险

火灾保险是指以存放在固定场所并处于相对静止状态的财产物资为保险标的的一种财产保险。火灾保险具有以下特征。

（1）火灾保险的保险标的是陆上处于相对静止状态条件下的各种财产物资。

（2）火灾保险承保财产的存放地址是固定的，被保险人不能随意变动。

（3）保险危险相当广泛，不仅包括各种自然灾害与多种意外事故，而且可以附加有关责任保险或信用保证保险等，火灾保险的承保危险通过基本险与附加险的组合，实际上覆盖了绝大部分可保危险。

我国现行财产保险的保险责任实际上是在火灾保险责任基础上的扩展，包括企业财产保险、家庭财产保险、涉外财产保险等。

（1）企业财产保险：以企业存放在指定地点的财产物资为保险标的的保险业务，其主要险种有财产基本险、财产综合险。

（2）家庭财产保险：以居民的家庭财产为标的的一种保险。我国开办的业务主要有普通家庭财产和家庭财产两全保险。

（3）涉外财产保险：承保中外合资、合作经营或外商独资经营企业的财产及其来料加工、补偿贸易、租赁的财产或使用中国银行外汇贷款引进的机器、设备等物料，以及外国机构购买的房屋、办公用具和外国居民个人财产。

（二）运输保险

运输保险分类如图6-2所示。

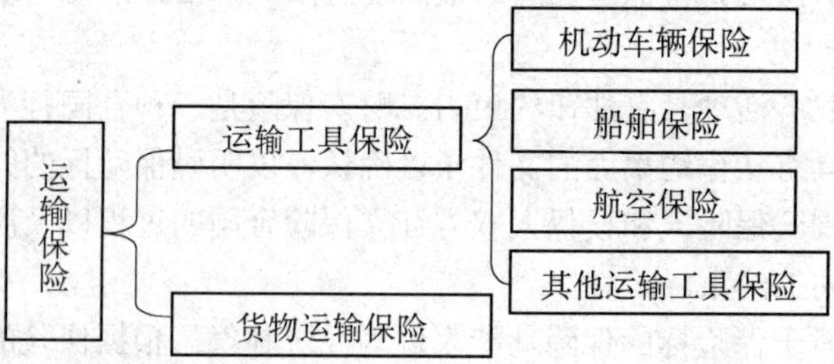

图6-2　运输保险分类

1. 机动车辆保险

机动车辆保险承保各种机动车辆在陆上运营中可能遭遇的自身损失危险及可能导致的第三者责任危险。机动车辆保险不仅是运输工具保险的主要业务来源，还是我国目前财产保险体系中的第一大险种。

根据2020年9月的《中国保险行业协会机动车商业保险示范条款（2020版）》《中国保险行业协会特种车商业保险示范条款（2020版）》《中国保险行业协会摩托车、拖拉机商业保险示范条款》和《中国保险行业协会机动车单程提车保险示范条款（2020版）》，主险包括机动车（或特种车、摩托车和拖拉机）损失保险，机动车（或特种车、摩托车和拖拉机）第三者责任保险，机动车（或特种车、摩托车和拖拉机）车上人员责任保险，特种车、摩托车和拖拉机全车盗抢保险共四个独立的险种（其中机动车商业保险、机动车单程提车保险主险有三个，不包含全车盗抢险）。据此，机动车辆保险有以下两种主要的分类，如图6-3所示。

- 机动车辆保险
  - 按保险标的分类
    - 汽车保险（或一般机动车辆）
    - 摩托车保险
    - 拖拉机保险
  - 按保险责任分类
    - 车辆损失保险
    - 第三者责任保险
    - 车上人员责任保险
    - 全车盗抢保险

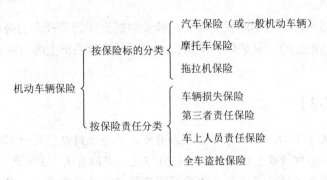

图 6-3　机动车辆保险分类

车辆损失保险承保的是车辆本身因各种自然灾害、碰撞及其他意外事故所造成的损失以及施救费用，其保险金额通常根据投保车辆的重置价值确定，也可由保险双方协商确定。保险责任主要有碰撞责任和非碰撞责任。

碰撞责任：指保险车辆与其他车辆或物体碰撞造成的损失和费用，是车身险的主要责任。

非碰撞责任：指机动车辆在行驶或停放过程中，由于各种自然灾害或意外事故造成的损失和费用。

第三者责任险承保被保险人或其允许的驾驶人员在使用保险车辆过程中，因意外事故造成第三者人身伤亡和财产损失时，依法应承担的民事赔偿责任。所谓“第三者”，是指被保险人和保险车辆上的一切人员以外的其他人及其财产。第三者责任险既可单独承保，也可作为车辆损失险的附加险。机动车第三者责任险属于法定强制性保险，简称交强险。

2. 船舶保险

船舶保险承保各种船舶在内河及海洋航行中可能遭遇的自身损失危险及其碰撞责任危险。

3. 航空保险

航空保险承保各种飞机在地面停泊及空中航行过程中可能遭遇的自身损失危险及其他责任危险。

4. 货物运输保险

货物运输保险承保处于运输中的各种货物，对其在运输过程中可能遭遇的保险损失负责赔偿。

（三）工程保险

工程保险是指对进行中的建筑工程项目、安装工程项目及工程运行中的机器设备等面临的风险提供经济保障的一种保险。工程保险在性质上属于综合保险，既有财产风险的保障，又有责任风险的保障。

（四）利润损失保险

利润损失保险是对传统财产保险中不承保的间接损失提供损失补偿的一种保险。它承保由于火灾等自然灾害或意外事故使被保险人在一定时期内停产、停业或营业受到影响所造成的间接经济损失，包括利润损失和灾后营业中断期间仍需开支的必要费用等损失。利润损失保险是一种附加险，是依附在火灾保险或财产保险保单上的一种扩大责任保险。

【案例 6-2】

某制革厂于某年 11 月 11 日与某保险公司签订了企业财产保险合同，将该厂自有的固定资产和流动资产全部投保，保险金额为 420 万元，保险费为 1.5 万元，保险期限为 1 年。在投保单和保险单所附的财产明细表中均写明了投保的流动资产，包括原材料和产品，存放在本厂仓库内，并在保险单所附的制革厂简图中标明了仓库、车间的位置。次年 2 月 1 日，制革厂与上海某公司签订了由该公司为制革厂代销合成内底革合同。

制革厂于 次年 3 月两次发货给该公司内底革 1900 件，合计 28 万元，该公司把货物存放在其所在地的一座仓库。次 年 7 月 14 日，由于该公司所在地连续高温，引起该批内底革自燃，烧毁 40 吨。经公安部消防科学研究所对火灾进行鉴定，结论为：合成内底革自燃所致。火灾发生后，制革厂向保险公司索赔，保险公司以制革厂投保标的物被销售转移、保险项目变更、不属赔偿范围为由，拒绝赔偿。制革厂遂诉至所在市中级人民法院。

经审理后，该市中级人民法院认为，根据《中华人民共和国财产保险合同条例》的规定，保险标的如果变更用途或增加危险程度，投保方应通知保险方。在需要增加保费时，应及时增加保险费，投保人如不履行此项义务而引起事故造成损失，保险人不负保险责任。保险合同是双务合同，一方当事人的权利就是他方的义务。合同的双方当事人都必须按照合同的约定和法律的规定履行自己的义务，否则就可能导致不利的法律后果。本案中制革厂将保险标的的内底革让某公司代理销售，转移存放地点，却没有通知保险公司。因此，保险公司不负赔偿责任。

资料来源：刘志刚. 简明保险教程[M]. 北京：清华大学出版社，2005：107-108.

三、责任保险

责任保险是指以被保险人依法应付的民事损害赔偿责任或经过特别约定的合同责任作为承保责任的一类保险。被保险人在日常生活中，由于过失原因造成他人的损害，或无过错但依照法律应承担赔偿责任，在接到赔偿要求时，由保险人承担保险责任。责任保险的主要种类如图 6-4 所示。

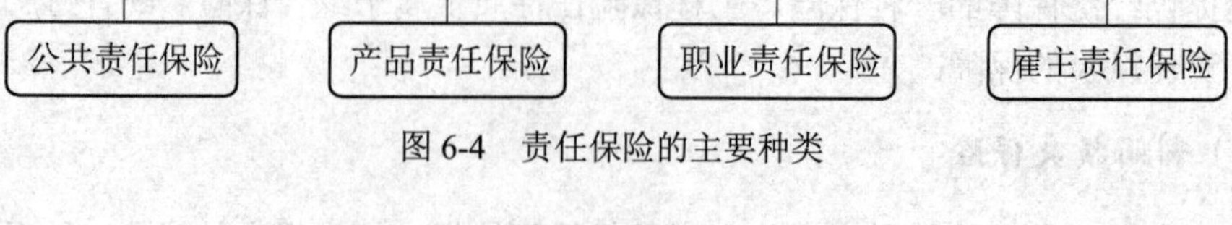

图 6-4　责任保险的主要种类

（一）公共责任保险

公共责任保险又称普通责任保险或综合责任保险，它是责任保险中独立的、适用范围极为广泛的保险类别，主要承保企业、机关、团体、家庭、个人以及各种组织在固定场所因其疏忽、过失行为造成他人人身伤害或财产损失时依法应承担的经济赔偿责任。公共责任保险包括场所责任保险、个人责任保险等。

（二）产品责任保险

产品责任是指产品生产者或销售者因商品的缺陷致使消费者遭受人身伤害或财产损失时应承担的经济责任。产品责任保险就是保险人承保被保险人依法对其生产或销售的产品在正常使用过程中，可能对消费者产生的损害而承担赔偿责任的保险。赔偿限额由保险双方当事人商定，可以规定每次事故的赔偿限额，也可以规定一年内累计赔偿限额。

（三）职业责任保险

职业责任保险是指承保各种专业技术人员由于在从事职业技术工作时的疏忽或过失，造成合同双方或他人的人身伤害或财产损失的经济赔偿责任的责任保险。职业责任保险适用于医生、药剂师、工程师、设计师、律师、会计师等专业技术工作者。现今国际市场上主要有医疗责任保险、律师责任保险、会计师责任保险、建筑工程技术人员责任保险及其他职业责任保险等。

（四）雇主责任保险

雇主责任保险是以雇主的雇员在受雇期间从事业务时因遭受意外，导致伤、残、死亡或者患有与职业有关的职业性疾病而依法或根据雇用合同应由雇主承担的经济赔偿责任为承保风险的责任保险。雇主对雇员的责任包括雇主的非故意行为、过失行为甚至无过失行为导致雇员人身伤害的赔偿责任。但雇主的故意行为不属于雇主责任保险的承保范围。

【案例 6-3】

康美药业判决巨震，独董大撤退！这一次，董责险会否咸鱼翻身？

从瑞幸咖啡到康美药业，每逢大规模财务造假引发巨额索赔，董责险就被舆论打捞起来，普及一圈。因为，董责险是个典型的“东方不亮西方亮”的舶来品。在美国投保比例恨不得百分之百，在中国这个比例却只在个位数。

2021 年 11 月 17 日，康美药业被一审判决赔偿投资者 24.6 亿元，原董事长获刑，公司董事、监事、高管、会计师被连带追责，其中包括 4 名大学教授在内的 5 名独董合计被判承担连带赔偿责任 3.69 亿元，引发了一波独董辞职潮。

所谓董责险，全称是董监事及高级管理人员责任保险，保障上述人员在履行其职务过程中“不当行为”造成的损失。言下之意，董责险不是犯法的免罪符，不会无底线买单。董责险赔偿的是“过失”和“错误”，而不是“恶意”和“违法”。康美药业原董事长买了董责险也没用，但不知情的高管独董，没有配合的中介机构，如果法律没有点名定性，就有适用的可能。

在康美药业之前，舆论先后因两个公司的涉诉而聚焦董责险。它们都是赴美上市的企业，按照美国证券市场的惯例投保了董责险。一个是瑞幸，财务造假丑闻曝光之后，被媒体报道，投保了 2500 万美元的董责险，由 8 家险企共保，分层赔付。瑞幸是否获得理赔，尚无公开信息。因为每家公司的董责险都是定制条款，但瑞幸的情况过于特殊，因为他们是核心高管主导下的公司行为，大规模财务造假，属于董责险的免责范围。另一个是阿里。更早前，据媒体报道，因为阿里在上市前没有披露一则重大事项，引发了美股投资者的集体诉讼。最终，这事以和解结束。因为阿里投保了董责险，因此，巨额和解费及在此期间的诉讼费，都由保险公司买单。

这两个案例，直观地让国人对董责险有了一个粗浅启蒙，其中瑞幸是负面典型，身陷财务造假，有董责险也没用。董事长、CEO、CFO 和 COO 这四大核心职位，全都免谈。阿里则是“正面典型”，对标“不当行为”的写照，不涉及违法，属于履职行为中的“过错”和“失误”，因此董责险得以发挥作用，止损或免单。

资料来源：和讯财经 https://m.hexun.com/insurance/2021-11-21/204787797.html.

四、信用保险与保证保险

（一）信用保险

信用保险主要包括三类业务：出口信用保险、投资保险和国内商业信用保险。我国目前开办的主要有出口信用保险和投资保险。

1. 出口信用保险

出口信用保险承保出口商因进口商不履行贸易合同而造成的经济损失。在国际贸易中，采用信用证、付款交单、延期付款、承兑交单等有一定风险的支付方式时都可投保出口信用保险。我国目前已开办了短期出口信用保险、中长期出口信用保险及特约出口信用保险。出口信用保险主要承保的风险包括商业风险和政治风险。商业风险又称买方风险，是指由于买方的商业信用造成的收汇风险。政治风险又称国家风险，是指由于买方不能控制的政治原因造成的收汇风险。

2. 投资保险

投资保险又称政治风险保险，承保外国投资人在我国的投资因战争或类似战争行为、政府当局的征用或没收以及政府有关部门的汇兑限制而受到的损失。投资保险一般与工程保险或财产保险一起投保。

（二）保证保险

保证保险主要有合同保证保险、产品保证保险和忠诚保证保险。

1. 合同保证保险

合同保证保险是承保债务人不履行合同规定的义务而给债权人造成的经济损失的保险。最常见的是建筑工程承包合同的保证保险，主要承保工程合同中规定的因承包人的原因造成工期延误的损失。

2. 产品保证保险

产品保证保险承保产品生产者和销售商因制造或销售的产品质量有缺陷而给用户造成的经济损失，包括产品本身的损失以及引起的间接损失和费用，其责任范围是产品责任险的除外责任。

3. 忠诚保证保险

忠诚保证保险承保被保证人的不诚实行为致使被保险人遭受的经济损失。忠诚保证保险的保险标的是雇员的忠诚信用。因其在大多数情况下由雇主为雇员投保，所以忠诚保证保险实质上是一种信用保险。

第三节　再　保　险

相对于原保险，再保险是一种既独立又紧密联系的保险业务种类；相对于原保险市场，再保险市场是既独立于原保险市场之外，又依托于原保险市场的保险业务市场。本节将分析原保险与再保险的联系与区别，简要介绍再保险的职能和种类。

一、再保险与原保险的比较

（一）再保险的基本概念

再保险也称分保，是对保险人所承担的危险赔偿责任进行保险的行为。原保险是发生在投保人和保险人之间的业务活动，称为直接保险业务。当保险人承保的直接保险业务较大且危险过于集中时，就有必要进行再保险。通过与其他保险人订立再保险合同，支付规定的分保费，将其承保的危险和责任的一部分转嫁给其他保险人，以分散责任，保证自身业务经营的稳定性。再保险就是保险人向另一保险人（再保险公司）投保。

（二）再保险和原保险的区别与联系

1. 保险标的不同

原保险业务保险标的是被保险人的财产、人身及相关利益，原保险人承保的是保险标的可能发生危险事故造成的经济损失。再保险业务的标的是再保险分出人根据原保险合同所承担的契约责任转移过来的赔偿责任，不是某种具体的标的物。再保险合同的标的是以原保险合同的标的为基础的，两者之间存在密切联系。

2. 合同双方当事人不同

原保险合同中，当事人一方是投保人，这是除了保险公司以外的其他单位或个人；另一方是保险人，可以是保险公司，也可以是个人保险商。而再保险合同中，当事人双方都是保险公司或个人保险商，一方为原保险人，另一方为再保险人。

3. 保险合同性质不同

在原保险业务中，不同的保险合同遵循的原则不同。财产保险合同遵循的是补偿原则，属于补偿性合同；人身保险合同遵循给付原则，属于给付性合同。而再保险业务中，不论是财产保险还是人身保险，所有的保险合同都遵循补偿性原则。因为再保险的保险标的是原保险人承担的保险责任，不论是财产保险还是人身保险，当原保险合同中的约定事故发生后，原保险人赔偿也好，给付也好，总之会在经济上遭受损失，再保险人的责任就是对这种损失进行补偿。

二、再保险的职能

（一）对保险公司由于特定业务带来的巨大危险进行分散

保险公司承保的有些业务保险金额巨大，而面临同样危险的标的又很少，如卫星、大型飞机、巨型轮船等。承保这些业务与保险机制正常运营所遵循的大数定律不符合，因此不能做到分散危险，如果保险责任全部由单个保险人承担，无疑危险非常集中。通过再保险，保险人可以将超过一定标准的责任分保出去，分散危险以保证经营的稳定性。分保接收人还可以通过转分保进一步分散危险。这样，原本集中的危险在众多保险人间得到了分散。

（二）对特定区域内的危险进行有效分散

因为开展直接业务需要面对众多的投保人，所以直接业务会因为机构设置上的限制而局限在一定区域内，并导致危险也过多地集中在特定区域内。由于再保险的经营特点，跨地域开展业务非常便利，所以可以通过再保险将特定区域内的危险向区域外部转移，扩大危险的分散面。

（三）对保险公司的累积责任危险进行分散

保险公司的业务主要集中在少数几个险种时，也会导致危险集中，带来累积危险。例如，有的保险公司只开展与汽车保险相关的几个险种，有的则承保责任保险的几个险种等。一旦发生大范围的事故，这些保险公司就会陷入支付困境。通过再保险，保险公司可以把这种累积危险分散转嫁出去，实际上是使保险公司的危险责任不再限于寥寥数个险种之中，而是将危险跨险种分散开。

（四）对特定时间的危险进行分散

在某一单位时间内，保险人承保的危险责任过多，一旦危险事故集中发生，会使保险公司措手不及。通过再保险，保险人将一部分在时间上过于集中的责任转移出去。分保接受人可以接受不同时间段的分保业务，相当于把不同时间的危险责任结合起来，使危险跨时间段分散。

课堂讨论

查阅“9·11”事件相关资料及保险赔付情况。讨论：再保险在其中发挥了怎样的作用？

三、再保险的基本形式

（一）比例再保险

比例再保险是指分保分出人与分保接受人签订分保合同，以保险金额的一定比例承担保险责任的一种再保险。比例分保又可分为成数分保和溢额分保。

1. 成数分保

它是一种最简单的分保方式，分保分出人以保险金额为基础，对每一危险单位按固定比例即一定成数作为自留额，将其余的一定成数转让给分保接受人，保险费和保险赔款按同一比例分摊。成数分保的责任、保费和赔款的分配，表现为一定的百分比，但就具体分保合同而言，则表现为一定金额。成数分保的分出公司和分入公司有着共同的利害关系，对每一笔业务，分出公司有盈余或亏损，分入公司也有相应的盈余或亏损，这种分保方式实际上具有合伙经营的性质。

2. 溢额分保

它是指分出公司以保险金额为基础，规定每一危险单位的一定额度作为自留额，并将超过自留额的部分即溢额分给分入公司。其计算公式为：

分保额=保险金额-自留额

分入公司按承担的溢额责任占保险金额的比例收取分保费以及分摊分保赔款等。

（二）非比例再保险

非比例再保险又称超额损失分保，是以赔款为基础计算分保责任限额的再保险。非比例再保险又分为超额赔款再保险和超额赔付率再保险。

1. 超额赔款再保险

它是指由分保分出人与分保接受人签订协议，对每一危险单位损失一次巨灾事故的累积责任损失规定一个自赔额，或对一次巨灾事故中多数危险单位的积累责任为基础计算自赔额，自赔额以上至一定限度由分保接受人负责。前者叫作险位超赔分保，后者叫作事故超赔分保。

（1）险位超赔分保。它是以每一危险单位的赔款为基础确定分出公司自负赔款责任的限额，即自赔额，超过自赔额以上的部分由分入公司负责。如分出公司自赔额为 100 万元，分入公司接受 100 万元以上的赔款责任限额为 300 万元，若实际赔款为 400 万元，则分出公司自赔 100 万元，从分入公司摊回 300 万元；若实际赔款 100 万元，则全部由分出公司自赔，分入公司不负责任。

（2）事故超赔分保。它是以一次巨灾事故中多数危险单位的积累责任为基础计算赔款，是险位超赔在空间上的扩展，其目的是要确保分出公司在一次保险事故中的财物稳定。

2. 超额赔付率再保险

它是以一定时期（一般为一年）的积累责任赔付率为基础计算限额，即当实际赔付率超过约定的赔付率时，超过部分由分入公司负责一定限额。在超额赔付率分保中，只有在分出公司因赔付率太高而受损时，分入公司才负责赔偿。因此，正确确定赔付率限度是极为重要的。

第四节 社 会 保 险

一、社会保险概述

（一）社会保险的含义

社会保险（简称“社保”）是指国家通过立法形式采取强制手段对国民收入进行分配和再分配，建立社会保险基金，对劳动者在年老、疾病、死亡、伤残、生育、失业等情况下的基本生活需要，给予物质帮助的一种社会保障制度。它包含以下几层含义。

（1）社会保险是通过国家立法形式强制实行的一种社会保障制度，是采取保险形式的国民收入再分配手段。社会保险是一种有效的收入保障手段，它的保障水平是满足劳动者及其家属基本的生活需要。

（2）社会保险作为广义保险的一种，与商业保险一样，也是一种危险损失的分散机制。失业、医疗、生育、工伤保险等都体现了这一点。

（3）社会保险是一种实施社会政策的保险，它以解决社会问题、保障社会安定为目的。

（二）社会保险的作用

社会保险的作用主要有以下四个方面。

（1）有利于保证社会安定，发挥社会稳定器的作用。

（2）有利于保证劳动力再生产的顺利进行。

（3）有利于调节收入差别，促进社会公平分配。

（4）有利于促进经济稳定发展。

劳动者如果由于老、弱、病、残、孕而丧失工作能力或失去工作机会，就无法通过劳动来得到报酬，也就不能维持生活。当为数众多的劳动者面临这种风险和收入损失得不到及时救助时，就会形成一种社会不安定因素。社会保险制度的存在，使劳动者可以获得基本的生活保障，从而在很大程度上消除社会不安定因素，同时缓解社会矛盾，促进社会稳定。

劳动者在劳动过程中不可避免地会遇到疾病、意外伤害及失业的威胁，影响身体健康和正常的劳动收入，从而使劳动力再生产过程处于不正常的状态。社会保险让劳动者在遇到上述情况时可以获得必要的经济补偿和生活保障，使劳动力再生产得以顺利进行。

从某种意义上说，社会保险就是国家以法律形式、采用强制手段对社会消费品分配的干预。这种干预是市场经济条件下政府的重要职能，其目的是调节劳动者的收入差距和贫富悬殊程度，从而实现人们对社会公平的普遍要求。

社会保险有利于经济发展，其促进作用主要表现在两方面：一是通过社会保险可以将社会财富的一部分转移到广大低收入者手中，增强他们的购买力，从而刺激社会需求，促进经济发展；二是通过社会保险聚集起来的雄厚的社会保险基金可以对经济发展起一定的支撑作用。社会保险具有储蓄性的特点，通过劳动者、企业和政府三方出资形成了规模巨大的社会保险基金。为了使这笔基金能够保值增值，在分配使用之前必然要加以运用，从而对国家基础产业的成长、金融市场的发展与完善等方面有较大的促进作用。

二、社会保险与商业保险的关系

作为现代保险的两大支柱，社会保险和商业保险既有区别又有联系。

（一）社会保险与商业保险的区别

1. 经营目的不同

社会保险是非营利性保险，它不以营利为目的，而以实施社会政策为目的。商业保险是一种商业活动，追求利润是其永恒的主题，通过出售保险服务商品获取利润。

2. 实施方式不同

社会保险主要采取强制方式实施，属于强制保险。凡属于社会保险范围的保险对象，无论其是否愿意都必须参加，且缴纳保费的标准、给付水平等都依法规定。商业保险一般采取自愿原则，投保人是否投保、投什么样的险种、保额是多少等，都由投保人自主决定。

3. 保障的范围和内容不同

社会保险具有普遍性特点，保障范围相当广泛，只要是法律规定范围内的公民都必须参加。但社会保险的内容相对较窄，主要是保障劳动者在职期间、失业期间、退休后发生疾病、伤残、死亡、年老丧失劳动能力时的基本需要。商业保险是自愿选择性投保，不具有普遍性，但其保障的内容相对社会保险要宽泛得多，既涉及人的身体和寿命，也涉及物质财产及其相关利益。

4. 权利和义务关系不同

社会保险的权利义务关系建立在劳动关系的基础之上，只要劳动者履行了为社会劳动的义务并缴纳了社会保险费，就获得了相关社会保险待遇的权利，但所获得的给付金额与其缴纳的保费额无严格对应关系，而以被保险人基本生活需要为标准。商业保险的权利义务关系建立在自愿订立的合同关系上，贯彻等价交换的原则。被保险人享有的赔付金额的多少取决于其缴付保费的多少和保险金额的大小，两者是一种对价交换的对应关系。

5. 保障水平不同

社会保险的保障水平是以满足公民的基本生活需要为标准，体现对不幸者和低收入层的关照。商业保险的保障水平取决于投保人的保险购买能力和风险保障要求，保障水平高低悬殊，明显有利于中高收入阶层强化自己的生活保障。

6. 保险的资金来源不同

社会保险的资金来源主要有财政拨款、企业缴纳的保险费和劳动者个人缴纳的保险费三个渠道。商业保险的资金只来源于投保人所缴付的保险费及其投资收益。

7. 管理体制不同

社会保险是政府行为，由政府指定的专门社会保险机构负责组织实施和经营管理，实行的是行政事业管理体制，国家财政对其负有最后的保证责任。商业保险是企业行为，由以营利为目的的商业保险公司组织，实行自主经营、自负盈亏、照章纳税的企业经营管理体制，国家不负担其保险金给付的责任。

表6-1所示为社会保险与商业保险的对比。

表6-1　社会保险与商业保险的对比

种　类	比　较	
	社会保险	商业保险
经营目的	不以营利为目的	以营利为目的
权利与义务的关系	不对等	对等
保险的资金来源	国家、企业和劳动者个人	保险客户
保险的实施方式	强制实施	自愿方式实施
经营主体	国家专门成立社保机构	商业保险公司
管理特征	行政事业管理体制	自主经营，自负盈亏
给付标准和保障水平	满足基本生活需要	多投多保，少投少保
保险关系建立依据	社保法律法规和政策	以保险合同为依据
保险对象	广泛的劳动者	保险对象可选择

（二）社会保险与商业保险的联系

1. 社会保险与商业保险互为补充

社会保险与商业保险互为补充主要表现在以下三方面。

（1）保障范围相互补充。商业保险只对那些有经济条件参加保险的人提供保障，被保险人的经济负担相对较重。而社会保险具有普遍性的特点，面向全体劳动者，尤其是那些难以承担商业保险经济负担的劳动者也能获得保障机会。

（2）保障项目相互补充。社会保险的种类限定在较窄的范围内，主要是养老、医疗、失业、工伤、生育等方面，而商业保险的种类非常多，弥补了社会保险的不足。当然，社会保险的项目中也有商业保险不宜承包的险种，从而弥补了商业保险的不足。

（3）保障水平相互补充。社会保险的保障水平不高，只提供基本生活保障。而商业保险的保障水平可以满足收入和消费水平不同的投保人的个性需求，从而满足社会成员更高层次的风险保障要求。

2. 社会保险与商业保险相互制约

在保险资源一定的条件下，社会保险和商业保险其中一方的发展往往会给另一方带来压力，甚至制约另一方的发展。国外的实践证明，社会保障水平高的福利型国家，人们对商业保险的需求较弱，影响了商业保险业的发展；而那些社会保障水平低的国家，人们对商业保险的需求较强，从而促进了商业保险业的迅速发展。可见，商业保险的发展以社会保险只能保障人们的基本生活水平为条件，社会保险的发展也只能以商业保险仅仅保障那些具有投保能力的人们为条件。

3. 社会保险与商业保险在经营技术方面相互借鉴并相互推动

社会保险与商业保险在管理技术、投资经验等方面可以相互借鉴，从而有助于各自的健康发展。

三、社会保险的基本内容

（一）养老保险

养老保险是国家通过立法，对劳动者在达到规定年龄退休后的基本生活需要，给予一定的经济补偿和物质帮助的一种社会保障制度。养老保险是社会保险的主体项目，其影响面大、社会性强，直接关系到社会稳定和经济发展，因此各国政府都特别重视。

（二）失业保险

失业保险是对劳动者本人失业时，给予保险金以维持其基本生活水平的一种社会保险。失业保险的根本目的在于保障非自愿失业者的基本生活。

（三）医疗保险

医疗保险是指当劳动者因为疾病、受伤等原因需要诊断、检查和治疗时，由国家和社会为其提供必要的医疗服务或经济补偿的一种社会保险制度。医疗保险保障的是一般疾病而非职业病，受伤也是指非工伤事故导致的伤残，否则就属于社会保险的工伤保险范畴。

（四）工伤保险

工伤保险也称职业伤害保险，是指国家以立法形式对劳动者在工作中因各种意外事故或职业伤害而受伤、患病、致残、死亡时，对劳动者及其家属提供经济补偿的一种社会保险。工伤保险对于现代化生产条件下的劳动者具有特别重要的意义。

（五）生育保险

生育保险是国家通过立法，对怀孕、分娩女职工给予生活保障和物质帮助的一项社会保险，其宗旨在于通过向职业妇女提供生育津贴、医疗服务和产假，帮助她们恢复劳动能力，重返工作岗位。图 6-5 所示为社会保障体系结构。

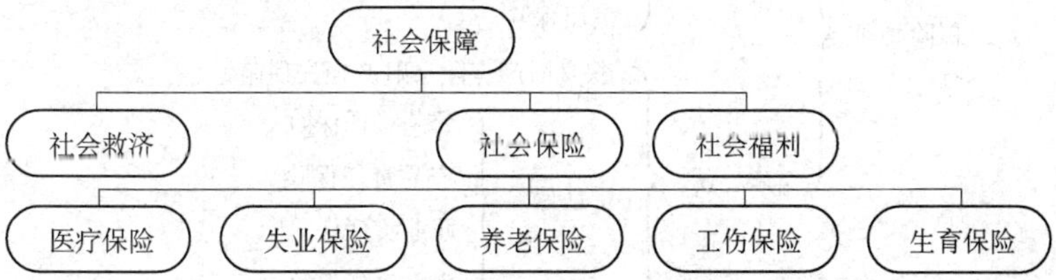

图 6-5　社会保障体系结构

本章小结

人身保险主要包括人寿保险、人身意外伤害保险和健康保险三大种类。人寿保险是指以人的寿命为保险标的、以死亡为保险事故的人身保险。人寿保险又有传统型人寿保险和创新型人寿保险之分。传统型人寿保险包括死亡保险、生存保险、两全保险；创新型人寿保险包括变额人寿保险、万能人寿保险、变额万能人寿保险等。

意外伤害保险以被保险人的身体为保险标的，当被保险人因保险期内遭受外来的、非本意的、突发的意外伤害致残致死时，由保险人给付保险金。健康保险以人的身体为保险标的，当被保险人因合同约定的疾病、分娩而支出医疗费用或造成收入损失时，由保险人履行补偿责任。

财产保险分为狭义财产保险、责任保险、信用保险和保证保险。狭义财产保险又称财产损失保险，包括火灾保险、运输保险、工程保险、利润损失保险等；责任保险又分为公共责任保险、产品责任保险、职业责任保险、雇主责任保险等。

再保险是再保险人对原保险人所承保的风险责任的保险，也是一种独立的保险业务种类。再保险的基础是原保险。再保险与原保险的主要区别包括保险标的不同、合同双方当事人不同、保险合同性质不同。再保险的基本形式有比例再保险和非比例再保险。比例再保险可以分为成数分保和溢额分保，非比例再保险可分为超额赔款再保险和超额赔付率再保险。

社会保险是社会保障制度的核心内容，它是指国家通过立法形式采取强制手段对国民收入进行分配和再分配，建立社会保险基金，对劳动者在年老、疾病、死亡、伤残、生育、失业等情况下的基本生活需要，给予物质帮助的一种社会保障制度。社会保险在当今社会具有重要作用。社会保险与商业保险是两种既有区别又有联系的保障行为。社会保险包括养老保险、失业保险、医疗保险、工伤保险和生育保险。

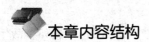

本章内容结构

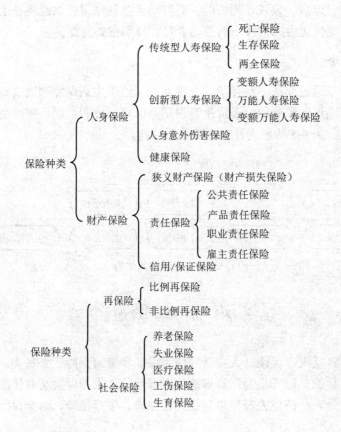

- 保险种类
  - 人身保险
    - 传统型人寿保险
      - 死亡保险
      - 生存保险
      - 两全保险
    - 创新型人寿保险
      - 变额人寿保险
      - 万能人寿保险
      - 变额万能人寿保险
    - 人身意外伤害保险
    - 健康保险
  - 财产保险
    - 狭义财产保险（财产损失保险）
    - 责任保险
      - 公共责任保险
      - 产品责任保险
      - 职业责任保险
      - 雇主责任保险
    - 信用/保证保险
- 保险种类
  - 再保险
    - 比例再保险
    - 非比例再保险
  - 社会保险
    - 养老保险
    - 失业保险
    - 医疗保险
    - 工伤保险
    - 生育保险

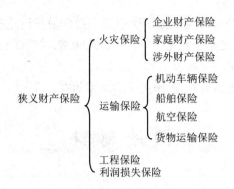

- 狭义财产保险
  - 火灾保险
    - 企业财产保险
    - 家庭财产保险
    - 涉外财产保险
  - 运输保险
    - 机动车辆保险
    - 船舶保险
    - 航空保险
    - 货物运输保险
  - 工程保险
  - 利润损失保险

综合练习

一、名词解释

人身保险　　财产保险　　责任保险　　信用保险

再保险　　变额保险　　万能保险　　变额万能保险

二、选择题

1．两全保险包括（　　）。

A．定期死亡保险　　B．单纯生存保险　　C．年金保险　　D．都不对

2．创新型人寿保险包括（　　）。

A．变额人寿保险　　B．万能人寿保险　　C．变额万能人寿保险　　D．都对

3．下列哪种责任是由车身的主要责任引起的？（　　）

A．碰撞责任　　B．非碰撞责任　　C．第三者责任　　D．都不对

三、简答题

1．人寿保险、意外伤害险、健康保险三者之间有什么联系与区别？

2．寿险品种有哪些？各有什么特点？

3．简述财产保险的特征。

4．何谓狭义财产保险？它包括哪些具体险种？

5．比较比例分保和非比例分保的异同。

四、案例分析题

2002 年 8 月 2 日，李某之妹为其购买了“吉祥相伴定期保险”，保额为 10 万元，受益人是李某之子。合同约定：李某若因病身故，保险公司应按保额支付身故保险金。此后，李某每年向保险公司缴纳 809 元，连续交了 3 年。2005 年 3 月 14 日，43 岁的李某病故。索赔遭拒后，10 月，李某之子将保险公司诉至法院。

在法庭上，围绕这 10 万元保险金该不该发放，原告、被告展开激烈争辩。保险公司称，他们查看了李某病历，发现他生前患有肝炎、糖尿病、结石等病，在投保时却隐瞒了这些病情。保险公司依据合同规定，可以拒赔。

原告代理人称，保险公司并无证据证明李某在投保前患过这些病，更重要的是，保险合同约定，对 40～45 岁的被保险人免予体检，这意味着，被保险人不需要履行身体状况告知义务，保险公司必须理赔。

请问，保险公司是否应该赔付这 10 万元保险金呢？

阅读材料

6-1　政策保险简介

第三篇　保险经营

第七章　保险营销与服务

内容提要

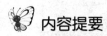

本章主要讲述保险营销与服务的知识，主要内容包括保险营销的含义与特点、基本原则与基本要素、保险营销策划、寿险营销流程、寿险公司营销战略以及保险服务。通过对本章的学习，读者可初步了解保险公司营销运作与服务的基本内容。

学习目标与重点

- 掌握保险营销的含义、特点、基本原则及基本要素。
- 了解保险营销策划的原则与主要内容和寿险公司营销战略模式。
- 理解保险服务的内涵及重要意义。
- 课程思政：正确看待寿险营销模式。

关键术语

保险营销　财险营销　寿险营销

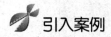

引入案例

刘翔，亿元保单第一人

2007 年 10 月 29 日，中国田协与中国平安保险进行商业合作，刘翔收到了一份来自中国平安保险公司保额高达 1 亿元人民币的人身意外险保单，从而成为亿元高额保单的国内第一人。保险期限为 2007 年 11 月 1 日至 2008 年 10 月 31 日，为时一年。

2008 年 8 月 18 日 11 时 50 分，刘翔冲出起点后只跑了三步，就从大腿上摘下了道次牌，宣布退出比赛。刘翔退赛，举国愕然。而由此引发国内保险界广泛关注的焦点在于，保险公司为刘翔提供的那张亿元保单。刘翔是否有资格理赔?

其实，刘翔手里的这张保单只不过是一张大众化的人身意外伤害险保单，并不是像国外保险公司那样专门按照需求、为运动员的特殊部位所设计的。在国内，诸如这类针对具体的、专业的需求进行设计的新产品依然匮乏，因此只能在现有的保险产品中为刘翔选择一张意外伤害险的标准保单。体育保险不过是一个例子，但由此可以发现，国内目前还缺少那种按需设计的“专业”保险产品提供给被保险人。

改革的深入和社会的建设为商业保险的发展提供了无限商机，但这些商机能不能被保险公司抓住，则在于保险公司能不能推出真正满足保户需求的创新产品。探索解决产品创新以及与之一脉相承的技术创新、管理创新和销售创新，是当前中国保险业面临的根本性问题。

资料来源：林瑶珉. 透过奥运看保险[J]. 保险经理人，2008（9）：72-75.

第一节　保险营销概述

保险营销是关于保险商品的构思、开发、设计、费率厘定、推销及售后服务等的综合计划与实施过程。保险营销的最终目的是促进保险公司的持续发展，增强保险公司的市场竞争力，以获取最大的利润。因此，营销环节的成功与否对保险公司的经营而言至关重要，而营销实践的成功离不开行之有效的营销策略。

一、保险营销的含义与特点

（一）保险营销的含义

保险营销从广义上来理解，就是在变化的市场环境下，以保险为商品，以市场交易为中心，以满足被保险人的需求为目的，实现保险公司目标的一系列整体活动；或者说是一个险种从设计前的市场调研到最终转移到保险消费者手中的一个动态管理过程。它是从全方位来进行思考的，包括保险市场需求调查、保险商品的构思、开发设计、保单销售以及售后服务等业务的综合计划与实施过程，从而满足消费者的保险需求，拓宽保险公司的业务，实现保险公司利润的交换过程。

从狭义上讲，保险营销即保险销售，它是广义上保险市场营销过程的一个阶段，即保险销售人员通过对客户拜访，或保险公司直接通过网络、保险中介等把最合适的保险产品介绍给客户，促使客户购买保险的活动过程。

人们往往很容易将保险营销与保险销售混为一谈，没有认清保险营销的广泛性和引导性。同时，由于保险商品的特殊性，使得保险销售在保险营销中占有特别重要的地位。保险营销主要包含财产保险营销与人身保险营销，两者有较大的区别。

第一，两者营销标的不同。财产保险营销主要是以被保险人的财产物资为保险标的的各种保险营销，人身保险营销主要是以被保险人的身体和生命为保险标的的保险营销。

第二，两者营销方式不同。财产保险营销比较接近通常商品的营销模式；而人身保险营销与通常商品的营销模式有很大的区别，主要是由人寿产品的特殊性所决定的，目前我国个人寿险业务主要是采取个人营销员（代理人）展业模式，关系营销占据重要地位。

【知识链接】

财险营销

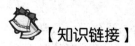

财险营销，即财产保险营销，是指以财产保险销售为目的的保险营销。目前，无论是

在国际保险市场上，还是在我国保险市场上，财产损失保险均是财产与责任保险公司的主要业务来源。但是，在我国当前的财险营销中，传统业务所占的比重过大，多数财产保险公司轻视其他业务的发展，轻视新产品的开发。

目前，我国财产保险市场主打险种还是机动车保险、企业财产保险、货物运输保险等少数几个传统险种，多数财产保险公司的车险业务占比超过50%。从长远看，个别险种如此偏高的业务结构是不合理的，这种业务结构本身就是经营风险。因此，应当着眼于整个产险市场未来发展的需要，及早开发和创新非车险的财险业务。同时，传统财险产品过于粗放，不能很好地满足不同客户的不同需要，也是阻碍财险业务深入发展的一个重要问题。

（二）保险营销的特点

1. 保险营销具有服务性

保险营销把保险作为一种特殊商品来面对客户，为客户提供的是一种保障承诺，当客户发生风险事故时，保险服务于客户，为客户提供风险保障。这种服务性活动应贯穿为保户服务的始终，不仅表现为在客户购买保险之前，保险营销人员应根据其保险需求帮助设计保险方案，选择适当的保险险种，为客户提供最佳的险种和购买决策；还表现为在投保人投保之后，保险营销人员应根据保户保险需求的变化和新险种的出现，帮助保户调整保险方案，确保保户的财务稳定，或在保险事故发生时迅速合理地进行赔付。保险营销人员通过优质的服务使客户对其产生信赖感，才能长期吸引客户，保持客户对保险的信心并不断开发新的客源。因此，服务的优劣是关系到保险企业的生存与长远发展的重要因素。

2. 保险营销特别注重推销技术

保险商品具有特殊性，即保险业经营的是看不见摸不着的风险，“生产”出来的商品仅仅是对保险消费者的一纸承诺。而且，这种承诺只能在约定的事件发生或约定的期限届满时履行，而不像一般商品或服务可以立即实质性地感受其价值和使用价值。就像保险业流行的一句老话：“保险必须靠推销。”由于保险商品过于抽象，保险单过于复杂，使得人们对保险商品了解甚少，因而需要通过推销人员的推销技巧刺激和引导人们对保险的需求欲望，并促成消费者购买保险。因此，加强保险推销的管理，就成为保险营销特殊性的要求。但是，保险营销不等于保险推销，保险推销只是保险营销的一个阶段。

3. 保险营销具有很强的挑战性

由于我国的保险业起步较晚，虽然发展很快，但还处于初级阶段。国民对保险的隐性需求很大，但保险意识淡薄。不仅如此，还存在国民对保险的偏见，保险公司的产品和服务与国民需求之间还存在着较大差距，从而使得我国的保险营销环境不容乐观，保险营销更富挑战性，发挥保险营销人员的保险宣传者和保险顾问的双重作用非常必要。

4. 保险营销具有较强的专业性

保险学是一门范围非常广泛的交叉学科，涉及经济、法律、医学、社会学、数学、心理学等学科。同时对被保险人而言，购买保险并不仅仅是一种消费行为，更重要的是一项风险管理计划、一项投资理财计划、一项财务保障计划。需要保险营销人员运用其丰富的知识，如金融、投资、理财、营销、法律、医学等方面的知识，根据客户的保险需求及不同客户的心理特征，为客户设计合理的保险方案。

5. 保险营销具有很大的竞争性

我国保险市场已进入多元化的市场格局，各家保险公司营销工作的不断增强，国外保险公司营销攻势的猛烈冲击，使得我国保险市场的竞争日趋激烈。

二、保险营销的基本原则

保险营销的基本原则是指在保险营销活动中应该遵守的行为规范与准则。

（一）遵纪守法原则

遵纪守法原则是指保险公司在组织和实施市场营销活动中，应该以社会及公众利益为重，自觉遵守国家有关法律和政策，依法进行经营管理。保险公司只有自觉按照国家法律和政策实施营销活动才能确保企业经营的长期稳定。

（二）遵守职业道德原则

保险营销人员与客户进行沟通活动，其品德和信誉的优劣不仅影响保险公司的整体形象，还关系到客户的切身利益。一般而言，保险营销人员严禁有下列不道德行为。

（1）保费折扣。这是保险营销人员对客户进行的一种经济诱惑，容易引起保单持有人之间的不平等，也会使保险公司和营销人员名誉受到影响。

（2）换约招揽。这是指劝说客户中断在另一家或同一家保险公司已经生效的保单，购买新保单，给客户带来不必要的经济损失。

（3）对保险条款等方面的错误陈述。这最终会导致保险公司与客户之间的纠纷，破坏保险公司形象。

（三）诚实信用原则

诚实信用原则是保险的基本原则之一，它对保险双方当事人都具有约束力，保险公司及保险推销员作为保险营销的主体，在实施保险营销的活动中应该做到以下几点。

（1）严守职业道德，严格按规章制度办事。

（2）自觉维护保险公司信誉，诚心诚意为顾客服务。

（3）以诚相待，不欺骗顾客，不损害顾客利益。

（四）服务至上原则

保险营销活动是以顾客及其需求为核心的，保险公司在组织实施保险营销活动中，必须牢固树立“顾客第一，服务至上”的理念，保险公司只有提供优质的服务才能占领较大的市场份额。因此，保险服务应贯穿保险营销的全过程，包括与保户签约、为保户提供续保、制订新的保险计划、协助保户索赔等一系列服务。只有为客户提供优质服务，才能使其产生信任感和依赖感，并长期吸引客户。

（五）开拓保险市场原则

保险营销人员在推销保单的同时，还要创造性地开拓新的市场和保险服务领域。要求保险营销人员不仅在众多保险需求不同的客户群中有针对性地开展营销活动，开拓自己的营销市场；还要利用获取的市场需求信息，分析客户群的心理活动和保险偏好，不断开拓新的保险服务领域，推出新险种，挖掘新客户，提高保险公司市场占有率。

目前，我国的保险市场还不够规范，法律法规也还不够完善，应在坚持行业的行为准则下规范保险营销活动。

三、保险营销的基本要素

（一）保险营销的主体

保险营销的主体是指实施保险商品营销活动的当事人，包括各类保险公司和保险中介机构。

1. 保险公司

一般来说，保险公司设有营销职能部门，在实务中财产保险公司与人寿保险公司的营销部门设置略有不同，但保险营销工作必须通过保险公司各个职能部门的相互协调、制定营销战略后才能完成。

2. 保险中介机构

保险代理人和保险经纪人是主要从事保险营销工作的保险中介机构。

（二）保险营销的客体

保险营销的客体就是保险商品，保险商品属于无形的服务商品。同一般商品一样，保险商品是使用价值和价值的统一体，具体表现为各保险公司提供的保险险种。保险商品还具有自身的一些特性，对保险商品的营销具有重要影响。

1. 保险商品的不可感知性

保险商品是一种以风险为对象的特殊商品，是一种无形商品。保险商品的不可感知性特征对保险商品的营销具有重要影响。与有形产品相比，保险商品没有自己独立存在的实物形式，保险业很难通过陈列、展示等形式直接激发顾客的购买欲望，这就使保险商品的销售显得比其他有形产品的销售更为困难。

2. 保险商品的不可分离性

保险商品的生产过程与消费过程是同时进行的，这与有形产品的情况有很大的差异。有形产品的生产、流通和消费在时间上和空间上一般是分离的。而在保险市场上，保险商品的生产者即保险人或代理人与保险商品的消费者即投保人是直接发生联系的，保险商品是在顾客在场的情况下生产出来的，保险商品的生产过程同时也是保险商品的消费过程。

3. 保险商品的不稳定性

保险商品很难像一般工艺品那样实行机械化或标准化生产，因此保险商品的质量缺乏稳定性。一般而言，保险商品的质量取决于由谁提供，在何时、何地、以什么方式提供等几个方面的因素。不同的保险服务人员所提供的同一保单项下的服务，会由于服务人员素质及个性方面的差异而在质量上有所不同。即使是同一保险服务人员，因心理状态变化等因素的影响，在不同时间和地点所提供的保险商品也会有不同的质量水准。

4. 保险商品的不可储存性

保险商品的不可感知性和不可分离性，使得保险商品不可能像有形的消费品和产业用品那样可被储存起来，以备将来出售。保险商品的不可储存性要求保险企业在生产和销售保险商品时，必须以现实的保险需求和一定的潜在保险需要为依据来制定和实施营销策略，否则就会给保险企业自身的业务发展带来不利影响。

5. 保险商品的价格固定性

以寿险为例，保险商品的价格是根据经验生命表中的死亡率、利息率以及保险公司的费用率经过科学计算来制定的，因此，一经确定，其变化的可能性很小。而且在销售时不允许讨价还价，买方只能做取与舍的决定，没有与卖方商议价格高低的余地。

（三）保险营销对象

保险营销对象指实施保险营销的目标和对象，又称准保户，包括各类自然人和法人。保险营销的成功与否，最终取决于准保户的投保情况。保险需求是促成投保行为的内在动力，保险营销活动必须要研究准保户的保险需求状况，分析购买者的行为特点，从而拟定正确的营销目标，掌握保险营销的主动权。这里重点探讨保险需求的特征及其与保险营销的关系。

1. 保险需求的客观性

保险需求源于风险存在，风险的存在是客观的、不以人的意志为转移的，风险存在的客观性决定了保险需求的客观性。保险需求的客观性是指人们在一定现实条件下必然产生一定的保险需求，但在现实经济生活中却常常出现以下几种情况。

（1）没有意识到保险需求。以人身保险为例，几乎每个人都有购买人身保险的需求，但有时自己意识不到。有人没有意识到人身保险不仅有保障家庭的功能，还有保障自己的功能；有人认为自己非常健康，会长命百岁而无须保险，岂不知长寿也是一种风险，老年时生活费和医疗费日益增加而劳动能力却逐步丧失，从而更需养老保险；有人认为自己有足够财富而无须买保险，没有认识到偶然出现的一把大火，可能使其财产荡然无存。当一个人身患绝症需巨额医疗费而苦无着落时；当一家的主要劳动力惨遭不幸，家庭的经济陷入危机时，人们才意识到一直存在但又一直被忽略的保险需求。

（2）公民的保险心理障碍使客观的保险需求难以变成现实的保险需求。目前，我国公民的保险意识比较淡薄，表现在：存在怕吃亏心理，认为保险公司办理保险业务无非是变着法子赚钱，参加保险无便宜可占；存在侥幸心理，认为自然灾害、意外事故无非是个别现象，只要自己小心防范，就不会招灾惹祸；存在不信任心理，认为保险公司靠不住；存在唯利至信心理，认为参加保险不如到银行存款划算；存在迷信心理，把保险看成不吉利的事情，仿佛保了险灾害就将降临。存在这些心理的人们，往往把理应实现的保险需求，或者转化为不找保险公司找银行、不靠保险靠儿孙，或者顺其自然、听天由命，吞咽各种风险为其所酿制的苦酒。

（3）人们已经意识到保险需求，但由于保险公司的宣传工作做得不好，保险需求变不成投保行为。保险需求的客体是保险商品，保险商品是一种特殊商品，表现为印有保险条款的保险合同，是极其抽象的东西，因此引起投保的欲望要比购买一般有形商品困难得多。人们如果不能很好地理解其中所表达的意思，是不会动手买保险的，所以保险公司做有针对性的宣传工作是必不可少的。但是如果在宣传内容上“抓大舍小”，就会造成宣传上的偏差，从而不利于保险需求向投保行为转化。

2. 保险需求的多样性

危及人类的风险是多种多样的，在自然风险中，有水灾、火灾、飓风、海啸、雷电、冰雹、地震等；在社会风险中，有盗窃、抢劫、罢工、暴动等；在人身风险中，有生、老、病、死、残等。风险的多样性，决定了保险需求的多样性。保险需求的多样性具体表现如下。

（1）对保险商品的多种需求。为了满足各种保险需求，就需有各种保险商品与之相适应。目前，世界上已开办的险种有几千种。

（2）同一保险需求主体对保险有多种需求，如某人既需投保意外伤害保险，又需投保医疗保险和养老保险；某企业既需投保财产损失保险，又需投保责任保险。

3. 保险需求的差异性

保险需求的差异性是由保险标的所遭受风险的种类和程度、经济状态、地域和投保人或被保险人的文化程度、性别、年龄、对保险的感知认识程度、道德水平等差异造成的。保险需求的差异性表现为人们对保险的种类、强度和数量等方面的不同需要。

4. 保险需求的层次性

既然人们参加保险源于安全需要，那么保险的需求也可以以安全为标志划分层次。就个人而言，保险需求可以分为五个层次：一是生理安全保险需求，包括基本衣食住行等方面的保险需求；二是劳动安全工具、意外事故等方面的保险需求；三是职业安全保险需求，包括失业、待业等方面的保险需求；四是经济安全保险需求，包括财产、养老、医疗等方面的保险需求；五是心理安全保险需求，包括婚姻、教育、社会交往等方面的保险需求。就企业而言，保险需求可分为四个层次：一是财产安全保险需求，包括固定资产、流动资产方面的保险需求；二是收益安全保险需求，主要指利润损失的保险需求；三是责任安全保险需求，包括公众责任、产品责任、雇主责任、职业责任方面的保险需求；四是信用安全保险需求，包括投资、出口、履约保证等方面的保险需求。保险公司可以根据保险需求的层次性进行分层次开发。

5. 保险需求的渐进性

人类的保险需求具有渐进性，在低层次的保险需求得到满足之后，就会向高层次的保险需求迈进。由于人们的收入水平、文化程度、面临风险大小等因素不同，决定了他们对保险需求的差异，而且随着社会生产力水平的不断提高和科学文化的不断发展，人们的保险需求总是在不断产生和逐渐扩大的，当扩大的保险需求与有限的保险供给不相适应时，就迫使保险公司增加险种、扩大规模，于是保险业在保险需求的促进下向前发展。

6. 保险需求的波动性

保险需求总是受经济大环境影响，呈现出某种形式的动态变化。在经济繁荣、物价波动较小的时期，保险需求增长较快；在经济萧条、通货膨胀时期，保险需求也呈疲软状态。保险需求的动态变化还体现在险种的寿命周期上，一个险种从设计到受益直到退出历史舞台，一般都要经过准备期、试办期、扩大销售期、稳定期、衰落期五个阶段。

7. 保险需求的选择性

同其他商品的买卖不一样，保险商品的销售将永远是买方市场。人们根据自身的保险需求选择自己认为合适的险种投保。特别是人们掌握越来越多的保险知识和信息以后，这种选择就变得更加明显。在保险需求中，有以下几种选择。

（1）机会选择。所谓机会选择，是指满足安全需要途径的选择。例如，一家企业为解决财产安全问题，可以采取风险自留即企业自我承受风险损害后果的方法，也可以以缴纳少量保费为代价换取保险保障。

（2）险种选择。险种选择是指为满足某一保险需求对险种的选择。保险的供给具有多样性，同样是意外伤害保险，有长期和短期、普通的和特殊的、单独开办的和附加在基本险之上的区别。同样是医疗保险，可以是住院医疗保险，也可以是疾病医疗保险。这就为投保人为满足某方面的保险需求进行选择提供了条件。

（3）价格选择。所谓价格选择，就是对保险费率的选择。由于竞争原因所致，同一险种的保险费率不一定相同，如同一年期企业财产风险，不同保险公司拟定的费率可能不同，假如其他条件都一样，投保人当然首选保险费率低的公司投保。

（4）标的选择。标的选择是指对保险保障对象的选择。一个家庭，投保了家庭财险，那么投不投保人身险？投保人身险是投保仅以生存和死亡为给付条件的人寿险，还是投保以疾病、分娩为给付责任的医疗保险？这些可以根据家庭情况自主选择。

（5）信誉选择。信誉选择是指选择信誉好的保险公司作为签约方。尽管各家保险公司注意推出自己的特色险种，但保险公司推出保险商品的雷同性还是十分明显的，好多险种即使名称不同，内容也是大同小异。这样，满足某种保险需求就面临选择一个保险公司的问题。最后选择哪一家，关键是信誉。

保险需求的选择性，促使保险公司不断推出适销对路的新险种，也促使保险公司不断提高自身管理水平，以便为更多的投保人所认可。

8. 保险需求的隐蔽性

安全需要的产生是以风险存在为前提的，风险难以识别，从而导致与未被识别风险联系在一起的安全需要无法显露出来。保险营销的一项重要工作，就是将这种潜在的保险需求转化为现实的保险需求。方法是：站在保护立场上，运用系统的观点和方法帮助投保人识别其所面临的各种风险，同时诱发购买动机。

9. 保险需求的非迫切性

保险需求的非迫切性表现在两个方面：一是保险需求可能是若干年以后的事情，也就是说购买保险是为了满足相当长一段时间之后才产生的需要；二是风险的发生具有偶然性，发生的概率毕竟很小，所以买不买保险并不是十分要紧的事情，人们常有这样的想法："这些年没参加保险不也过来了吗？"保险需求的非迫切性，需要保险营销人员多做解释工作，让人们有危机意识，有紧迫感，不能临时抱佛脚。要年轻时为年老时着想，健康时为有疾病时着想，成年人为孩子们着想。

四、保险营销策划

（一）保险营销策划的原则

1. 以客户为中心

首先，以客户的需求和发展变化趋势为导向。这是保险公司树立市场营销理念的首要标志。以客户需求为中心开发设计保险产品，一方面应最大限度地满足客户现实需求，这包括重新审视现有保险险种、运用 IT 技术完善现有业务品种、利用自身优势为客户提供附加服务等；另一方面要挖掘客户的潜在需求、引导客户需求顺应社会经济发展变化的趋势，为保险公司业务发展开拓更广阔的空间。

其次，以客户为中心完善保险服务方式。保险公司要通过提供优质、高效、准确、快捷和个性化、贴身化的个性服务，使客户满意，并积极地培养“忠诚客户”和“黄金客户”，进而建立起长期稳定的客户网络。为此，保险公司必须改变“等客上门”的传统服务方式，不仅要以良好的服务环境和先进的服务设施赢得客户的满意，而且要积极主动地派出营销人员深入目标客户群中，开展保险宣传、咨询服务等活动，使客户切身体会到保险公司服务的便捷，进而起到扩大和稳定客户群的作用。同时，这种“走出去”的服务方式也有助于保险公司搜集市场信息，及时准确地掌握客户多样化的需求，为保险公司制定有效的市场营销战略提供必不可少的依据。

最后，以客户为中心制定质量标准。市场营销理念要求保险公司在传递客户价值、提供客户满意服务的前提下实现自己的盈利目标。因此，保险公司要在准确研究和掌握客户需求的前提下，不断改进和完善自己的质量标准，如在服务功能方面，保险公司要实现由单一服务型向多功能综合型转化；在营销管理方面，实现由静态管理向动态管理转化；在业务操作方面，实现由烦琐、复杂、随意，向简便、快捷、规范转化。

2. 把市场营销战略作为保险公司发展战略的重要组成部分

保险公司要真正实现“以客户为中心”的转变，就必须把市场营销战略纳入其整体发展战略。制定科学有效的市场营销战略应把握以下三个要点。一是目标市场选择。保险公司选定的目标市场应当是，一方面有足够大的市场容量并能够快速成长；另一方面应是保险公司具有比较优势的市场，既有利于充分发挥保险公司核心竞争能力，又有利于增强竞争优势。二是产品定位。产品定位建立在目标市场选择的基础上，从发展角度看，保险公司应重点发展高技术含量、高附加值和个性化的保险产品（即保险险种）。三是营销方式组合。保险公司要制定科学规划，综合运用多种分销和促销方式，实现保险产品价值的交换，为保险产品树立品牌形象。

3. 根据市场营销机制，建立和完善保险公司营销组织机构

保险公司营销组织的基本功能在于对客户需求做出快速反应，高效率地向客户提供满意服务。建立完善的市场营销组织是保证保险公司市场营销顺利开展，选择和培养“忠诚客户”及“黄金客户”的组织保证。

当前，根据我国保险公司营销组织机构的现状和特点，应尽快从以下几个方面完善。首先，按目标客户群体的不同，设立营销机构。各级保险公司（即总公司、分公司、支公司）都应设立独立的营销组织，配备一定数量的既懂保险又懂营销的人员对营销员进行管理、指导。其次，全面推行客户经理制。市场营销强调为客户提供“量身定做”式的贴身化、个性化服务，强调为客户提供全方位的“一站式”服务，这就要求保险公司要从组织结构上、人力资源安排上和服务内容上确保其自身经营人员与特定的客户有一个明确稳定和长期的服务对应关系。因此，全面推行客户经理制是保险公司市场营销的必然选择。最后，加强对营销人员的开发与管理。保险公司的营销人员代表保险公司直接与客户接触，

为其提供全方位的保险服务，代表着保险公司的形象，因此，保险公司要高度重视营销人员的开发与管理。一是要将知识层次高、业务熟练的优秀员工安排到营销管理岗位上，并让他们有职有权；二是要加强市场营销人员的业务和技能培训，以适应知识营销的要求；三是改善分配制度，建立针对营销队伍的一整套激励机制，通过调整利益关系，分清责、权、利，充分调动营销人员的积极性、主动性和创造性。

4. 重视关系营销在保险公司市场营销中的应用

关系营销是目前国际上新兴的主导营销理念，它是指营销活动以建立和巩固与客户的关系为目的，通过集中关注和连续服务与客户建立一个长期的互信互利关系，以实现企业利润的最大化。在关系营销的理念中，企业重视的是与客户的长期关系而非单纯的交易过程，企业的最终目的是通过对客户的价值让渡以争取客户对企业的忠诚。

课堂讨论

产险、寿险公司应如何开展关系营销？

（二）保险营销策划的主要内容

保险营销策划的主要内容包括以下八个方面。

1. 市场调研

一个营销方案的策划，毫无例外地首先考虑的应该是市场。不论是新产品的推出、公共关系的营造，还是产品促销活动、业务竞赛等，无不需要在合适的市场条件下进行。市场调研是营销策划的基础。

2. 背景情况

对于分支机构，营销策划常常是在上级公司统一安排的基础上展开。但如果只是单纯复制上级公司的方案，没有自己的内容，缺乏当地的特点，这样的方案势必缺乏生命力。因此，研究和解读上级公司的部署，对活动的目的和宗旨进行透彻的了解，并且将其明确、清楚地传达给每个人，是非常重要的一环。

3. 产品与创新

保险营销策划方案少不了新产品的推介，在品牌打造、公共关系推广的过程中也不能忽视这一点。为此，营销策划人员一定要对产品的性质、特点以及卖点烂熟于心，这样才能有效地结合产品推动，做好营销策划方案。

4. 目标设定

在营销方案中最重要的当数目标的确立。不论是哪种营销方案，首先都应该明确其最终要达成的目标，适当的目标可以起到有效的激励作用。其次要进行目标的转换，把大目标分解成各个阶段的目标，把公司目标变成每个人的追求，促使大家共同努力去实现目标。需要注意的是，目标要具体，要有可衡量的标准。

5. 时间表

完整的营销策划方案是要考虑整个过程的管理和监控措施的。因此，营销方案的时间表也是一个重要环节。在时间表里，要明确在每一个阶段做些什么工作，分工如何，达到什么样的目标，让大家有案可稽，这样才能事事得到落实。

6. 营销策略

在营销方案中，一个必不可少的内容是要对销售渠道、公关广告、竞赛环境、产品、价格、促销、激励措施等方面进行全盘考虑，提出符合公司发展思路的销售策略。这些策略一定要具备可操作性。同时，还要充分考虑营销成本问题。一个有效的营销组合包括渠道策略、产品策略、价格策略（注意，产品的价格在保险业受到一定的限制）、促销策略及公司内部激励的措施等。

营销策略的构想充分体现着策划人员的创意和境界。针对产品的特点，尤其是分散性保险产品，在一个时期开展促销活动，是迅速打开市场、刺激购买、提升保单销量的重要手段。例如，某公司为了扩大家庭财产险的销售，策划了“买××家财险，中奖游港澳”的促销活动，配合新闻发布会、总经理访谈、报纸广告、员工街头宣传、有奖销售等一系列公关推动活动，收到了良好的效果。

同时，只有不断刺激员工的参与意识和成就意识，才能激发出广大员工极大的展业热忱。因此，成功的营销策划方案中不能忽略激励措施。激励的手段很多，可以在精神层面给予奖励，以满足员工的荣誉感和自豪感；也可以结合培训、参观、研讨等，从全面提高员工素质的角度出发，设立一定的奖励。同时，也要防止走进纯物质激励的怪圈。

7. 营造全员营销气氛

根据现代管理理论，营销是现代企业经营的核心，企业的全部工作都应该围绕着一个目标，那就是营销。因为营销关系到公司的发展战略，所以，企业的所有部门和所有工作最终都应该是围绕把企业的产品卖出去而获取利润这样一个目的。保险企业也不例外，目标就是要把保单卖出去，换取利润。

8. 过程管理和可持续性

在整个营销策划方案中，过程的管理不可忽略。在每个阶段要检查过程中存在的问题，并适时予以修正。

第二节　寿险营销

一、寿险营销概述

（一）寿险营销的含义

寿险营销有广义和狭义之分。从广义上讲，寿险营销是指以寿险保单为商品，以市场为中心，以满足被保险人需要为目的，实现寿险公司经营目标的一系列活动。具体地说，寿险营销包括寿险市场的需求调查和预测、营销环境分析、寿险市场细分与目标市场选择、投保人的行为研究、寿险险种的开发与设计、费率的厘定、寿险营销渠道的选择、寿险产品的促销策略以及售后服务的一系列活动。目前，一般寿险公司主要有三大业务渠道，即个险业务、团险业务和银行代理业务。

从狭义上讲，寿险营销是指寿险公司的个人代理人制度，即个人营销业务，是由友邦保险公司由海外带入中国上海，并由平安保险公司引向全国的。目前，这一寿险营销模式已经成为个险销售的绝对主流，极大地促进了中国寿险业务的发展。

目前的个人代理人制度（模式）之所以流行主要是由人寿保险商品的特殊属性所决定的。人寿保险公司出售的是无形商品，即寿险公司经营的是“看不见摸不着”的风险，“生产”出来的产品仅仅是对保险消费者的一种承诺，而且这些承诺的履行只能在约定的事件发生或约定的期限届满时，而不像一般商品或服务能立即感受到。寿险商品从其外在形式看，只不过是一张纸，它虽然代表了保险公司的信用，但对投保人而言，却无法在购买时立即见到它的收益和效果。此外，寿险商品过于抽象，寿险条款过于复杂，使得人们对寿险商品了解甚少。在没有强烈的销售刺激和引导下，一般人们不会主动地购买寿险商品。所以，个人代理人制度得以诞生并流行。

（二）寿险营销的特点

1. 寿险营销并不等于寿险推销

一是寿险推销的内涵小于寿险营销，后者包含前者。寿险推销是指推销人员通过说明手段，促使客户购买保险的活动过程。显然，寿险推销仅仅是寿险营销过程中的一个阶段。二是寿险营销是注重寿险公司长远利益的活动，它不仅仅是促销，同时还注重树立保险公司的形象，为保险公司的发展做出预测与决策；而寿险推销偏重的是短期利益，是一种为获得眼前利益而采取的一种行为。三是寿险营销活动的重点在于满足投保人的需要，是围绕满足投保人的需要而展开的活动。寿险推销的重点则在于保险产品，是为推销保险产品而进行的活动。四是寿险营销主要采取整体营销，即包括从分析保险市场上的需求到完成险种设计以及投保人投保后的售后服务等一整套营销活动；而寿险推销主要是推销特定的保险产品，活动的时空范围相对狭窄。五是寿险营销和寿险推销都是以盈利为目的，但前者侧重点是通过投保人的满意而获利，而后者则是通过直接销售来获利。

2. 寿险营销特别注重推销

如前所述寿险商品的特殊性，使得人们一般不会主动地购买寿险商品。正是这种购买欲望的缺乏，使保险推销成为寿险营销中的一个重要组成部分，即寿险营销必须靠推销来实现。

3. 寿险营销更适应于非价格竞争原则

寿险商品的价格（费率）是依据对风险、保额损失率、利率等多种因素的分析，通过精确的计算而确定的。一般而言，寿险商品的价格不能轻易提高或降低。同时，为了规范保险市场的竞争，保证保险人的偿付能力，中国保监会也对保险费率进行统一管理，所以价格竞争在寿险营销中并不占有重要地位。相反，非价格竞争原则更适于寿险营销活动，其具体表现为寿险营销的服务性和专业性。首先，寿险服务不仅表现在寿险消费者购买保险之前根据投保人的需求设计保险方案，选择适当的保险公司或寿险险种，还表现在他们购买保险之后根据投保人寿险需求的变化和新险种的出现，帮助调整保险方案，或在损失发生时，迅速合理地进行赔付。其次，寿险营销需要高素质的专业推销人员，他们不仅要具备保险专业知识，还应具备诸如经济、法律、医学、社会学的知识等。因为对一个被保险人而言，购买人寿保险并不是一种纯粹的消费行为，而更重要的是一项风险管理计划、一项投资计划、一项财务保障计划。目前，我国的寿险营销还做不到这一点，在广大的代理人队伍里文化程度不高的人还占有很大的比例。

二、寿险营销流程

随着寿险市场竞争的日益激烈，越来越多的企业实行个人营销员展业方式。由于我国经济改革开放的不断深化和国民经济的稳步发展，我国的人寿保险市场正在经历着翻天覆地的变化，保险市场的激烈竞争已经进入一个崭新的阶段。运用寿险营销人员拓展业务的代理营销制度是国际上寿险公司常用的做法，在保险业发达国家已经发展得相当成熟。

1992年，重返中国上海的美国友邦保险公司率先引入个人营销员展业方式。随后十多年我国保险业蓬勃发展，国内各保险公司大多引进和采用了这种营销制度，这是我国寿险业与国际寿险业接轨，并寻求自身发展的必然产物。应该说，个人寿险营销制度的引进开辟了我国人寿保险业发展的新纪元，为国内寿险市场的开拓、销售队伍的壮大和保险观念的普及发挥了重要的作用。但是在日益复杂的市场竞争中，传统经济体制下的以生产、产品为中心而忽略顾客需求的营销思想已远不能适应变化了的市场环境。

目前，我国寿险企业在营销观念和对寿险营销制度的认识及执行上同发达国家相比存在较大的差异，我国寿险企业的营销偏重的是短期利益，是一种为获得眼前利润而采取的短期行为；保险营销的重点在于保险产品，活动的时空范围相对狭窄。目前我国各寿险公司只注重推销，常常忽略顾客的真正需要，容易引起顾客的不安情绪和厌烦心理，从而损害保险在人们心中的形象。从这个意义上说，这种没有充分体现现代营销理念的营销制度，只能说是一种以销售为导向的强力推销。

（一）寿险产品的特性

保险不同于实体产品，它具有无形性、产销同时、异质性、不易储存性等特质。

1. 无形性

在顾客购买保险时，仅取得一份白纸黑字的保险合同，未发生风险事故及未使用保障之前，评估其价值并不容易。但是，保险营销员可以用某些有形表现来提高顾客的信心，如营销员形象、对过去理赔事件的介绍等，而不仅叙述产品形式上的利益和特色。

2. 产销同时

一般有形产品是先生产后销售，继之消费或使用；但是保险则需先与顾客洽谈适当的保险规划，也就是营销员对顾客背景因素详加了解之后提出适当的规划建议，如家庭风险、退休养老规划等，往往是生产与消费同时进行。

3. 异质性

保险营销服务多由人来执行，因此，在服务提供的过程中必然会涉及营销员的“个别差异”。所以，保险营销服务的质量可能会因不同的营销员而互有差异，即使是同一个营销员所提供的服务也可能会因时、因地而异。

4. 不可储存性

保险商品不可能像有形的消费品和产业用品那样被储存起来，以备将来出售。保险营销员所提供的服务是无形的，而且保险营销员与顾客沟通、为顾客咨询的工作时间是有限的，保险计划也是有时效的。

由于寿险产品拥有上述特性，因此由传统有形产品所开发的营销手法无法充分运用于保险产品上。寿险业过去偏执于“人情投保”及“销售导向”的营销做法，当无法达成业绩目标时，营销员就会大量流失，导致大量的保险合同乏人照顾，造成保险公司的保险合同续约率偏低的事实。尽管如此，目前个人营销模式仍是寿险公司的最佳选择。

（二）寿险人员展业营销流程

基于上述分析，现代保险公司要建立以市场导向为核心营销观念、高效率的新型营销机制。寿险营销机制创新的立足点，是将“以客户为中心”的经营理念直接定位为“客户的效用最大化”，通过建立强有力的人员营销流程（见图 7-1）训练保险企业所属的营销人员，强化市场导向，尊重、满足客户的保险需求，为目标市场上的客户提供高质量的风险规划和产品效用组合，最大限度地提高客户的整体价值，降低消费成本，使客户付出的货币成本、时间成本、精力成本都降至最小，从而在更大范围内创造出数量众多、层次有致、对公司未来发展抱有良好期望和信心的客户群体。

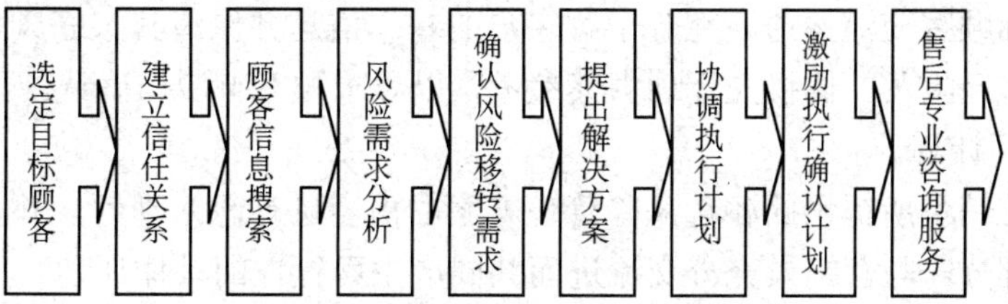

图 7-1 寿险人员展业营销流程图

1. 选定目标顾客

先尽量了解客户的情况及其目前最关切的事物，主要包括以下内容：出生年、月、日；住宅地址；婚姻状况、子女性别及年龄；所处行业；工作种类及职位；兴趣与嗜好；所得与保险，包括劳动所得、非劳动所得（租金、利息、利润等）；最近是否有购买保险的意向或进行家庭的保障计划等。

2. 建立信任关系

信任关系分两类：亲情信任和专业信任。亲情信任为多数保险营销员所使用，亲情营销观念强调把顾客当“朋友”或“亲人”，通过建立一种新型的亲情关系，把寿险企业与顾客之间的距离最大限度地缩短，通过与顾客做“朋友”，而使顾客成为寿险公司永远的“朋友”。在严酷的市场竞争中，保险企业只有真正做到处处为顾客着想，对顾客真诚、尊重、爱护，使保险企业与顾客的感情相通，才能赢得顾客，在市场竞争中取得主动。这就是以企业的“感情投资”换取顾客的“货币投资”，而专业信任要求营销员必须在顾客和社会公众面前树立优良、美好、独特的职业形象。保险营销员的整体形象是由多种因素构成的，它不但包括外部的职业形象，而且包括专家资格认证、服务评价、个人信誉、职业技术等因素，更重要的是它还包括理念与价值取向、应变能力和经济实力等。营销员有了整体形象定位，其服务才容易获得消费者的好感、认同与信赖。

3. 顾客信息搜索

拜访潜在客户时，营销员要能把准客户模糊的想法和顾虑化成具体的需求。通常，客户并不真正地清楚自己的需求和想法。营销员应该可以推导出客户的心态及具体需求，这就包括以下内容：客户有创业的意愿，但目前资金可能不足；对家庭和子女有强烈的责任感和爱心；需要一个完善的投资策略及支持；希望借人寿保险以减少后顾之忧，即购买保险以保障家庭经济生活的安定及子女成长。

4. 风险需求分析

营销员的主要工作是确认客户的需求，以便提供满足客户需求的解决方案（即产品和服务水平）。每个客户可能对保险有许多不同的需求，也有极少部分的客户对人寿保险无任何需求。通常客户不会主动说出他想改进、降低或维持的是什么。而营销员也不能直接向客户提出“你想要降低、改进什么？”但仍可由下列几个基本需求类型来探究客户的需求：子女生育、教养，创业需求，个人、配偶养老需求，家庭成员疾病所致费用，家庭成员死亡所致家庭经济损失，家庭成员残废所致家庭经济损失，家庭主要收入者失业风险，节税需求等。

5. 确认风险移转需求并提出解决方案

通过与目标顾客交流沟通、充分了解客户的基本信息并厘清其家庭风险后，征求客户是否要考虑转移风险及补偿损失计划供其参考，以寻求顾客响应与确认。

6. 协调执行计划

客户针对营销员所提出的备选风险管理方案的内容进行深入理解，并提出该方案不适合及不充足的部分，与营销员充分交流进而共同产生可行性的具体计划。

7. 激励执行确认计划

与客户花许多时间并经理性分析所完成的可行性的家庭风险计划，并不意味着客户当然执行这个计划。事实上，不执行的比率仍然很高。此时营销员要提醒客户当初规划的动机、亟欲达成的目的及其效益分析，并感性诉求激励客户断然做出决定，勿错失机遇。要如何运用消费者的某种冲动性使客户当下断然承诺执行计划，全凭营销员的个人销售经验而定。

8. 售后专业咨询服务

营销员在提供服务时，要提高保险服务的附加值，最大限度地增加顾客使用产品的效用。要考虑到保险服务的长期性和持续性，营销员在保险合同签订以后，要利用各种方式与客户保持联系，实现服务的延伸。一方面经常了解顾客的实际需要和潜在要求，并在此基础上不断调整、改善和完善规划和服务；另一方面通过获得信息回馈，有利于进一步发现并引导新需求，以此提高服务创新在寿险产品中的附加值，如为客户提供保险责任以外的附加服务，甚至提供与传统保险业务无关的服务等，达到最大限度地增加顾客使用产品的效用的目的。

三、寿险公司营销战略

战略规划重点要解决以下三个问题：从哪里来（或说在哪里），到哪里去，以及怎样去。大多数企业为实现自己的目标和使命，可以有若干种选择，战略就与决定选用何种方案有关。战略包括对实现企业目标和使命的各种方案的拟定和评价，以及最终选定将要实行的方案。

具体到寿险公司的战略选择则主要有以下几点。① 采用何种战略态势：是稳健发展型，还是快速扩张型；明确阶段性的发展目标，即发展到多大的规模。② 采用何种业务模式：是个险主导型、银代主导型、团体主导型，还是混合型。③ 采用什么样的营销模式：是精兵制的代理人模式，还是低成本快速扩张的增员和组织发展模式。④ 机构如何布局：是重点布局，还是全面布局。⑤ 采用何种增长方式：是规模增长型，还是内涵价值增长型，即是靠机构拉动，还是靠内涵增长。⑥ 目标客户选择：是中高端客户，还是中低端客户。这一系列问题解决的是公司定位、发展目标、发展模式、市场地位（规模）设定、产品策略、营销方法和手段等关系到保险公司发展的根本性问题。如此，也形成了各具特色和竞争力的寿险公司战略选择模式。

（一）战略态势：保守 VS 激进

战略态势的选择是最根本、最核心的战略问题。选择何种战略态势将直接影响业务模式、营销模式、机构布局、增长方式和目标客户的选择。战略态势主要有三大类，即稳定发展战略、积极发展战略和防御战略。在我国保险业这个新兴的朝阳行业里，防御战略暂时还不会涉及，此处不做介绍。

1. 稳定发展战略：稳健发展型

顾名思义，稳定发展战略不是不发展或不增长，而是稳定地、非快速地发展。一个稳定的发展战略具有以下一些特征：① 企业满足于它过去的效益，继续寻求与过去相同或相似的战略目标；② 期望取得的成就每年按大体相同的、围绕行业平均增长速度的百分数来增长；③ 企业继续以基本相同或相似的产品或服务来满足它的客户。

采用稳定发展战略能够保持企业战略的连续性，不会由于战略的突然改变而引起企业在资源分配、组织机构和管理技能等方面的巨大变动，有利于保持企业的平稳发展。然而，稳定发展战略也有一些不足：由于企业只求稳定地发展，可能会丧失外部环境提供的一些可以快速发展的机会；如果此时竞争对手利用这些机会加速发展，则企业可能处于不利的地位。采用稳定发展战略还可能导致管理者墨守成规、因循守旧和不求变革的懒惰行为。

一般垄断行业的企业和垄断竞争行业的领导者适合采用此种战略，如在公用事业、运输、银行和保险等领域。中国人寿占据我国寿险的半壁江山，分支机构已深入我国广大的农村乡镇，目前采取的就是稳定发展型战略。这一选择应该是中国人寿最合逻辑、最适宜和最有效的战略。在中国寿险行业中，素有“黄埔军校”之称的个人营销业务的领导企业平安寿险亦是采用此种战略。

2. 积极发展战略：快速扩张型

积极发展战略亦称增长战略。采用积极发展战略的公司往往表现出以下特征：① 要比行业发展速度或产品销售的市场增长速度快；② 努力开发新产品、新市场、新工艺及老产品的新用途；③ 机构扩张显著。

一个企业为什么决定寻求积极发展战略？一是生存的需要，太小的规模无法立足；另一个重要的原因是最高层经理或领导班子所持有的愿景、目标和价值观。许多高层经理人员将发展等同于他们个人的有效性和事业的成功，也就是说，他们所领导的企业的发展成就足以表明他们作为企业领导人的有效性、能力和功绩。

一般在快速成长的朝阳行业里的新兴企业适合采用此种战略，例如，1996年成立的新华人寿和泰康人寿等，受政策限制2000年以前只在总部一地营业。2001年我国加入WTO，监管部门鼓励和支持中资保险企业加快发展，于是在2002年和2003年的两年间，这两家公司各发展了150家左右的分支机构，分支机构覆盖了全国绝大部分地市；2006年保费收入均超过了200亿元，由区域性中小公司迈入了全国性中大公司的行列，并进入了中国企业500强；2008年保费收入更是分别达到556.8亿元和577.5亿元。

然而，积极发展战略也有其风险。德鲁克曾警告说，发展就是一种冒险。企业变得越来越大并非好事，发展本身是无用的。正确的道路应是不断地完善，发展应是“做了正确的事情”的结果。事实上，短期内过快的发展可能导致效率下降，从长期来看这可能是非常有害的。因此，企业在选择发展战略之前，应该清楚以下三个问题：企业的资源（主要是财力资源和人力资源等）是否充足；如果公司由于某种原因短暂停止执行其战略，其竞争地位能否维持；政府的法规是否允许企业遵循这一战略。

目前，许多新兴寿险公司受到以快制胜、跑马圈地思想的影响和在外资保险公司大量进入和大幅扩张前迅速占领市场心态的蛊惑，采用非常积极的发展战略。然而，发展结果却大不一样，一些公司发展过快导致人才储备严重不足，财力资源也捉襟见肘，最终导致效率下降，业绩大幅滑坡。这些公司高层人事的不断动荡从另一个方面说明了其业绩欠佳，过分积极的发展战略受到了挫折。

（二）业务模式：专注VS多元

寿险业务主要有个人业务、银行代理业务和团体业务三种。团体业务是我国早期寿险的主导业务，新华人寿成立伊始，就是靠团体业务迅速崭露头角的。个人业务模式是由友邦保险引入我国的，随着平安保险全国机构布局的展开而风靡全国，并成为核心业务。银行代理业务在21世纪初才进入我国寿险市场，但由于借助银行庞大的营业网络资源和信誉，业务规模迅速膨胀，目前已成为与个人业务、团体业务并驾齐驱的三大业务之一。然而，其业务的内涵价值并不高，在三大业务渠道中个人业务是内涵价值最高、最为显著的。根据各公司三大业务的不同占比，业务模式可分为个险主导型、银代主导型、团体主导型和混合型四种。

1. 个险主导型

个人业务是一个慢工出细活的过程，前期投入大、见效慢。然而，一旦形成了庞大的个险续期业务，公司的经营将非常稳定，效益也将非常突出，这就是个险的魅力。绝大多数的寿险公司都不应该轻视个人业务。

友邦的业务模式就是典型的个人业务主导型，它作为唯一的外资独资寿险企业，由于受政策的限制，只能在沿海及局部地区（两省两市，即广东、江苏、上海、北京）开展个人业务，近年来才陆续开始了银行代理业务和团体业务。为此，友邦在机构上采取了从高端入手、分批进入三大发达经济区域的策略；在业务策略上采取了集中精力发展中高端个人期交业务的做法。目前，除了友邦外，中外合资寿险公司也大多是个险主导型业务模式，如信诚人寿、中美大都会等。

平安保险是主动由混合型业务模式向偏个险业务主导型模式发展的。受股票在海外上市对利润的追求和现代西方管理理念的浸润，平安主动抑制甚至收缩团体业务和银行代理业务的发展步伐，大力发展个人业务，取得了内涵价值增长速度大大高于规模增长速度的良好效果，也受到了海外资本市场的青睐。平安作为规模第二大的寿险公司在排名第一的中国人寿和排名第三的太平洋寿险之间有足够的市场份额空间供其进行调整。

2. 银代主导型

银行代理业务是可以借助银行业务渠道迅速冲规模的，但是此类业务的内涵价值比较低，而对资本金的“消耗量”又比较大，因此鲜有公司把此项业务作为主导业务，多数公司往往是作为锦上添花、冲规模的补充手段。太平洋寿险和新华人寿一度在偿付能力监管中被亮红、黄牌就与银行代理业务发展过快、过大有关。

即便如此，还是有公司把银行代理业务作为主打业务。中外合资的瑞泰人寿借用外资方的经验和能力，采用银代主导型业务模式，重点发展银行代理业务。无独有偶，刚成立时，中资保险公司——合众人寿没有偿付能力的监管压力，一度为了冲规模也把银行代理业务作为主要业务来发展。

银行代理业务在国外也是一块重要的保险业务，只不过国内在此领域前期有点开采过快、开发过度，严重透支了未来的发展资源，带来了一定的问题。银行代理业务作为一个专门的特殊的渠道，有其存在和发展的价值，但不应作为一般寿险公司的主要业务来源。目前，一些银行尝试成立专业的银行保险公司来承担此项业务，应是一种积极的、有益的尝试。

3. 团体主导型

团体业务是寿险公司的重要业务之一，应该重点发展。然而，由于政策不配套，我国团体保险业务一直处于一种畸形的发展状态，早期靠做资金型业务大发利市。近年来，由于国家加大打击洗黑钱、变相占用侵吞公款等行为，资金型业务遭到取缔。而新的团体业务，如年金险业务又只处在萌芽状态，团体业务受到很大的冲击和影响。但是，我们有理由相信，随着改革开放的进一步发展，必要的配套政策也将陆续出台，团体业务也必将迎来新的发展春天。

股东资源挖掘是团体业务的新捷径。2005 年年初，中意人寿凭借股东中石油近 200 亿元的团体业务一跃成为外资保险公司“霸主”，在全部寿险公司中超过泰康、逼近新华位居第五，爆出了 2005 年的最大冷门。2006 年虽拱手交出了“霸主”地位，但其业务规模仍然紧随友邦居于第二。中意的 200 亿元大单给市场带来了强烈的震撼。未来，200 亿元大单可能不多见，几亿元、十几亿元，甚至几十亿元的股东单可能会随时出现。因此，目前此种模式适合有强大的股东背景和支持的公司。

4. 混合型

混合型业务模式是目前寿险公司的主要业务模式和形态。混合型模式就是团、个、代三条业务渠道都发展，靠银行代理业务冲规模，靠个人业务提升内涵价值，靠团体业务使业务规模锦上添花。三项业务的有效搭配，既可以解决眼前的规模问题，又解决长远发展的问题，是比较中立和均衡的业务发展模式。目前，中国人寿、太平洋寿险、新华人寿、泰康人寿等都采用此种业务模式。

这种业务模式也从两个方面考验着领导者的智慧。一是在总部层面对三大业务渠道资源配置的问题，三条渠道都想多争资源，然而却存在银行代理渠道创造眼前的利润却要拿去支持个人业务的发展，个人业务当期亏损却能创造长远的竞争力，而眼前需要大量的投入等问题。二是在分公司层面，如何差异化考核的问题。各地情况不同，如何差异化下达三条线的业务？个人业务是重点发展的业务，考核权重最大，上下需要达成共识。然而，在一些地方，中资公司个人业务很难立足，如在上海、广州，一些中资公司的银行代理业务做得不错，但个人业务成倍的投入却所获甚少，是否应该暂时放弃个人业务而专注发展银行代理业务呢？答案似乎很简单，但在实际操作中却远非如此容易。

（三）营销模式：精兵 VS 粗放

在三大业务中，个险续期业务是寿险公司永续经营的根本和生命线。要形成较大的滚动续期业务就必须有较强的个险新单开拓能力。这是竞争的关键，也是竞争的难点。续期是靠积累而来的，新单反映的是开拓能力，是真正竞争力的表现。可以毫不夸张地讲，未来寿险公司的竞争主要体现在个险新单的开拓能力竞争上。

现状是，大多数新兴寿险公司还没有形成真正的个险竞争实力。其中一些成立有一定时间的公司，虽然机构铺设迅速，面是有了，但总体上看，每个点都很稚嫩，力量很弱，依赖机构负责人的成分过大，没有形成具有自身特点的、相对成熟的个人营销运作模式。虽然由于广泛铺设的机构使得队伍有一定的规模，但由于队伍还很分散，相对不集中，因而也就没有形成区域优势和规模效益，在各地就显得很脆弱，相对成本偏高，很容易被竞争对手赶超。友邦带来的代理人制度的特点是“精兵制”，其精心打造的高绩效代理人队伍比较适合沿海发达地区市场，适合发达地区的中高端客户。但在中西部，特别是广大的中小城镇市场是其面临的巨大挑战，也是中资寿险公司的良好机遇。

目前，在个人业务营销模式上存在较大的争议。一个阶段以来，关于探讨我国目前保险营销体制的文章很多，提出的问题主要集中在：保险代理人的角色定位不准、报酬与晋升方面重激励而忽视稳定与公平、没有稳定的福利保障且缺乏归属感等。这些导致代理人素质不高，流动性大，遭投诉较多。

然而，我们必须承认目前的营销代理人模式仍是主流，创造出了绝大部分（九成以上）的个险新单保费收入，绝大多数的个险新客户（九成以上）也是由他们促成签单的。目前这种营销代理人模式之所以成为主流有其特殊性和必然性。相对于有形的产品，保险是无形的长期承诺。对于客户来说，他是更愿意向一个所谓很专业的高学历的陌生人买呢？还是向他认为信得过的熟人买呢？答案显然是后者。这就为目前的这种营销代理人模式提供了生存的土壤。

1. 粗放型模式：低成本快速扩张的增员和组织发展模式

这种营销代理人模式为大多数中资寿险公司所普遍采用，其显著优点就是可以低成本快速扩张，大力进行组织发展，适用于大多数地区，可以满足企业目前发展的需要，也是多数企业较为理想和现实的选择，因为中资寿险公司大多没有足够的寿险营销经验和管理能力，也缺乏雄厚的财务实力。这种模式本身的特点就是人员流动频繁（尤其是新进入的代理人，主管层面则相对比较稳定），这样也才可以不断扩大客户覆盖面。而快速扩张的组织发展也可能造成较高的脱落率，出现代理人大进大出的情况，使各项关键绩效指标（KPI）有所下降。

新华人寿和泰康人寿采用的就是这种营销代理人模式，随着其全国布局的展开，个人业务也拓展到了全国。反过来，这种低成本快速扩张的增员和组织发展模式也有力地支持了其机构的快速扩张。中国人寿、太平洋寿险的代理人模式也可以归为此类。

2. 精兵制路线：打造高学历、高素质、高绩效的“三高”团队

精兵制的特点是选择没有保险从业经验的高学历、高素质、高收入的“白丁”从头开始培养，最终打造成高绩效的代理人团队，其人均月保费收入超过万元，是普通代理人团队的数倍。然而，这种代理人团队的建立需要有雄厚的财力、丰富的经验和较高的管理能力，因此比较适合外资和中外合资保险公司。同时，这种模式在地域上比较适合上海、深圳、北京这样的发达地区，广大的欠发达地区目前还不适用。中美大都会、友邦就是在上海、北京等地采取这种代理人模式，信诚也可以算入此列。

友邦既受政策的限制，也基于自身的经验和能力确定了从高端切入市场的战略和策略。首先，进入的市场就是中国的高端市场——上海；其次，在市场定位上，也选择中高端客户，即白领阶层；最后，在开发策略上也走高端路线，即品牌制胜和业务员素质领先。如此，友邦在有限的发达地区打造的代理人团队不仅在其营业的区域独占鳌头，与完成全国布局的新华、泰康的整体个险规模也可以一拼。

3. “平安”模式：也称中间模式，是介于以上两者之间的一种模式

在改革特区深圳诞生的平安从一诞生就充满着创新与活力。在友邦将代理人模式引入中国的时候，平安就慧眼识珠发现了其巨大的生命力。在友邦受限只能在上海等局部地区营业的情况下，平安将这种代理人模式结合中国的实际进行了创新，并迅速推向全国，也奠定了平安中国寿险“黄埔军校”的美誉，因为平安为这个行业输送了太多的高层和中层管理人员。

平安的代理人团队既不同于粗放型模式的代理人团队，也不同于精兵制路线的代理人团队，而是以类精兵制路线的代理人为核心，以类粗放型模式的代理人为基础的混合式代理人团队，其整体平均绩效介于以上两者之间，既适合于在上海等发达地区与友邦一争高下，更适合于在中国广大地区大展身手。这样的团队打造既需要经验和能力，又需要时间的积累。

4. 员工制：一种与上述代理人模式完全不同的个险营销模式

这种模式的核心是将代理人转化成了员工，其优点是代理人有了基本收入，有了保障，可以相对稳定下来，容易管理，降低脱落率。但其也有明显的缺点，首先就是使客户的来源变得狭窄；其次是失去了佣金体系的动力；最后就是面临这种特殊商品销售的困难。

2004 年，新华人寿曾在重庆和云南两地进行代理人制度改革的尝试，将代理人队伍从两家分公司剥离出来成立专属代理公司，原来的代理人转化为代理公司的员工。然而，结果却不尽如人意，主要是经营成本增加，但效率却不升反降，而且活力不再，2005 年又回归原来的代理人模式。中外合资的恒安标准人寿一直在进行员工制的新尝试，结果如何值得期待。其实，在美国，代理人模式和员工制两种模式是并存的，各有千秋，不分伯仲。

（四）机构战略（机构布局）：局部VS全部

一段时间以来，在不断的“狼来了”的喊声中，一些人生出了“御敌于国门之外”的念头和举动。各行各业兴起了以快制胜、跑马圈地的运动。家电连锁、超市连锁莫不如此，保险业也不例外。在这一浪潮中，有人初步功成名就，但功败垂成者也大有人在。

1. 全面布局

全面布局就是进入全部战场展开竞争，其优点是可以迅速形成规模优势，抢先占领有利地形，利于形成竞争优势；其缺点是战线容易拉得过长、顾此失彼，管理不到位、发展严重失衡，如此整体效率与效益未必高。此战略适合已经有了一定规模和管理基础的公司，特别是要有足够的人才储备和相对充裕的财力配合，不适合太新的公司选用。

新华人寿和泰康人寿经过了五六年的发展，在我国入世的背景下，受监管部门的鼓励和支持，才于2002年进入全国布局的大发展阶段。即便如此，也还是出现了管理全国机构的水平和经验不足、机构发展严重不均衡、效率下降等问题。好在公司高层及时发现了这些问题，采取了一系列的手段和措施，才将问题控制在了可控的范围内。

虽然受政策的限制，友邦只在上海、北京、广东和江苏四个省和直辖市作业，这个数字对分支机构遍布全国各地的国内保险公司来说，简直不值一提。但是，在友邦进入的市场中，其业绩已经让所有的竞争对手感到了实实在在的压力，甚至有窒息的感觉。不仅如此，友邦在四个省和直辖市的个人业务与新华人寿、泰康人寿的全国个人业务规模已大体相当，其效率和效益可见一斑。新华和泰康靠银代业务和团体业务在一定程度上弥补了个人业务的不足。可见，以快制胜、跑马圈地并不是取胜的关键。

2. 重点布局

重点布局就是根据企业自身的能力和特点，选择适合自己发展的地方去发展。重点布局有以下几种形态：一是单纯局部发展，比较适合实力较弱的公司，如在西部地区竞争不激烈的地方建立根据地，积蓄力量伺机发展；二是重点地区突破，比较适合根基厚重的公司，如友邦首先进入长三角经济区的中心城市上海，然后进入珠三角经济区的中心城市广州，2002年进入环渤海经济区的中心城市北京；三是局部地区的精耕细作与全国性的战略布局相结合，如中美大都会在北京建立总部之后，又陆续在重庆、广州等地建立区域总部，为下一步发展奠定基础。

目前，新兴中资寿险公司的现状是：缺乏全面作战的能力，无论是人力、财力、客户资源等方面，还是管理水平（主要是总公司职能部门缺乏统率全国的经验与优秀的二、三级机构一把手）、品牌知名度、偿付能力等方面。既然目前尚不具备全面开花的能力和资源，那么有限的资源和力量是雪中送炭还是锦上添花呢？

结论应该是重点区域的锦上添花比非重点区域的雪中送炭更有价值。究其根源，从投入产出比分析：① 处于快速发展的上升期，投入产出的边际效益较大；② 可以形成规模效益，进入良性循环，投入产出比较高；③ 达到一定规模利于牢固站稳脚跟，面对众多新主体的涌入而不易被击垮；④ 示范效应不可低估，榜样的力量是无穷的，可以起到树立信心、坚定信念、鼓舞干劲的作用；⑤ 基地作用意义重大，有利于培养干部、摸索规律、总结经验、指导全国，很快可以成为全国战略的干部输出基地、模式创新基地、保费来源基地、利润来源基地、制度输出基地。

因此，新兴中资寿险公司现阶段的战略方针宜为：扬长避短、集中力量、重点突破、梯次推进。宏观上看，避开以上海、广州为代表的沿海发达地区，搭上中西部或东北部发展的快速列车。沿海发达地区的市场的确很大，但竞争主体太多，竞争成本也太高。这样的市场特征是高投入、高产出，但高投入并不一定会带来高产出。如果不能像友邦那样形成规模、站稳脚跟，投入产出将不成比例。这样的教训已不少。而在中西部的局部地区尚存在低成本快速扩张的机会，低投入高产出，投入产出比较高。

在微观上，重点发展区域内也还有重点和非重点，非重点发展区域里也应该有区分。首先是大力发展重点区域里的重点，树立标杆，不达到一定规模（如10%～20%的个险市场份额）一刻都不能放松，一刻都不能分散力量；其次要梯次推进，快速向纵深发展，大力发展四级机构，进行精耕细作，而不是小发展，更不是限制发展四级机构；最后，是带动重点发展区域里的非重点一起发展，达到重点发展区域高质量地全面发展。

以上核心是重点发展区域的全面投入（竞争），规模产出。手段：重点突破，梯次推进。手法（策略）：精耕细作，协同作战。

以上各方面内容的不同选择和组合构成了寿险公司战略选择的各种不同模式。寿险公司应因地制宜、因时制宜、因人制宜、因己制宜进行战略模式选择和策略安排，以培育出自己的核心竞争力，在激烈的竞争中形成个人特色和优势市场。

第三节　保险服务

一、保险服务的内涵

从1980年恢复国内保险业务以来，我国的保险业经历了显著的变化。首先表现在保险业务的扩张上。最初20多年，保险业以年均30%的速度超常规发展，远远超过国民经济9.8%左右的年均增长率。其次表现在保险市场主体的扩展上。1980年全国只有中国人民保险公司一家独大，而到了2020年年底，共有人身险公司（含人寿险公司、健康险公司、养老险公司等）91家，财产险公司（含农业险、出口信用保险等）88家。根据银保监会数据显示，截至2019年年底，我国个人保险代理人达到900万人。保险，从一个鲜为人知的名词，逐渐走入寻常百姓家，成为人们生活中不可缺少的一部分。

在20多年的拓荒时期里，保险业务的多少不仅决定着保险公司的存亡，还决定着保险从业人员的胜负。因而，保险公司多采取“数量扩张型”的粗放式发展战略，采用人海战术，跑马圈地。这种战略在保险业特定的发展阶段有其存在的必要性和合理性。然而，这种粗放式经营的显著特征是：重规模，轻效益；重展业，轻管理；重业务，轻服务。这样的战略虽有一时之功，却绝非长久之计。

保险业是金融服务行业，由于保险产品具有专业性、无形性及长期性的特性，使得保险的服务属性远强于一般商品。优质的客户服务能提高客户满意度，增加客户忠诚度，从而提升企业效益，实现企业的长远发展。能否提供优质的服务，满足广大人民群众日益增长的保险需求，对保险企业的经营至关重要。当前，党和国家将关注民生、重视民生、保障民生、改善民生作为构建和谐社会的重点和关键，为保险业发展带来了新的机遇，更对保险服务提出了新的要求。

坚持以人为本，重视满足人民群众实际需要，提供丰富的保险产品和优质的服务，努力为被保险人创造价值，是构建和谐社会对保险业的必然要求，更是保险业获得人民群众的认可和支持，夯实可持续发展的基础，获得生机和活力的内在需要。

二、我国保险业服务水平现状

近年来，随着我国保险业改革开放的不断深化，保险业在快速发展的同时，行业整体服务水平、服务质量有了明显改善；但由于我国保险业尚处于发展的初级阶段，行业总体服务水平还有待进一步提高，尤其是理赔和售后服务工作亟待加强。保险服务存在的主要问题有以下三方面。

（一）销售环节误导问题时有发生

长期以来，由于多方面的原因，我国广大保险消费者的保险知识相对缺乏，选择保险产品主要依赖于销售人员的推介。目前市面上销售的保险产品专业性较强，客观上要求销售人员在承揽业务时必须担负起客观、全面、准确介绍保险产品的责任，使客户能基于自身的保险需求做出正确、自愿的选择。但在实际销售过程中，部分销售人员由于受自身专业知识限制或出于个人利益考虑，在一定程度上存在着销售误导问题。到客户发生保险事故、退保或领取投资收益时，才发现实际情况与销售人员介绍的不一致，遂产生受骗的感觉，一定程度上挫伤了客户对保险行业的信心。

（二）售后服务环节的质量和效率不尽如人意

现阶段，部分保险公司为强化管控、防范风险，对基层经营单位进行了组织架构改造和管理职能剥离，上收部分核保、理赔权限，客观上造成了部分服务链条脱节，降低了公司售后服务的质量和效率。这主要表现在：一是部分保险公司保单送达时效性差，大多数保险公司实行业务、财务集中管理，出单权限集中在省分公司甚至总公司，基层分支机构承保业务须提交省分公司或总公司核保、出单，再通过物流方式传送保单，不仅耗时较长，而且还可能因在此期间客户发生保险事故而引发纠纷；二是售后跟踪服务不到位，部分公司续期收费，尤其是因销售人员变动后造成的“孤儿保单”的续收和服务问题没有得到很好解决，少数公司在撤并部分服务网点时善后工作考虑不周全，造成部分客户无法按期缴费，引发各种纠纷。此外，部分公司对客户回访、防灾防损等售后服务工作重视不够。

（三）理赔环节“理赔难”问题比较突出

保险具有投保在前、赔付在后的特殊性，大多数客户通常只有在发生保险事故后才能真实享受到保险公司的服务，而理赔环节一些必需的程序、手续又必不可少。相对于投保而言，理赔本身具有复杂性。现阶段，广大社会公众的保险知识还相对薄弱，对保险原本就存在一些认识上的误区，加上一些保险公司在诚信服务、优质服务方面还有所欠缺，加深了客户的不满，使得在整个保险服务中“理赔难”问题比较突出。

1. 理赔服务人性化不足

一是一些公司的组织架构设置及承保理赔权限的划分，更多是从便于企业管控着手，而不是从方便客户的角度来考虑，人为增加了理赔环节，降低了理赔效率。二是部分查勘定损人员在现场查勘定损过程中为客户排忧解难的服务意识有待提高。在定损过程中，对客户的一些合理、正当的要求考虑得不够，常因估值偏低等问题与客户产生分歧，加重了客户的不满情绪。三是少数公司在理赔过程中，不是在保险事故发生时主动参与，事先告知客户索赔相关事项，而是在事后搬出种种规定，最典型的就是医疗费用索赔案件，一些公司不是在保险事故当事人治疗期间提前介入，而是在客户索赔时，才要求客户补充相关资料，剔除项目、费用，令客户感到不满。四是业内服务联动工作相对滞后。近年来，当地承保、异地出险的案件日益增多，但目前各公司间，甚至是同一公司不同经营单位间，仍然实行的是在哪里投保、到哪里索赔的处理原则，未建立起行之有效的业内客户服务联动机制，造成客户在异地出险后报案难、求助难、事故处置难，不仅给客户带来不便，还在一定程度上增加了客户的索赔成本。

2. 理赔效率较低

一是理赔服务专线接通率较低。尽管大多数保险公司都开通了接报案理赔服务专线，但一些公司的服务专线接通情况不尽如人意，尤其是人工服务、高峰时期接通率偏低。二是事故现场到达时效性较差。尽管各保险公司，尤其是对车险事故现场到达时限都做了原则性规定，但在保险事故发生后，仍有部分公司的查勘人员不能在规定时间到达事故现场，影响施救及善后处理。据统计，目前困扰大中城市的交通堵塞问题，有相当一部分与车辆发生碰撞事故后保险公司查勘人员不能及时到达现场有关。三是理赔流转时效性较差。现阶段，大多数公司的理赔手续、内部程序还比较烦琐，影响了理赔流转的时效性。以一般的小金额、不涉及人伤的车辆碰撞事故为例，客户在索赔过程中通常要经过报案、查勘定损、提交索赔资料、赔案缮制与审核、领款五个环节，涉及交警、汽车修理企业、保险公司客户服务和财务四个部门，须提交出险通知书、交警部门责任认定书、修理费发票、肇事车辆行驶证、车主身份证五种资料。客户从事故发生到领取赔款，一般需要等待4～5个工作日，如果发生人伤、疑难、超权限案件等，则涉及的环节、部门、所需资料及理赔周期等都会相应增加，另外个别基层公司在理赔过程中还存在不一次性告知客户索赔程序、所需资料及相关要求等问题，造成客户为案件手续反复奔走，不仅大大降低了理赔时效，而且降低了客户满意度。

此外，少数基层公司为完成上级公司下达的考核指标，在实际经营中“宽进严出”，为追求保费规模，不注重业务承保质量，给后期理赔工作造成较大压力，惜赔、人为拖赔、压赔等问题也偶有发生。

三、改善和提高保险服务水平

（一）保险公司要在提高客户满意度上下功夫

服务贯穿保险公司活动的始终，任何一个环节的缺失都会造成客户不愉快的服务体验，使公司的服务形象大打折扣。国外一项调查显示，一个不满意的客户会影响 25 个人的购买意愿，可见服务对企业生存发展至关重要。因此，无论是从增强企业的核心竞争力出发，还是从建设和谐社会的要求考虑，保险公司都必须高度重视保险服务，并采取一切有效措施改进保险服务，努力提高客户满意度，实现公司的长远发展。

1. 改进业务流程，强化内控约束

好的售后服务应具备顺畅高效的运作流程和与服务相一致的内部保证制度。为此，保险公司一是要针对客户需求改进业务流程，并对人员分工、岗位、部门设置等进行重新组合，减少环节，简化程序，同时，要适当下放核保、核赔权限，努力为客户提供优质、高效的保险服务。二是要制定和完善售前、售中和售后服务的内部保证制度，如针对销售环节要制定明确的销售程序规定，针对承保、保全、理赔服务要制定规范的操作程序，并对出单、客户服务电话接听、事故现场到达、查勘定损、赔案缮制及审核、赔款领取等各个服务环节做出明确的时限要求。此外，为保证各项服务措施落到实处，还必须明确相应的内部处罚措施及规定，增强制度约束力。

2. 改进服务方式，为客户提供人性化服务

一是关注客户心理，提供与之相适应的服务。针对客户在发生保险事故时最希望保险公司能提供及时的协助和服务的心理，切实提高事故现场到达率、及时率，并采取诸如提供紧急援救服务等措施，帮助客户摆脱困境；针对客户在索赔时最担心遭受保险公司“刁难”的心理，提供优质、高效、便捷的服务，如提供“一站式”服务，对单方事故、不涉及人伤的小额赔案实施快速理赔服务，为客户提供耐心细致的解释和帮助，提高理赔效率；尝试实现通赔服务，加快服务网点建设，建立和完善联动工作机制，尽快实现本系统内通赔服务，力争做到公司客户发生保险事故后能够在事发地就近报案、查勘、索赔和领款，在为客户提供方便快捷服务的同时尽可能降低客户的索赔成本。二是要不断扩展保险服务的范围。一方面要努力提高保险咨询、风险评估、防灾防损等保险服务薄弱环节的服务能力；另一方面要努力扩展服务外延，为客户提供诸如免费体检、健康咨询、代步车等有价值的延伸服务。这些服务举措，使客户在每个环节都能感受到来自于保险公司的体贴与关心，从而与客户建立长期的互利互惠关系。

3. 完善考核机制，提高从业人员整体素质

一是建立和完善考核机制，将结案率、理赔时限、回访率、投诉结案率、客户满意度等客户服务相关指标纳入考核指标体系，通过建立服务与业绩挂钩的分配机制，促进保险公司考核机制的完善。二是要逐步建立培养人才的长效机制，要通过“输血”与“造血”，逐步改进人才结构，通过加强诚信教育、职业道德教育等培养保险从业人员爱岗、敬业、诚信经营的意识，通过培训、考试等方式来提升从业人员的业务技能，从而全面提升从业人员的整体素质。

（二）监管机构要通过加强和改善监管，推动行业整体服务水平迈上新台阶

一是切实推进行业标准化建设工作。服务业标准化是服务业发展的重要基础工作，是进行市场监管、质量认证、质量监督、资质审查等的依据。要改变保险行业标准缺失、保险服务良莠不齐的局面，制定行业标准是关键。它既可以促使合同纠纷及时、合理解决，

节约投诉成本，维护消费者利益，又可以避免矛盾扩散，增进消费者对保险的理解，维护行业形象和社会公信力。为此，监管机构要高度重视标准化建设工作，指导和督促行业协会加快推进保险服务标准化建设。鉴于服务标准体系是一项较复杂的系统工程，可考虑按照“先易后难”的原则，先从服务基础标准、服务行为规范标准入手，先制定术语及定义、标志、服务人员的服务质量标准等，再逐步制定服务技术标准、服务提供规范等，逐步推进标准化建设。通过建立和完善服务质量体系来不断规范和提高保险行业服务质量。

二是切实从保护被保险人利益角度出发加强监管。一方面，要不断完善关于保险服务方面的监管法律法规，使监管有法可依；将保险服务作为监管重点，加大对欺诈误导、损害消费者合法权益的违规行为的查处力度。另一方面，要进一步完善信息披露制度，对服务方面的典型案例进行曝光，充分发挥社会舆论的监督作用，强化社会监督的作用。通过强化监管，督促保险公司切实改进服务质量，推动行业服务水平迈上一个新的台阶。

三是要督促和指导行业协会充分发挥自律、沟通、协调功能，进一步加强营销员持证管理，建立营销员管理系统，增强营销员诚信经营意识；进一步完善车险小额赔案快速处理机制，并积极探索小额保险合同纠纷处理机制；不断完善行业自律公约，并加大对违约行为的自律处罚。通过发挥行业自律的作用逐步提高服务质量。

（三）加大保险知识的普及力度

一是保险公司要换位思考，多从消费者的角度去看待、解释保险服务中的难点、热点问题，主动宣传保险基本知识、政策法规，及时澄清偏见和误解，使客户对保险的信任从了解开始。二是保险监管机构、保险行业协会、保险公司要积极开展保险教育“三进入”，利用举办保险咨询或讲座、开辟保险专栏或网站等形式，同时充分借助各种新闻媒体，大力宣传保险知识，向全社会宣传保险业服务社会经济和创新发展的最新成果，让社会公众认识保险、了解保险、接受保险，提高全民风险意识和保险意识。

本章小结

保险营销从广义上来理解就是保险市场营销，就是在变化的市场环境下，以保险为商品，以市场交易为中心，以满足被保险人的需求为目的，实现保险公司目标的一系列整体活动。它从全方位来进行思考，包括保险市场需求调查、保险商品的构思、开发设计、保单销售，以及售后服务等业务的计划实施，从而满足消费者的保险需求，拓宽保险公司的业务，即实现保险公司利润的交换过程。

从狭义上讲，保险营销即保险销售，它是广义上保险市场营销过程的一个阶段，即保险销售人员通过对客户拜访，或保险公司直接通过网络、保险中介等把保险产品介绍给客户，促使客户购买保险的活动过程。

保险营销原则是指在保险营销活动中应该遵守的行为规范与准则，主要有遵纪守法原则、遵守职业道德原则、诚实信用原则、服务至上原则、开拓保险市场原则。

保险营销的主体是指实施保险商品营销活动的各方当事人，包括各类保险公司和保险中介机构。保险营销的客体就是保险商品，保险商品属于无形的服务商品。保险营销对象即保险营销的指向者、实施营销的目标和对象，又称准保户，包括各类自然人和法人。

保险营销策划的主要内容包括市场调研、背景情况、产品和创新、目标设定、时间表、营销策略、营造全员营销气氛、过程管理和可持续性。

战略态势、业务模式、营销模式、机构布局、增长方式、目标客户等构成寿险公司战略模式选择的主要内容。这一系列问题解决的是公司定位、发展目标、发展模式、市场地位（规模）设定、产品策略、营销方法和手段等关系到保险公司发展的根本性问题，由此也形成了各具特色和竞争力的寿险公司战略选择模式。

保险业是金融服务行业，由于保险产品具有专业性、无形性及长期性的特性，使得保险的服务属性远强于一般商品。随着我国保险业改革开放的不断深化，保险业在快速发展的同时，行业整体服务水平、服务质量有了明显改善，但由于我国保险业尚处于发展的初级阶段，行业总体服务水平还有待进一步提高，尤其是理赔和售后服务工作亟待加强。改善和提高保险服务水平需要保险公司在提高客户满意度上下功夫；监管机构要通过加强和改善监管，加大保险知识的普及力度，推动行业整体服务水平迈上新台阶。

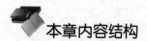

本章内容结构

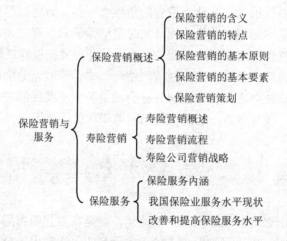

- 保险营销与服务
  - 保险营销概述
    - 保险营销的含义
    - 保险营销的特点
    - 保险营销的基本原则
    - 保险营销的基本要素
    - 保险营销策划
  - 寿险营销
    - 寿险营销概述
    - 寿险营销流程
    - 寿险公司营销战略
  - 保险服务
    - 保险服务内涵
    - 我国保险业服务水平现状
    - 改善和提高保险服务水平

综合练习

一、名词解释

保险营销　财险营销　寿险营销　关系营销

二、判断题

1．保险营销就是保险推销。（　　）

2．保险营销的主体包括保险人、各类保险公司和保险中介机构。（　　）

3．财产保险是以财产物资为保险标的的各种保险业务。（　　）

三、简答题

1．保险营销的含义和特点是什么？
2．保险营销的原则和基本要素有哪些？
3．保险营销与保险推销的联系和区别是什么？
4．简述寿险营销的流程。
5．简要说明我国保险服务的现状。
6．怎样提高我国保险服务的水平？

四、实训题

在学习本章内容的基础上，专业教师组织安排一至两周专业实习周，邀请保险资深人士到学校给学生进行讲解和辅导保险营销知识，组织学生到保险公司参观实习，安排学生设计保险调查问卷，并对问卷调查进行总结报告。

阅读材料

7-1 理财规划师：保险行业新“金领”

7-2 寿险营销五步推动法

7-3 2021 年保险公司竞争力排行榜（节选）

第八章　保险费率与产品定价（选修）

内容提要

保费是建立保险基金的主要来源，也是保险人履行义务的经济基础。保险费率是确定保费的基础，是指单位保险金额应缴纳的保险费，即保险产品的单价。本章将系统地介绍与保险费率和保险产品定价有关的知识，主要内容包括保险费率的概念和构成，保险费率的厘定原则、一般方法，财产保险与人寿保险费率的厘定以及保险产品的定价。通过本章的学习，读者可以更好地了解保险产品价格和保险费的构成与制定过程。

学习目标与重点

- 掌握保险费率的基本概念和构成。
- 了解保险费率厘定的原则和一般方法。
- 理解保险产品定价的方法。
- 课程思政：充分保障投保人的合法利益。

关键术语

保险费　保险费率　保险产品定价　保险精算

第一节　保险费率概述

一、保险费和保险费率

（一）保险费

保险费是投保人为转移风险、取得保险人在约定责任范围内所承担的赔偿（或给付）责任而交付的费用；也是保险人为承担约定的保险责任而向投保人收取的费用。保险费是建立保险基金的主要来源，也是保险人履行义务的经济基础。保险费由纯保险费和附加保险费两部分构成。

（1）纯保险费：用于保险事故发生后对被保险人进行赔偿和给付。

（2）附加保险费：主要用于保险业务的各项营业支出，其中包括营业税、代理手续费、企业管理费、工资及工资附加费、固定资产折旧费以及企业盈利等。

（二）保险费率

保险费率是指单位保险金额应缴纳的保险费。保险费率是保险人用以计算保险费的标准。保险人承保一笔保险业务，用保险金额乘以保险费率就得出该笔业务应收取的保险费。计算保险费的影响因素有保险金额、保险费率及保险期限，以上三个因素均与保险费成正比关系，即保险金额越大，保险费率越高；或保险期限越长，则应缴纳的保险费就越多。其中任何一个因素的变化，都会引起保险费的增减变动。保险金额单位一般为 1000 元或 100 元，所以保险费率通常用千分率或百分率来表示。

二、保险费率的构成

保险费率一般由纯费率与附加费率两部分组成。

（一）纯费率

纯费率是保险费率的基本部分，以其为基础收取的纯保险费形成赔偿基金，用于保险赔偿或给付，其计算依据因险种的不同而不同。财产保险纯费率的计算依据是损失概率，人寿保险纯费率的计算依据是利率和生命表。其计算公式为：

纯保险费率=保险额损失率+稳定系数

（保险额损失率=保险赔款总额/总保险金额×1000‰）

（二）附加费率

附加费率是保险人经营保险业务的各项费用和合理利润与纯保费的比率，按照附加费率收取的保险费也称附加保险费。它在保险费率中处于次要地位，但附加费率的高低，对保险企业开展业务、提高竞争能力有很大的影响。其计算公式为：

附加费率=（保险业务经营的各项费用+适当的利润）/纯保险收入总额

三、保险费率厘定的原则

保险费率厘定的原则包括充分性原则、公平性原则、合理性原则、稳定灵活原则和促进防灾防损原则。

（一）充分性原则

充分性原则是指收取的保费在支付赔款及合理的营业费用、税收后，仍有一部分利润。可见，充分性原则要求保费的厘定应确保保险人的偿付能力。为了贯彻充分性原则，避免恶性竞争，许多国家都对保险费率进行了管制，以保证偿付能力。

（二）公平性原则

公平性原则有两方面的含义，对保险人来说，其收取的保费应与其承担的风险相当；对被保险人来说，其负担的保费应与其所获得的保险权利相一致，保费的多寡应与保险的种类、保险期限、保险金额、被保险人的年龄、性别等相对称，风险性质相同的被保险人应承担相同的保险费率，风险性质不同的被保险人则应承担有差别的保险费率。

（三）合理性原则

合理性原则是指保险费率的制定应尽可能合理，即保险费率水平应与保险标的的风险水平和保险人的经营水平相一致，费率不应过高，使得投保人缴付的保费多于他们获得的实际价值，而且过高的费率不符合公众的利益。

（四）稳定灵活原则

稳定灵活原则是指保险费率应当在一定时期内保持稳定，以保证保险公司的信誉；同时，也要随着风险的变化、保险责任的变化和市场需求等因素的变化而调整，具有一定的灵活性。

（五）促进防灾防损原则

促进防灾防损原则是指保险费率的制定应有利于促进被保险人加强防灾防损。具体地说，对防灾工作做得好的被保险人降低其费率，而对防灾防损工作做得差的被保险人实行高费率或续保加费。贯彻这一原则有两个好处：其一，减少了保险人的赔付支出；其二，减少了整个社会财富的损失。

四、保险费率厘定的一般方法

（一）判断法

判断法（judgement rating）又被称为个别法，它就某一被保危险单独厘定费率，而在厘定费率的过程中保险人主要依据自己的判断。之所以采用判断法，是因为保险标的的数量太少，无法获得充足的统计资料来确定费率。

在现代保险业务中，判断法往往因其手续烦琐，加之受核保人员的水平和被保险人的信用影响很大，不十分科学，通常用于海上保险、航空保险等。例如，宇航员首次月球登陆飞行时购买人寿保险，由于当时没有外层空间的死亡损失数据，只能使用判断法厘定费率。另外，一些新的保险业务，开始时由于缺乏统计资料，又无可比情况，只好采用判断法。

（二）分类法

分类法（class rating）是现代保险经营中最常用也是最主要的费率厘定的方法，它是把具有类似特征的损失风险转入同一承保类别，收取相同费率。分类法是基于这样一种假设：被保险人将来的损失在很大程度上是由一系列相同的因素决定的。这一方法有时也被称为手册法，因为各种分类费率都印在手册上，保险人只需查阅手册，便可决定费率。分类费率可通过两种方法来计算：纯保险费率法和损失比率法。

1. 纯保险费率法

纯保险费率法以某一时期内保险单位具体发生的损失为基础。其计算公式为：

毛保费=纯保险费/（1−费用比率）=纯保险费/损失比率

毛费率=毛保费/保险金额

保险费率确定后并不是一成不变的，它要随着现实情况的变化做出调整。考虑了信赖度因素，调整公式应为：

$$M=(A-E)/E\cdot C$$

其中，M为调整因素，即保险费应调整的百分比；A为实际损失比率；E为预期损失比率；C为信赖因素。信赖因素的大小，表示经验期间所取得的数据的可信赖程度。客观地确定信赖因素的大小，是非寿险精算的内容之一。

2. 损失比率法

按损失比率法要把实际损失率与预期损失率加以比较，然后对费率做相应的调整。费率调整比例的公式为：

$$\text{费率调整比例}=(A-E)/E$$

其中，A为实际损失率；E为预期损失率。

（三）增减法

增减法（merit rating）是指在同一费率类别中，根据投保人或投保标的的情况给以变动的费率。其变动或基于在保险期间的实际损失经验，或基于其预想的损失经验，或同时以两者为基础。增减法基于这种假设：一个特定的被保险人的损失经验数据会与其他被保险人的损失经验数据明显不同。增减法在实施中又有表定法、经验法、追溯法、折扣法等多种形式。在这里只简要介绍表定法、经验法及追溯法。

1. 表定法

表定法以每一危险单位为计算依据，在基本费率的基础之上，参考标的物的显著危险因素来确定费率。

表定法的优点在于：① 能够促进防灾防损，若被保险人的防灾防损意识不强，可能会面临较高的保险费率，为了改变这一状况，被保险人将主动减少有关危险因素；② 适用性较强，表定法可适用于任何大小的危险单位，而经验法和追溯法不能做到这一点。

表定法的不足之处在于：① 它需要较高的管理费用；② 由于同业间的竞争，给予保户不合理的费率优惠，表定法有可能失效；③ 如果人为因素在造成损失方面起主导作用，表定法并非一种有效的方法。

2. 经验法

经验法是根据以往的损失经验调整分类的费率。经验法的理论基础是：凡能影响将来的危险因素，必已影响过去的投保人的经验。假如被保险人的损失经验数据低于同类别的平均数字，就降低对被保险人收取的分类费率；反之，就提高费率。一般使用以往三年的损失经验数据确定下一个保险期的保险费。其计算公式为：

$$M=(A-E)/E\cdot C\cdot T$$

其中，M为保险费率调整的百分比；A为经验时期被保险人的实际损失；E为被保险人适用某分类时的预期损失；C为信赖因素；T为趋势因素（考虑平均赔偿金额支出趋势及物价指数的变动）。

经验法的最大优点是厘定费率时，已考虑到影响风险发生的每一因素；而表定法仅考虑若干个重要因素。经验法大多适用于主观风险因素较多、损失变动幅度较大的风险，如公众责任保险、汽车保险等。

3. 追溯法

追溯法是以保险期间的损失为基础来调整费率的。投保人起初以其他方法（如表定法或经验法）确定的费率购买保单，而在保险期届满后，再依照本法最后确定保费。如果实际损失大，缴付的保费就多；实际损失小，缴付的保费就少。追溯保险费的计算公式为：

$$RP=(BP+L \cdot VCF) \cdot TM$$

其中，RP 为计算所得的追溯保险费；BP 为基本保险费；*L* 为实际损失金额；VCF 为损失调整因子（其数值大于 1）；TM 为税收系数。

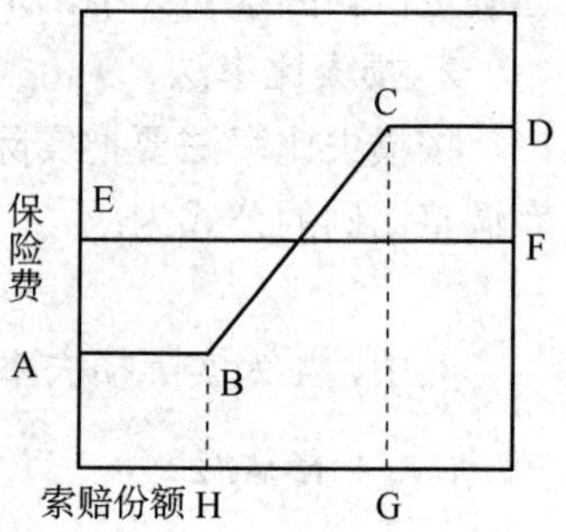

图 8-1　追溯法的应用

图 8-1 简要说明了追溯法的应用。ABCD 表示追溯法的保费。AB 表示最低保费额，适用于索赔金额不超过 H 的被保险人。CD 表示最高保费额，适用于索赔金额等于或超过 G 的被保险人。BC 表示保费随索赔金额变化。EF 表示标准保费，即使用分类法确定的保费。可见，追溯法对防损有很大的经济刺激作用。

第二节　保险费率的厘定

一、非寿险保险费率的厘定

非寿险保险费率的厘定是以保额损失概率为基础的，它先通过对保额损失率和均方差的计算求出纯费率，然后再计算附加费率。非寿险保险费率厘定的知识包括数学、统计学、金融学、大数法则等。

（一）纯保险费率的确定

纯费率是纯保费占保险金额的比率。它是用于补偿被保险人因保险事故造成保险标的损失的概率。确定纯费率，一方面要研究有效索赔的概率分布，也就是未来保额损失的可能性，即保额损失概率；另一方面要研究有效索赔的金额。其步骤主要如下。

1. 确定保额损失率

保额损失率是赔偿金额占保险金额的比率。由于保险事故的发生在实践上具有很强的随机性，只有在一个较长的时期里才比较稳定，因此纯费率的计算应当取一个较长时期的数据，通常不少于五年。

2. 计算均方差

均方差是各保额损失率与平均损失率差平方和平均数的平方根。它反映了各保额损失率与平均保额损失率相差的程度，说明了平均保额损失率的代表性，均方差越小，则其代表性越强；反之，则代表性越弱。

3. 计算稳定系数

稳定系数是均方差与平均保额损失率之比。它衡量期望与实际结果的密切程度，即平均保额损失率对各实际保额损失率的代表程度。稳定系数越小，保险经营稳定性越高；反之，稳定系数越大，保险经营的稳定性越低。一般认为，稳定系数在10%~20%是较为合适的。

4. 确定纯费率

纯费率是纯保费占保险金额的比率。纯保费的计算公式为：

纯保费=保额损失率±均方差=保额损失率×（1±稳定系数）

（二）附加保险费率的确定

附加费率与营业费率密切相关。附加费率的计算公式为：

附加费率=营业费用开支总额/保险金额×100%

营业费用主要包括：① 按保险费的一定比例支付的业务费、企业管理费、代理手续费及缴纳的税金；② 支付的工资及附加费用；③ 预期的营业利润。

除了按上述公式计算附加费率外，还可以按纯保险费率的一定比例来确定，如规定附加保险费率为纯保险费率的20%。

（三）营业保险费率的确定

财产保险的营业保险费率是由纯保险费率和附加保险费率构成的。其计算公式为：

营业保险费率=纯保险费率+附加保险费率

这样计算出来的营业保险费率仅是一个大略的费率，因此，须根据不同的业务进行分项调整，这种调整被称为级差费率调整。经过级差费率调整后，营业费率就最终形成了。

二、人寿保险费率的厘定

人寿保险费又称营业保费，它由纯保费和附加保险费两部分构成，依据生命表和一定的利息率计算得出。

（一）影响寿险费率的因素

人寿保险费率主要受以下五个因素影响。

1. 利率因素

寿险业务大多是长期的。寿险公司预定的利率是否能实现，要看其未来投资收益，因此，利率的预定必须十分慎重。精算人员在确定预定利率之前要与投资部门进行协商，要考虑本公司及其他公司过去的投资收益情况。

2. 死亡率因素

寿险公司的经验死亡表是制定寿险费率十分重要的因素之一。各家寿险公司之间的经验死亡表差别是很大的。高的经验死亡率可能是低的经验死亡率的1.5倍。各寿险公司的科学做法应是将国民生命表与各公司的经验数据相结合，找出最适合本公司的死亡率数据。

3. 费用率因素

保险公司均制定预定费用率。费用率一般随公司的不同而不同。大的公司与小的公司相比，费用较低。寿险公司的费用一般包括合同初始费、代理人酬金、保单维持费用、保单终止费等。

4. 失效率因素

一般而言，影响保单失效率的因素包括保单年度、被保险人投保时的年龄、保险金额、保费缴付频率、性别等。

5. 平均保额因素

平均保额一般是以千元保额为单位的，一般表示为几个单位千元保额，如 5 单位保额、10 单位保额等。通过平均保额可以计算保单费用、每张保单开支、单位保费费用和每次保单终止费用等。

在解释人寿保险费率厘定原理时，为了简化分析过程往往只考虑死亡率因素、利率因素和费用率因素。这三个因素就是常说的计算人寿保险费率的三要素。

（二）寿险费率的计算基础

寿险费率的计算基础主要有利息基础和生命表两种。

1. 利息基础

所谓利息，指的是在一定时期内，资金拥有人将使用资金的自由权转让给借款人后所得到的报酬。计算利息有本金、利率和期间三个基本要素。利息的数额取决于本金的数量、利率的高低和存放期间的长短。本金数量越大，利率越高，存放期间越长，则利息越多；反之，利息就越少。

利息计算主要包括单利的计算、复利的计算、终值与现值的计算。

2. 生命表

生命表又称死亡表，它是根据一定时期的特定国家（或地区）或特定人口群体（如保险公司的全体被保险人、某单位的全体员工）的有关生存状况统计资料，依整数年龄编制而成的用以反映相应人口群体的生死规律的统计表。生命表在有关人口的理论研究、某地区或某人口群体的新增人口与全体人口的测算、社会经济政策的制定、寿险公司的保费及责任准备金的计算等方面都有着极为重要的作用。

生命表总体上可以分为国民生命表和经验生命表两大类。国民生命表是以全体国民或特定地区的人口生存状况统计资料编制而成的；经验生命表是以被保险人群体为对象，按实际经历的死亡统计资料编制而成的。

（三）寿险费率的计算

1. 趸缴纯保险费

趸缴纯保险费是在投保时一次缴清保险费。由于人寿保险保险期限长，一次缴清保险费金额较大，超过一般人的经济负担能力，因此，除年金保险以外，较少人寿保险是以一次缴清保险费方式购买的。

趸缴纯保险费的计算主要包括：定期死亡保险趸缴纯保险费、定期生存保险的趸缴纯保险费、终身寿险的趸缴纯保险费、定期年金保险趸缴纯保险费的计算。

2. 年缴纯保险费

年缴纯保险费是指投保人每年缴付保险费。年缴纯保险费的计算包括：定期死亡保险年缴纯保险费、定期生存保险年缴纯保险费、终身寿险的年缴纯保险费、两全保险的年缴纯保险费的计算。

3. 人寿保险附加保险费的计算

人寿保险附加保险费的计算是以人寿保险公司的各项费用支出、税款和预期利润等为基础的。人寿保险公司可以采用比例法、固定法、混合法确定附加保险费。

第三节　保险产品的定价

一、保险产品定价概述

（一）保险产品定价的概念

定价是确定某一产品价格的过程。在保险中，定价被称为费率厘定。保险价格不同于一般的商品价格，因为大多数销售个人保险产品或小团体保险的公司采取不二价策略，即公司不与购买者就某产品的价格进行个别协商。采取不二价策略并不意味着对所有购买者要求同样的价格，公司仍然可以根据不同购买者的特征和相关因素，对不同客户采用不同的价格。

由于保险人不与个人消费者协商制定保险价格，而保险行业又是一个经营风险的特殊行业，因此，保险公司在制定价格时应遵循一定的原则。保险定价的原则与保险费率厘定的原则是一致的。

（二）保险产品定价的目标

1. 生存导向型目标

如果公司遇上生产力过剩或激烈的竞争，或者要改变消费者的需求时，它们要把维持生存作为其主要目标。为了能够继续经营，继续销售险种，保险公司必须定一个比较低的价格。此时，利润比起生存而言要次要很多。

2. 利润导向型目标

利润导向型目标分为三类：获得最高当期利润目标、获得适量利润目标和获得预期收益定价目标。获得最高当期利润目标通常以一年为准；获得适量利润是指与保险人的投资额及风险程度相适应的平均利润；获得预期收益为预期的总销售额减去总成本。

3. 销售导向型目标

采用此目标的保险人认为最高收入将会导致利润的最大化和市场份额的成长。收入最大化只需要估计需求函数即可。销售导向型目标又可细分为达到预定销售额目标、保持和扩大市场份额目标、促进销售增长目标。

4. 竞争导向型目标

竞争导向型目标可分为市场撇脂策略和稳定价格目标。一些经营规模大、经营效率高、资金雄厚、竞争力强的保险人，有时喜欢制定高价来“撇脂”市场，而后通过逐步降低价格，将竞争者挤出市场或防止竞争者进入市场，即采用市场撇脂策略。一些规模大、实力雄厚的保险人，常以稳定价格作为定价目标，以避免剧烈的价格竞争造成的损失。同时，也可通过稳定本身产品价格来稳定行业竞争态势，保持其优势地位，获得稳定收益。

二、保险产品定价的方法

保险定价方法是保险公司为实现定价目标而选择的厘定费率的方法。定价方法通常分为成本导向定价方法、竞争导向定价方法和客户导向定价方法三类。

（一）成本导向定价方法

成本导向定价方法是指保险公司制定的产品价格包含在生产环节、销售环节以及服务环节发生的所有成本，以成本作为制定价格的唯一基础。当市场中只有一家保险公司，或者利用该方法的公司是市场的领导者时，成本导向定价方法最有效。成本导向定价方法可分为成本加成定价法和损益平衡定价法两种。

1. 成本加成定价法

成本加成定价法就是在产品成本的基础上，加上预期利润额作为销售价格。成本加成定价法有计算简便、稳定性大、避免竞争、公平合理等优点。

2. 损益平衡定价法

损益平衡定价法也称为目标收益定价法，是保险公司为了确保投资于开发保单、销售和服务中的资金支出能够与收入相等的定价方法。损益平衡定价法的优点是计算简便，能向保险公司表明获得预期利润的最低价格是多少。

（二）竞争导向定价方法

竞争导向定价方法是以竞争对手确定的价格为基础，保险公司利用此价格来确立自己在该目标市场体系中的地位。竞争导向定价方法具体有以下几种类型。

1. 随行就市定价法

随行就市定价法是指保险公司按照行业的平均现行价格水平来定价。这是一种首先确定价格然后考虑成本的定价方法，采用这种方法可以避免竞争激化。随行就市是本行业众多公司在长时间内摸索出来的价格，与成本和市场供求情况比较符合，容易得到合理的利润。

2. 渗透定价法

渗透定价法是指保险公司利用相对较低的价格吸引大多数购买者，以此获得市场份额并使销售量迅速上升的定价策略。一般在需求的价格弹性高、市场潜力大、消费者对价格敏感时，公司采用低费率可以增加销售收入。

3. 弹性定价法

弹性定价法又称可变定价法，要求保险公司在产品价格问题上同客户协商。这种方法主要是被销售团体保险产品的公司所采用，它们参与大宗团体保险生意的竞标或提交协议合同。团体保险的销售过程常常以竞标开始，在竞标过程中，竞争对手会逐个被拒绝淘汰，最后客户与成功的竞标者签订协议合同。

（三）客户导向定价方法

客户导向定价方法也称为需求导向定价方法，是指保险公司制定分销商或保单所有人双方可以接受的价格，或者说是根据购买者的需求强度来制定价格。需求强度越大，则定价越高；需求强度越小，则定价越低。

本章小结

保险费是投保人为转移风险、取得保险人在约定责任范围内所承担的赔偿（或给付）责任而交付的费用；也是保险人为承担约定的保险责任而向投保人收取的费用。保险费一般由纯保险费和附加保险费两部分构成。

保险费率是每一保险金额单位与应缴纳保险费的比率。保险费率一般由纯费率与附加费率两部分组成。

保险费率厘定的原则有充分性原则、公平性原则、合理性原则、稳定灵活原则和促进防灾防损原则。

保险费率厘定的一般方法有判断法、分类法、增减法，其中分类法可以分为纯保险费率法和损失比率法，增减法可分为表定法、经验法和追溯法。

非寿险保险费率的厘定是以保额损失概率为基础的。它先通过对保额损失率和均方差的计算求出纯费率，然后再计算附加费率。纯费率是用于补偿被保险人因保险事故造成保险标的损失的概率。附加费率与营业费率密切相关。

人寿保险费又称营业保费，它由纯保费和附加保险费两部分构成，依据生命表和一定的利息率计算得出。影响寿险费率的因素有利率因素、死亡率因素、费用率因素、失效率因素和平均保额因素。

定价是确定某一产品价格的过程。在保险中，定价被称为费率厘定。保险产品定价的原则与保险费率厘定的原则一致。保险产品定价的目标可分为生存导向型目标、利润导向型目标、销售导向型目标、竞争导向型目标。保险产品定价方法可分为成本导向定价方法、竞争导向定价方法和客户导向定价方法。

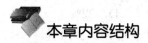

本章内容结构

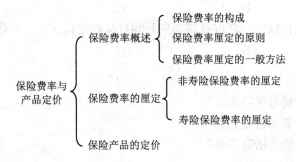

- 保险费率与产品定价
  - 保险费率概述
    - 保险费率的构成
    - 保险费率厘定的原则
    - 保险费率厘定的一般方法
  - 保险费率的厘定
    - 非寿险保险费率的厘定
    - 寿险保险费率的厘定
  - 保险产品的定价

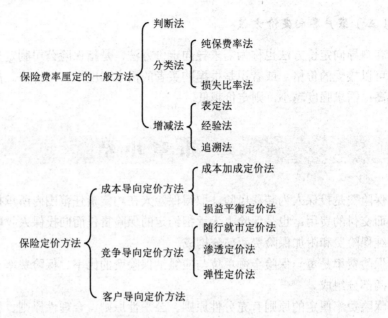

- 保险费率厘定的一般方法
  - 判断法
  - 分类法
    - 纯保费率法
    - 损失比率法
  - 增减法
    - 表定法
    - 经验法
    - 追溯法

- 保险定价方法
  - 成本导向定价方法
    - 成本加成定价法
    - 损益平衡定价法
  - 竞争导向定价方法
    - 随行就市定价法
    - 渗透定价法
    - 弹性定价法
  - 客户导向定价方法

综 合 练 习

一、名词解释

保险费　保险费率　纯费率　附加费率　保险损失率　生命表　保险产品定价

二、判断题

1．保险产品定价的原则有：充分性原则、公平性原则、合理性原则、稳定灵活原则、促进防灾防损原则。（　　）

2．稳定系数是均方差与平均保额损失率之比。（　　）

3．死亡率因素、利率因素和费用率因素是计算人寿保险费率的三要素。（　　）

三、单选题

1．稳定系数的一般合理值有（　　）。

A．8%　　B．15%　　C．21%　　D．22%

2．经验法一般使用以往（　　）年的损失经验数据确定下一个保险期的保险费。

A．3　　B．4　　C．5　　D．6

3．在利润导向型目标中，获得最高当期利润目标通常以（　　）年为准。

A．1　　B．2　　C．3　　D．4

四、简答题

1．如何理解保险费与保险费率？

2．简要概括保险费率厘定的原则。

3．保险费率厘定的方法有哪些？

4．什么是寿险费率厘定的影响因素？

5．简要概括保险定价的方法。

阅读材料

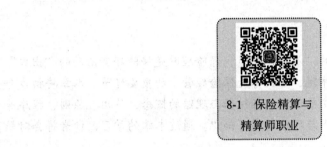

8-1　保险精算与精算师职业

第九章　核保与理赔

内容提要

保险核保是保险公司经营活动的“入口”环节，保险理赔是保险经营活动的“出口”环节，是保险经济补偿职能的具体体现，它们都是保险经营中的重要环节。本章将初步介绍与保险核保、理赔有关的知识，主要内容包括核保与理赔的概念、作用、原则、程序等理论知识，及运用具体案例介绍核保与理赔的实务知识。通过本章的学习，读者将会对核保与理赔的知识有个基本的了解。

学习目标与重点

- 掌握核保与理赔的概念与作用。
- 了解核保与理赔的原则和程序。
- 了解核保的内容及核保与理赔实务的内容。
- 课程思政：进一步弘扬社会主义核心价值观。

关键术语

核保　理赔　保险实务

引入案例

大货车捅出骗保亿元黑洞

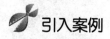

车险承保亏损成为不争的事实，其中就包括不正当竞争、不当理赔以及骗赔等导致赔钱的尴尬局面，而险企承保高风险大货车的状况更为堪忧。近日，山东公安局曝出，2016 年济南天桥区自卸货车保险诈骗案，抓获犯罪嫌疑人 61 名，涉案金额近亿元，仅一个区的骗保数额就如此惊人。大货车风险高并不仅限于自身正常作业方面，在不当获利方面也存在骗保黑洞。

骗保灰色地带

一起由公安部和保监会联合破获的济南天桥区自卸货车保险诈骗案近日曝光，引起保险业内外的广泛关注。该案是近年来全国范围内涉案金额最大、涉及保险公司最多、侦破难度最大的保险诈骗案。

据悉，该案持续时间长，在行业影响巨大。自 2000 年起，个别从事运输的“聪明人”

无意间发现一条更便捷的“致富方法”。通过“购买保险—伪造事故—串通修理厂—恶意索赔”的方法，显然要比跑运输高效得多，尤其是可以将一些老旧车辆变废为宝。

在“山东货车骗保”系列案中，开始时，对于个别案件，保险公司往往较为宽容，对于其中的问题不予深究，对于到保险公司滋事的人员也多采取安抚态度。这导致骗保之风愈演愈烈，出现了更为恶劣的状况。例如，在固定地点连续夜间出险，制造单侧翻车事故；统一到某修理厂打包定价，不允许拆解定损；明码标价，每次事故一律开价 10 万元；伙同亲友、修理厂到保险公司闹事，干扰办公，对查勘人员辱骂、恐吓、拘禁，扣押查勘车等。

有业内人士列举过几组数据，呈现了犯罪分子保险诈骗的疯狂程度。通过抽取 8 辆货车的样本数据看到，其近五年的历史赔偿金额高达 236 万元，涉及 11 家保险公司，包括人保、平安、太平洋、国寿财险、中华联合、大地、阳光、都邦、永诚、华泰和中银保险；某山东以外的省份，2015 年上半年整理的涉嫌欺诈案件中，在山东出险的金额达到 334 万元，均集中在济南天桥区。

中小险企拒保

在骗保案件频发、货车出险率居高不下的高压下，货车承保逐渐被边缘化。有业内人士向记者透露，保险公司对于大货车一般是能不保就不保。理赔人员谈起大货车都会皱眉头，不仅是“出险率实在太高”给保险公司造成“损失巨大”，还因为恶意骗保的犯罪分子手段颇多，让人防不胜防。

公开资料显示，“山东货车骗保”系列案首先从济南发端，直到整个山东保险行业将涉嫌骗保车辆列入黑名单，严格限制承保。紧接着，扩展至全国，这些不法分子借助过户、外省挂牌、更换车主信息甚至直接造假等各种手段，在其他省份进行恶意骗保，为了能够投保，各种手段无所不用。但是，在全国都在控制山东货车业务后，在外地进行骗保的难度与成本也在加大。无奈之下，这些骗保者再次回归山东，只不过骗保车辆改用私家车。

据慧泽资深理赔从业者费维兵介绍：“中小保险公司营业网点较少，车辆出险后往往委托第三方勘查、定损，这就给了不法分子可乘之机。不法分子通常选择一些小型保险公司，在没有营业网点的地方出险骗取费用。正因如此，中小型险企基本不愿意承保非营业货车。而大保险公司虽然可以承保，但车主所面临的不只是保费没有优惠，出险费率更是高达 1.3～1.5 倍或者更高。”

承保常年亏损

目前，我国交强险实行全国统一的基础费率，导致保险公司亏损的领域主要集中在非营业货车、挂车、特种车、营业客车、拖拉机等，以及由区域经营失衡导致的承保亏损。

“一般来看，交强险盈利的地区通常民风比较淳朴。一些车险较发达的国家，对交强险的赔付上无定额，而我国在有定额的情况下，赔付、亏损程度依然居高不下，这当然有统一基础费率的原因，但不诚信所带来的过度医疗、过度承保等情况较为严重，国民素质尚待提高也是不争的事实。”有业内人士坦言。

事实上，大型自卸货车骗保案件在全国各地均有案例。据媒体报道，人保财险宁夏分公司已拒赔车险金额 2248 万元。

上浮保费能解困局吗？

利用老旧车辆恶意骗保，让一些自卸货车司机尝到了甜头，甚至发展成“骗保专业户”。

殊不知，此举犹如临深渊、如履薄冰，往往得不偿失，还在行业成为“害群之马”，让一些正常运营的货车为投保付出更多的代价。

山西一家货运公司的老板李先生表示：“今年初自家大货车的保险合同到期了，本来想续保的，但是合作的那家保险公司却说不愿意再给大货车上保险了。最终，找到一家挂靠单位，付了一笔挂靠费才把这事办妥。”

费维兵认为，只有管理好前端承保、抬高门槛才能降低承保风险。监管部门一定要严打故意骗保行为。也有业内专家认为，现在保险公司对于营业性质的车辆都较为谨慎，不单是营业性货车，营业性客车准入的门槛也很高。保险公司是自主经营、自负盈亏，买卖自愿也完全是市场行为。而大货车难上保险是因为大部分大货车投保业务是不盈利的，赔付率也非常高。要改变现状只能上浮保费，提高犯罪分子的犯罪成本，如此这一现象或许才会减弱。

资料来源：https://finance.dzwww.com/baoxian/bxal/201709/t20170925_16466379.html.

第一节 保险核保

【知识链接】

核保的起源与发展过程

自1762年英国创办世界上第一家人寿保险公司以来，核保从无到有，经历了三个不同的发展时期：经验主义时期、生物统计时期和临床生物统计时期。

在此之前，保险公司没有正式的核保，采用年龄差别保险费，由于当时的死亡率资料不全，医疗条件较差，传染病为当时的主要死亡原因，而这一死亡原因与年龄并无密切关系。当时面晤是危险选择的主要手段，随人群数量增加转为通过代理人进行面晤，无法面晤者需要提供书面告知或提供医师报告。

在18世纪中期至19世纪末20世纪初，核保进入经验主义时期，采用经验危险选择法，主要依赖于核保医生的经验。健康方面的问题以书面形式存在，这是医务危险选择的雏形。健康检查包括体温、外形、身高、呼吸频率、叩诊、听诊、心脏检查、尿液检查等项目。纽约人寿医学总监罗杰斯和精算师汉特创造了“数量评估核保体系”，是核保的一个重要发展。

从20世纪初开始至20世纪中期，核保进入生物统计时期。保险公司采用相对死亡率，即对两个群体的年龄进行加权平均后对每一年的死亡率进行比较，分子为所观察人群，分母为可控制的标准人群。同时这一阶段还引入了体格与死亡率关系的研究，根据年龄和性别编制的职业加费表和体格加费表，以及对血压的检查与研究。

从20世纪70年代开始至今，是核保的临床生物统计时期。随着医学水平的发展与研究的进步，保险公司的核保手段逐渐规范化与科学化，引入了额外变动死亡率的概念，即在病变的整个过程中，随时间的推移额外死亡率是变化的，如肿瘤手术后。同时，核保手册的制定代表核保已经成为一种制度并得到普及。

一、核保的含义与作用

（一）核保的概念

核保是一个审核决定的过程，即根据投保申请书、业务人员报告书、体检报告书、生存调查所提供的有关投保人、被保险人的信息资料，由核保人员进行综合分析，运用数理查定法，对被保险人的危险加以量化，依其危险程度，做出是否承保以及以何种条件承保的决定。

核保是承保业务中的核心业务，而承保部分又是保险公司控制风险、提高保险资产质量最为关键的一个步骤。

保险核保是一项专业性、技术性很强的工作。核保工作的性质就是做事先的预测，保证每笔业务都符合保险人的经营方向和原则，业务来源有利于分散风险。

（二）核保的作用

（1）维持公平性。维持差别费率的公平性，对客户实现公平待遇。

（2）维持安全性。将实际死亡率控制在精算师预定的死亡率范围内，产生合理的死差率，从而维持保险公司的健全经营。

（3）提高预防性，防止逆选择。

（4）提高可销售性。公平的核保决定，满足客户受保障的需求，同时保障保险人的利益。

二、核保的原则与程序

（一）核保的原则

1. 扩大承保能力并保证保险人经营的稳定性

该原则要求保险经营的承保额要与其承保能力相适应，即保险承保者的总承保金额要等于或小于其总承保能力。

所谓承保能力是指基于公司净资产规模基础上的公司业务容量。它是通过净承保费对公司净资产比率，即业务容量比率来衡量的。保费实际上是保险公司的负债，保险人接受的保单越多，其负债越大，所付费用越高，所承担的经营风险也越大。因此，保险人必须在其业务容量允许的范围内保持业务量的增长。

2. 保证核保质量，获得最大经营收益

核保活动需要在财务稳定的前提下获得最大的盈利。保险公司的利润来源主要有三种途径，即费差、利差和死差。保险人所承保的危险并不是没有条件限制的所有危险，也并非对所有的投保标的都给予承保。为了保证保险业务的质量，保险公司对投保标的要认真进行选择，区别对待，保证核保质量，降低保险公司所承担的风险。

（二）核保的程序

1. 制定核保方针，编制核保手册

保险公司一般都设有专门负责核保的机构和部门，由它来制定与公司的经营目标相一致的核保方针和编制核保手册。核保手册具体规定核保的险种、业务开展的地区、所适用的保险单和费率计划以及可以接受的、难以确定的和拒保的业务、需要得到上一级核保人员批准的业务等。

2. 核保信息的收集和整理

核保信息的来源往往有三个渠道，保险公司通过这三个渠道来收集核保信息并加以整理，为做出承保决策做好准备。这三个渠道分别是：① 购买保险者填写的由保险人提供的投保单；② 核保人员向保险展业人员和投保人直接了解情况；③ 通过社会公共部门的渠道来收集。

就人身保险而言，所需要收集的核保的基本信息有被保险人的年龄、性别、职业、业余爱好等。就财产保险而言，所需要收集的核保的基本信息有投保标的的状况、投保标的所处环境等。

3. 审核

保险审核即保险人对将要承保的新业务加以全面评价和选择。审核工作的主要目标在于辨别投保危险的程度，并对不同危险程度的投保标的进行分类，按不同标准进行承保、制定费率，从而保证承保业务的质量。

4. 签发正式保单

保单的基本内容包括声明事项、承保事项、免责事项、条件事项等。

三、核保的内容

核保的内容如图9-1所示。

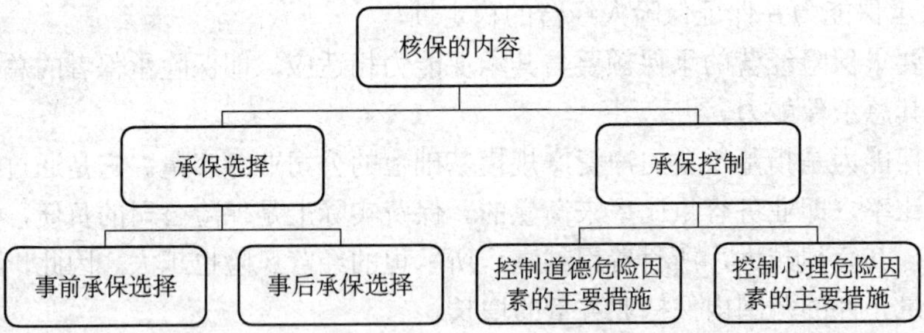

图9-1　核保的内容

（一）承保选择

承保选择表现在两个方面：一是尽可能选择同质风险的标的承保，从而使风险在量上得以测定，以期风险平均分散；二是淘汰那些超出可保风险条件的保险标的。

1. 事前承保选择

保险承保工作的基本目标是为保险公司安排一个安全和营利的业务分布组合。事前承保选择包括：对“人”的选择，即对保险客户的选择；对“物”的选择，即对保险标的的选择。

（1）对保险客户的选择。保险客户必须是具有完全行为能力并对保险标的具有保险利益的自然人或法人，只有这样，保险合同才具有法律效力。而且，保险客户的行为、品格会直接影响保险事故发生的可能性和损坏程度的大小。因此，保险核保人员必须严格控制保险客户的法律资格，同时有必要审核保险客户的资信、品格和作风等。例如，在船舶保险核保时，保险公司要审核船长和船员的技术水平、船东的资信和经营作风。

（2）对保险标的的选择。保险标的是保险公司承保风险责任的对象，其自身性质和状态与风险大小以及所造成的损失程度直接有关。例如，油漆商店比一般商店发生火灾的可能性要大。因此，保险人对投保标的的控制，主要是审核投保标的的危险状况。对那些危险较大的标的，核保人员应拒绝承保或采用较高的保险费率。人身保险对保险标的的选择与对“人”的选择是一致的。

2. 事后承保选择

事后承保选择是保险人对保险标的的风险超出核保标准的保险合同做出淘汰的选择，具体表现为：① 保险合同保险期满后，保险人不再续保；② 保险人如发现被保险人有错误申报的重要事实或欺诈行为，可解除保险合同；③ 按照保险合同规定的事项注销保险合同。

（二）承保控制

承保控制是指保险人对投保风险做出合理的承保选择后，对承保标的具体风险状况，运用保险技术手段，控制自身的责任和风险，以合适的承保条件予以承保。承保控制的对象主要有两类。一类是风险较大但保险人还是予以承保的保险标的，保险人为了避免承担较大的风险，必须通过承保控制来限制自己的保险责任。另一类是随着保险合同关系的成立而诱发的两种新的风险：一种是道德危险因素，一种是心理危险因素。

道德危险因素是指被保险人或受益人故意制造保险事故，牟取赔款。道德危险因素在法律上是一种犯罪行为，是承保控制的重点。心理危险因素是指投保人或被保险人在参加保险后产生的松懈心理，不再小心防范所面临的自然风险和社会风险，或在保险事故发生时，不积极采取施救措施，任凭损失扩大。

1. 保险公司控制道德危险因素的主要措施

（1）控制保险金额，避免超额保险。保险人通过控制保险损失赔偿和给付的最高限额，使被保险人不能因保险而额外获利，从而避免和减少道德危险因素的产生。

（2）控制赔偿程度。当保险事故发生时，被保险人所获得的赔偿仅限于其实际损失或者将保险标的物恢复到原有的状态。

2. 保险公司控制心理危险因素的主要措施

（1）控制保险责任，即控制保险人承担风险的范围和保险赔偿或给付的责任。

（2）规定免赔额，即保险人对某种保险标的在一定额度内的损失不承担赔偿责任。

（3）规定共同保险，即由保险人和被保险人按规定的各自比例共同承担保险责任。

（4）订入保证条款，即保险人和投保人在保险合同中约定，投保人或被保险人在保险期限内担保或承诺特定事项的作为和不作为，投保人或被保险人只有尽到保证条款中的义务，保险人才负保险责任。

（5）无赔款优待，即对无赔款发生的保户，续保时在保险费率上给予优待。

（6）其他优惠。对配备先进防灾设施和防灾防损工作做得好的被保险人，在投保时也给予保险费率上的优惠。

第二节 保险理赔

目前，社会上流行着“投保容易，理赔难”的说法，这里面确实有个别保险公司在理赔上存在一些问题的因素，但更多则是个别新闻媒体夸大宣传和人们的理赔知识匮乏的原因。本节概要介绍保险理赔的有关知识，以使读者能够对保险公司的理赔业务有一个初步的了解。

一、理赔的概念与作用

（一）理赔的概念

保险理赔是保险补偿职能的具体体现。理赔，即处理赔案，是在保险标的发生保险事故后，保险人对被保险人所发生的保险合同责任范围内的经济损失履行经济补偿义务，对被保险人提出的索赔进行处理的行为。

保险理赔工作主要靠理赔人员来做。保险理赔人员作为专门从事保险理赔工作的人员可以分为以下四种类型。

（1）专职核赔人员，指直接根据被保险人的索赔要求处理保险公司的理赔事务的人。

（2）保险代理人，指接受保险公司的委托从事理赔工作的人。

（3）理赔服务机构，指某一地区保险公司联合组织的专门处理赔案的机构。

（4）独立理赔人，指有专业技术的独立的理赔人员，如保险公估行等。

（二）理赔的作用

（1）保险理赔可以使被保险人遭受的损失及时得到补偿，从而充分发挥保险经济补偿的职能和作用。

（2）保险理赔可以对承保业务和风险管理的质量进行检验，为提高承保业务质量、改进保险条件、完善风险管理提供依据。

（3）保险理赔还可以提高保险企业信誉，扩大保险在社会上的影响，促进保险业务的发展。

二、理赔的基本原则

（一）重合同、守信用

保险理赔是保险人履行保险合同义务的具体体现，在处理各种赔案时，应严格按照保险合同中条款的规定及时赔付。

（二）实事求是

保险合同条款对赔偿责任做了原则性规定，但实际情况错综复杂，这就要求保险公司必须以实事求是的精神，运用保险条款的规定，并结合具体情况合情合理地处理赔案，既要有原则性，又要有一定的灵活性。

（三）主动、迅速、准确、合理

这是保险理赔工作的“八字方针”，也是理赔质量的重要标准，旨在提高保险服务水平，争取更多的保险业务。“主动、迅速”，要求保险人在处理赔案时要积极主动，不拖延并及时深入事故现场勘查，及时理算损失金额，对属于保险责任范围内的损失迅速赔付。“准确、合理”，即要求保险人在审理赔案时，分清责任，合理定损，准确履行赔偿义务。

三、理赔的一般程序

理赔的一般程序如图 9-2 所示。

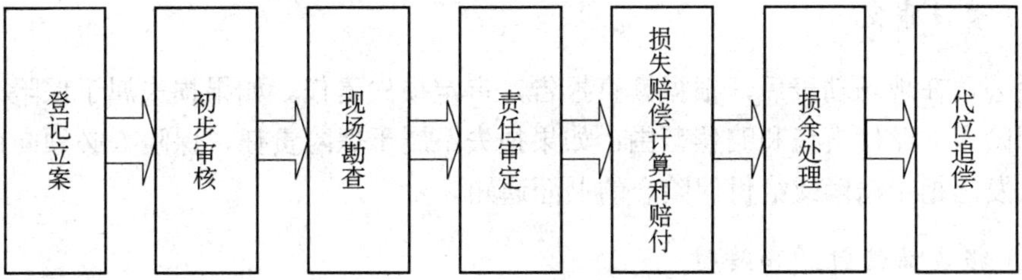

图 9-2　理赔的一般程序

（一）登记立案

保险事故发生后，被保险人或受益人应将事故发生的时间、地点、原因及其他有关情况，以最快的方式通知保险人或保险代理人，并提出索赔要求。发出损失通知是被保险人必须履行的义务。接受损失通知意味着保险人受理案件，保险人应立即将保险单与索赔内容详细核对，安排现场勘查等事项，然后将受理案件登记编号，正式立案。

受理赔案的工作程序比较简单，但它是保险理赔的第一步。

（二）初步审核

登记立案后，保险人应立即审核该索赔案件是否属于保险人的责任，审核内容如下。

（1）保险合同是否仍有效力，是否有暂停保险或保险合同已被解除的情况。

（2）损失是否由所保危险引起，是否是保险合同所承担的损失。

（3）已遭损毁的财产是否是所投保的财产，在损失发生时，被保险人是否对保险标的具有保险利益。

（4）损失是否在被保的地域范围内发生。

（5）损失是否在承保时间内发生。保险合同一般都规定了保险有效的起止时间，损失只有在保险有效时间内发生，才能获得保险公司的赔偿。

（6）请求赔偿的人是否有权提出索赔。索赔人一般是保险单载明的被保险人，对人寿保险保单而言，索赔人应是指定的受益人或被保险人的法定继承人。保险人在理赔时要查明被保险人或受益人的身份，以确定其有无资格领取赔款或保险金。

（7）索赔是否有欺诈。保险人在理赔时应注意的问题有索赔单证的真实与否、投保人是否有重复保险的行为、受益人是否故意谋害被保险人等。

（三）现场勘查

现场勘查是理赔工作的重要环节之一，是了解出险情况、掌握第一手资料、处理赔案的必要步骤。现场勘查的主要内容包括查明出险的时间和地点、确定损失原因、确定损失程度、妥善处理受损的保险标的、核实损失数额等。

现场勘查的总要求是：准备充分，及时深入事故现场，按照保险合同规定和尊重事实的原则，依靠地方政府和企业主管部门及人民群众的支持和协助，认真分析调查，做到“现场情况明、原因清、责任准、损失实”。

（四）责任审定

保险公司在现场勘查后，根据勘查报告，审定损失责任。如果损失属于保险责任，就要确定保险人的赔偿责任和赔偿范围；如果损失不属于保险责任，保险人必须向被保险人或受益人发出拒绝赔偿或给付保险金的书面通知。

（五）损失赔偿计算和赔付

保险人通过责任审定，确定保险赔偿责任和赔偿范围，并根据保险标的的保险金额和保险人的承保条件决定赔偿方式，然后理赔人员按照确定的赔偿方式，根据损失情况，分别按保险标的的损失、施救费用、勘查费用、损余收回等项目列出计算公式，填制“赔款计算书”。

赔偿的方式通常以支付货币为多，在财产保险中，保险人也可与被保险人约定其他赔偿方式，如恢复原状、修理、重置等。

（六）损余处理

一般来说，在财产保险中，受损的财产会有一定的残值。如果保险人按全部损失赔偿，其残值应归保险人所有，或是从赔偿金额中扣除残值部分；如果按部分损失赔偿，保险人可将损余财产折价给被保险人以充抵赔偿金额。

（七）代位追偿

如果保险事故是由第三者的过失或非法行为引起的，第三者对被保险人的损失须负赔偿责任。保险人可按保险合同的约定或法律的规定，先行赔付被保险人，然后，被保险人应当将追索权转让给保险人，并协助保险人向第三者责任方追偿。

第三节 核保与理赔实务

【案例 9-1】

未及时报险，家属起诉险企被驳回

梁先生突然离世，其家人在办理后事时发现一份意外伤害保险单，然而，向保险公司索赔时却遭到拒绝，于是酿成争诉。近期，因未能及时进行尸检，无法确认梁先生去世的原因系车祸意外，人民法院一审驳回了梁先生家属向保险公司索赔的诉请。有保险专家建议，投保应告知家人，保险事故发生后，应及时通知投保的保险公司收集并提供与确认保险事故的性质、原因、损失程度等有关的证明和资料，供保险公司做出核定。

据媒体报道，2015 年 9 月 12 日，梁先生在驾车路上，车头右侧撞到道路的水泥防护墩，造成车辆损坏的事故。由于没有第三者受伤，梁先生感觉身体也没有任何外伤，就没有报警处理，也没有到医院就医，然后联系亲戚将自己送回家中。到家不久，梁先生就觉得头有点昏，身体不舒服，家人见状连忙拨打“120”急救电话。因为梁先生平时身体健康，无任何疾病，家人以为他是喝醉了。事后才知不是喝酒，而是之前发生过事故。不幸的是，梁先生经抢救无效于当晚去世。

办完丧事，家人在整理梁先生的遗物时，发现其生前在某保险公司投保的《意外伤害综合保险》保单。原来，2015 年 6 月，梁先生在某保险公司购买了一份保险，并签订《借款人意外伤害综合保险》保单，保险金额为 19 万余元，保险费 398 元，保险期间自 2015 年 6 月 29 日零时起至 2016 年 6 月 20 日 24 时止。梁先生的家人认为，保险公司应当赔付梁先生意外身故保险金。然而，保险公司却迟迟没有支付赔偿金。2016 年 9 月，梁先生的家人将该保险公司起诉到人民法院。庭审中，保险公司辩称，本案中梁先生系猝死，并不能证明系交通事故意外去世，根据保险合同和条款约定，属于保险责任免除范围。因此，保险公司不承担给付保险金责任。

关于梁先生猝死是否构成保险事故，保险公司是否应当承担保险责任的问题，法院认为，由于梁先生在发生交通事故后没有就医检查，家人在其去世后未对其进行尸检，致使无法查清其在事故中是否受到伤害以及所受伤害是否直接导致身故，此不利后果应由家属承担。因此，梁先生家人主张他系因意外伤害身故的理由不成立，要求保险公司给付意外伤害身故保险金的诉请，法院不予支持。

事实上，很多人虽然购买了意外保险，但是对意外保险的理赔条件及赔偿范围并不是很了解。意外保险是指投保人向保险公司缴纳一定金额的保费，当被保险人在保险期限内遭受意外伤害，并以此为直接原因造成死亡或残废时，保险公司按照保险合同的约定向保险人或受益人支付一定数量保险金的一种保险。

意外险理赔规定较为严格，条件有三个，缺一不可。首先须是外来因素造成的，是指被保险人由于身体外部原因造成的事故，如车祸、溺水、被歹徒袭击、食物中毒等；其次须是突发状况，指在瞬间造成的事故，没有较长的过程，如落水、触电、跌落等，这也是梁先生意外离世却没得到赔偿的原因之一；最后须是非本意的，指被保险人未预料到的事故，如飞机坠毁等。

保险合同条款对于普通消费者而言显得较为专业晦涩，因理解不一致而引发的责任认定等问题已屡见不鲜。2017 年年初保监会发文提醒，购买意外险前，请务必仔细阅读保险条款，对自己不太理解、释义模糊的概念等要及时咨询。保险事故发生后，应及时通知投保的保险公司，收集并提供与确认保险事故的性质、原因、损失程度等有关的证明和资料，供保险公司做出核定。

资料来源：http://app.bbtnews.com.cn/print.php?contentid=180419.

一、核保实务

（一）非寿险核保

非寿险核保的内容主要包括以下几个方面。

（1）对单证、条款、费率的核保。

（2）对承保标的的风险评估。

（3）核保投保人与被保险人的资信和标的以往损失记录。

（4）对于各种附加险，保险公司为了控制风险，核保员也必须严格核保。

在核保权限内，核保人核保完毕，在投保单上签署意见并签名，注明核保日期。对于超过核保权限的，应上报上级公司核保。对需要分保的业务，按总公司的要求作分保处理。

（二）人寿保险核保

核保人员根据投保申请书、业务员报告书、体检报告书等，决定是否承保以及划分不同的风险等级。一般的案件经过核保可划分为以下四个等级。

（1）标准体。客户的身体状况不影响其死亡率，或者他的死亡率虽然较高，但只要其死亡率不超过同年龄死亡率的 40%，就仍属于标准体的范围。

（2）次标准体。对于死亡率超过其同年龄死亡率 40%的客户，则裁定为次标准体。

（3）延保体。如果客户的资料不够完整，或需要进一步治疗，保险公司会暂不承保，客户持有足够资料与治疗结果后，再做决定。

（4）拒保体。如果客户的危险程度超过正常标准很多，会影响其他客户理赔的公平性，保险公司会拒绝承保。

图 9-3 所示为核保流程图。

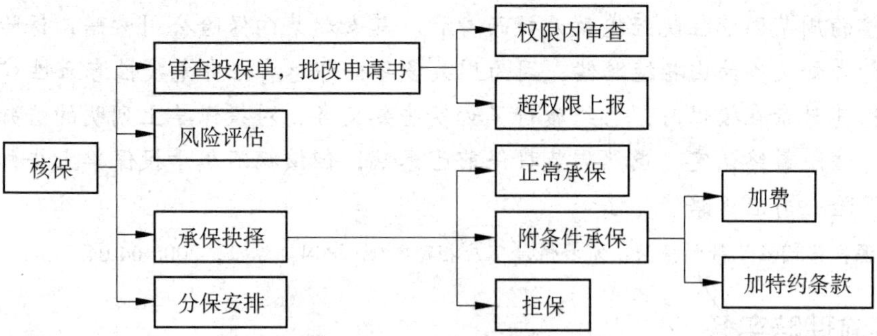

图 9-3 核保流程图

【案例 9-2】

带病投保：哪些情况不应拒赔

据 2007 年 11 月 4 日《武汉晨报》报道，目前我国寿险公司的拒赔案例中，有七成以上的原因是带病投保。其真实性虽难以考证，但这在一定程度上表明目前寿险行业带病投保并引起拒赔的情况占有很大比例。究其原因，既有保险公司核保不严的责任，也有投保人不诚信的原因。

然而，并非所有的“带病投保”都该拒赔。

第一种情况是，业务员明知被保险人带病，但出于其自身利益考虑仍促成保险合同成立。王先生于 2006 年 11 月 7 日因患肝病住院治疗。在此之前，某人寿保险公司业务员谢某多次向其推销保险。住院后不久，谢某推销保险时王先生购买了长期寿险，保险期限 20 年。一年后王先生因肝病去世。保险公司以王先生故意不履行告知义务为由，拒绝理赔。后诉至法院，经审理查明，投保单签字日期是 2006 年 11 月 20 日，且谢某在业务员报告书中“是否见过被保险人”一栏填了“是”，这说明投保时谢某明知王先生患病，但未将此情况向保险公司如实反映，从而使保险公司通过核保。

谢某在保险业务中的行为是一种职务行为，代表了保险公司，合同顺利签订应视为保险公司接受了王先生的投保申请，法院判决保险公司承担赔付责任。

第二种情况是，保险公司指定医院对被保险人进行了体检，但未查出投保人有病。

李某于 2000 年 12 月为女儿琦琦购买了一份重大疾病保险，2001 年 3 月琦琦因先天性心脏病发作抢救无效身亡。保险公司认为李某的女儿在投保时患有先天性心脏病，李某事先一定知道此事，却未如实告知，因而拒赔。李某则认为，在正式签订保险合同之前，保险公司的核保人员将女儿带到了定点医院进行体检，整个过程都是按保险公司规定程序进行的，并不存在欺诈和作弊的可能。而且，女儿生前也没有什么病态反应，自己根本不知道她患有先天性心脏病，保险公司称未履行如实告知义务并无道理。

法院认定，保险公司主张李某知道女儿患病，应提供证据，但保险公司未能提供。从医学理论上说，幼儿患有先天性心脏病未必都有明显症状，被保险人投保前在保险公司指定的医院按照规定程序进行了体检，因体检偏差导致的风险应由保险公司承担。

第三种情况是，所谓的“病”并未列示在“投保单”所询问事项中。2005 年 8 月，持有寿险保单的周某因病住院经抢救无效而身亡。其女赵某向保险公司索赔，保险公司以周某没有履行告知义务为由拒绝赔偿，因为周某多年前即患有自身免疫性溶血性贫血。

赵某称其母亲在投保时，已经履行了如实告知义务，对投保单上列明的告知事项均进行了填写。法院最终认定，虽然周某投保前已患病，但该病不属于投保单上告知事项列明的病因，保险公司应负赔偿责任。

资料来源：张国峰. 带病投保：哪些情况不应拒赔？[N].中国证券报，2008-04-04.

二、非寿险理赔实务

非寿险理赔实务如图9-4所示。

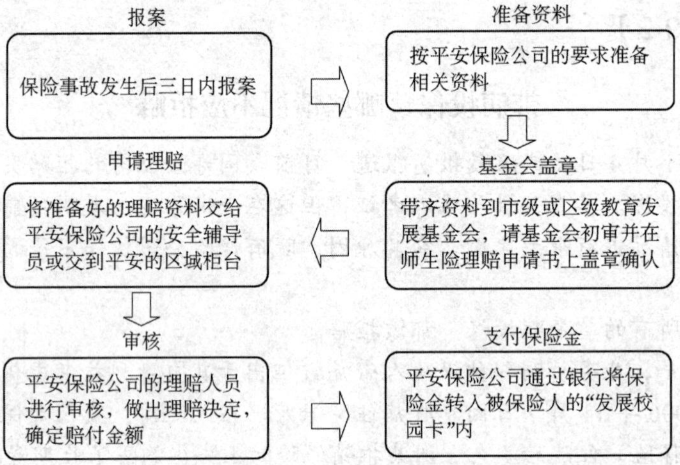

图9-4 平安保险公司师生险理赔流程图

（一）机动车辆保险的理赔实务

【案例9-3】

2005年4月19日凌晨2时56分，黔江发生特大交通事故，一辆由重庆开往黔江的双层卧铺客车行至黔江境内沙弯特大桥处，撞坏大桥护栏，坠入8.9米的坡谷。平安产险重庆分公司理赔人员在得知消息后，仅3小时便赶到了事故现场，对现场进行了及时勘查。

4月19日下午，专案理赔小组获得了事故者名单，共31人出险，其中27人死亡，4人重伤。经排查，目前已确认遇难者27人均为平安机动车辆意外险承保客户，每人保额4万元，伤亡保额共计124万元。根据特事特办的原则，平安产险重庆分公司派人到客户单位看望并当即支付预付赔款40万元。

资料来源：https://business.sohu.com/20050422/n225291627.shtml.

机动车辆的理赔工作与一般保险业务一样，经过受理案件、现场勘查和调查取证、责任审核、赔款计算、核赔审批、赔付结案等过程。其中最重要的环节是现场勘查与调查取证。保险理赔外勤人员应及时到达事故现场，勘查、询问、调查肇事驾驶员，检查是否属于有效驾驶证，采取多听、多问、多看、多分析的方式，查明事故的真实原因。

（二）海洋运输货物保险的理赔实务

【案例 9-4】

某年 9 月，“三海××”号货轮装载着双氧水、筒纸、闹钟、机械设备等货物离开上海港，前往广东汕头港。9 月×日×时×分，在途经闽江口七星礁、波屿之间海域时，因受强台风（有气象部门出具的台风证明）及巨浪袭击，主机连接带折断出现故障，致使船舶无法及时避风。由于风大浪高，受台风及海浪的猛烈冲击货船在大海中剧烈摇摆，持续时间长达一个多小时，随时都有被大海吞没的危险。为求得货物少受损失，更是为了保证人和船货的安全，船长方德平命令将装在船头及舱外的 50 吨，共 2000 件塑料桶装双氧水及其他货物及时移入船舱内。船员们匆忙把双氧水移至装有筒纸的舱内，因装有双氧水的塑料桶经不住强烈的摩擦和滚动而破裂，导致双氧水外溢，污损筒纸。筒纸损失 4 万元。

货轮到达汕头港，卸货后，总计经济损失近 5 万元。船长未在汕头港宣布此次海损为共同海损。事后，筒纸收货人以单独海损之理向保险公司索赔。保险公司以此次海损为共同海损拒赔。至此，被保险人诉之法庭。

法庭判决：因本次货轮到汕头港后的 48 小时内未宣布共同海损，已过按共同海损理算的时效，本案以单独海损处理。保险人给付投保人经济补偿 4 万元人民币。

资料来源：https://china.findlaw.cn/hetongfa/hetongdongtai/hetongzhishi/yunshuhetong/44949.html.

海洋运输货物保险的理赔是从保险人接到被保险人的货损通知时开始，包括勘查检验、调查研究、责任审定、赔款计算，以及责任追偿直至最后结案等一系列工作。因为海洋运输货物保险经常在国外港口发生损失，因此其理赔过程比一般的财产保险更复杂。

三、寿险理赔实务

【案例 9-5】

甲某（8 岁）为小学三年级学生。2005 年 6 月，甲某因不满父母忘记了自己的生日，趁父母外出打牌时自杀身亡。父母打完牌回家，发现甲某已气绝身亡。此前的 2004 年 9 月，甲某所在的学校为全校学生投保了学生平安意外伤害保险，年交保险费 20 元，意外伤害保险金额 10 000 元。2005 年 10 月，甲某的父母作为受益人持相关证明到人寿保险公司申请理赔。

分歧意见如下。

第一种意见认为保险公司不应理赔。《保险法》第六十六条第一款（指 2002 版，编者注）规定：“以死亡为给付保险金条件的合同，被保险人自杀的，除本条第二款规定外，保险人不承担给付保险金的责任，但对投保人已支付的保险费，保险人应按照保险单退还其现金价值。”该条第二款规定：“以死亡为给付条件的合同，自成立之日起满两年后，如果被保险人自杀的，保险人可以按照合同给付保险金。”可见，该保险条款是将被保险人的自杀作为除外责任。因此，保险公司不应理赔。

第二种意见认为保险公司应予理赔。《保险法》第六十六条规定的自杀免责条款，其立法精神在于防止道德风险的发生，用以遏止被保险人为了图谋保险金而蓄意自杀。自杀有故意自杀与非故意自杀两种情况。非故意的自杀是在精神失常、神志不清时所为的行为，这类自杀的被保险人通常是无民事行为能力人或限制民事行为能力人，对其自杀的后果辨别或认识不清。故意自杀，是在主观上明知死亡的危害结果，而故意实施的能够结束自己生命的行为。评价故意自杀时，必须完全具备主客观条件，即在主观上要有结束自己生命的故意，对自杀行为所导致的后果已经预见，对死亡有足够的认识，在客观上要实施了足以导致自己死亡的行为，并发生了死亡的后果。根据《保险法》立法精神，在理论和实务中，一般认为适用免责条款的自杀必须是故意自杀。本案中，甲某年仅 8 岁，属于未满 10 周岁的无民事行为能力人，其智力状况和认知能力较低，根本无法正确理解其自杀行为的性质，更不能预见自杀行为的后果，所以甲某的自杀并不构成故意自杀。因此，保险公司应该对受益人进行理赔。

资料来源：https://china.findlaw.cn/info/baoxian/flzr/316439.html.

案例讨论：

你认为保险公司是否应该赔偿？为什么？

寿险理赔是指保险事故发生后，保险人依据保险合同，对被保险人、受益人的索赔申请进行审核，并按合同约定进行处理的行为和过程，其内容主要包括受理立案、现场检验、索赔单证、核定赔款、赔款计算等。

本章小结

核保是承保业务中的核心业务，而承保部分又是保险公司控制风险、提高保险资产质量最为关键的一个步骤。核保工作的性质就是做事先的预测，保证每笔业务都符合保险人的经营方向和原则，业务来源有利于分散风险。

保险核保的原则有：扩大承保能力并保证保险人经营的稳定性和保证核保质量，获得最大经营收益等。保险核保的程序是：制定核保方针、编制核保手册；核保信息的收集和整理；审核；签发正式保单。

保险核保的内容主要包括承保选择和承保控制，其中承保选择包括事前承保选择和事后承保选择。承保控制包括道德危险因素控制和心理危险因素控制。人寿保险核保主要分为四个等级：标准体、次标准体、延保体、拒保体。

保险理赔，是在保险标的发生保险事故后，保险人对被保险人所发生的保险合同责任范围内的经济损失履行经济补偿义务，对被保险人提出的索赔进行处理的行为。

理赔的一般原则：重合同、守信用；实事求是；主动、迅速、准确、合理。理赔的一般程序：登记立案、审核责任、现场勘查、责任审定、损失赔偿计算和赔付、损余处理、代位追偿。

本章内容结构

保险核保
- 保险核保
- 保险理赔
- 核保与理赔实务

综合练习

一、名词解释

核保 承保能力 承保控制 理赔

二、判断题

1．理赔是保险公司经营活动的“入口”环节，有着重要的作用。（　　）
2．机动车辆理赔最重要的环节是现场勘查与调查取证。（　　）
3．海洋运输货物保险的理赔比一般财产保险的理赔过程更复杂。（　　）

三、多选题

1．承保选择包括（　　）。

A．事前承保选择　B．事中承保选择　C．事后承保选择　D．其他选择

2．保险理赔的一般原则有（　　）。

A．重合同　B．守信用　C．实事求是　D．稳定灵活

3．人寿保险核保等级可分为（　　）。

A．标准体　B．次标准体　C．延保体　D．拒保体

四、简答题

1．保险核保的性质与作用是什么？
2．保险核保主要包括哪些内容？
3．保险理赔的概念与作用分别是什么？
4．保险理赔有什么基本原则？
5．保险理赔的一般程序有哪些？

阅读材料

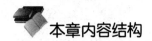

9-1 核保师与理赔师

第十章　保险准备金与保险资金运用（选修）

内容提要

保险资金运用是保险人使保险资金保值增值的活动，是保险人获得收益的重要手段。本章将扼要介绍与保险资金运用有关的知识，主要内容包括保险准备金的分类及其计提，保险资金的来源、运用原则及意义，保险资金运用的组织模式及模式选择，保险资金运用的形式与渠道。通过本章的学习，读者可以对保险公司的资金去向有一个更清晰的了解。

学习目标与重点

- 了解保险准备金的分类。
- 理解保险资金的来源，掌握保险资金的运用原则和意义。
- 了解保险资金运用的组织模式，掌握保险资金运用的形式与渠道。
- 课程思政：加强监管与拓宽保险资金运用渠道、服务改革开放。

关键术语

保险准备金　责任准备金　保险资金运用

引入案例

宝万之争

从 2015 年下半年开始，一场沸沸扬扬、持续两年多而且还余波不断的“宝万之争”开始了。

万科，这家号称当今世界最大的地产公司，也是中国股市最引人瞩目的蓝筹股之一。自 1991 年上市以来，万科累计实现净利润 1000.4 亿元，实施现金分红 23 次，累计现金分红达 189.3 亿元。到 2015 年，万科营业收入达到 1955.49 亿元，总资产规模达到 6112.96 亿元之巨。

扎实的基本面、分散的股权，加之低迷的股价，对因进入地产行业而实现财高暴增的宝能系而言，无论战略投资还是财务投资，万科都是极具吸引力的“猎物”。2015 年 7 月 10 日，宝万之争的“狩猎者”——姚振华掌握的宝能系通过旗下公司前海人寿高调举牌万科 A 股，买入其 5.53 亿股股票。此后，宝能系一发不可收拾，多渠道、高杠杆募集资金，向万科发起数轮攻势，短短 160 天时间，就将 26.81 亿股万科股票收入囊中，以 24.255%的持股比例轻松取代华润，登上万科第一大股东的宝座。

宝能系的举牌，不仅引发万科创始人王石及总裁郁亮等管理层的激烈反对，更引发社会各界的广泛围观与评议。

万科的反击一波三折。2015年12月17日在北京万科的内部会议上，王石高调宣称“不欢迎‘宝能系’成为万科第一大股东”后，“宝万之争”正式开打。为了遏制宝能系的增持势头，万科管理层最终于18日下午1点，以万科“正在筹划股份发行，用于重大资产重组及收购资产”为由发布公告停牌。宝能系的增持行动也因此戛然而止。

万科管理层如何扭转被动的局面，一直为外界所关注。停牌之后，王石先后赶往各地拜会，万科重组事项传闻纷纷扰扰。有传言称，万科获中粮集团200亿元支持，但此后被中粮否认；又有媒体称三央企或参与万科增发，令人难辨真伪。

寄望华润无果，结盟深圳地铁。经过80多天的酝酿，2016年3月12日，万科与深圳地铁集团有限公司签署合作备忘录，双方拟以万科向深圳地铁新发行股份的方式，进行交易对价400亿～600亿元的重大资产重组。

然而，万科管理层“擅自”引入深圳地铁，令沉默多时的“靠山”华润态度骤变。万科管理层与宝能系的两方对峙，迅速演变成万科管理层与宝能系、华润的三方博弈。事实上，宝能系入局之后，华润集团已屈居第二大股东。倘若万科与深圳地铁的重大资产重组成功，华润集团将再度被边缘化，退居第三大股东。

其间，恒大搅局两次举牌万科。8月4日，据恒大公告，恒大和董事长许家印购入约5.17亿股万科A股，持股比例4.68%。1月29日，中国恒大集团发布公告披露，共持有约15.53亿股万科A股股票，占万科已发行股本总额约14.07%。根据万科当时的股本结构，大股东宝能系持股比例为25.40%，华润持股比例为15.31%。恒大此番增持万科股份至14.07%，距离第二大股东位置十分逼近。

与此同时，万科与深圳地铁的重组面临流产。12月18日，万科A发布公告称，其与深圳地铁集团的重组预案未得部分主要股东同意，难以在规定时间内召开股东大会。经董事会同意，公司终止了与深铁集团的重组。

中国证券投资基金业协会第二届第一次会员代表大会于12月3日举行，证监会主席刘士余发表演讲：“我还是希望或者说要求不当奢淫无度的土豪，不做兴风作浪的妖精，不做谋财害命的害人精。最近一段时间，资本市场发生了一系列不太正常的现象，举牌、杠杆收购，是对治理结构不合理的公司的一种挑战，这些现象都有。但是你用来路不正的钱，从门口的野蛮人变成了行业的强盗，这是不可以的。你在挑战国家法律法规的底线，你也挑战了你做人的底线，这是人性不道德的体现，根本不是金融创新。有的人集土豪、妖精及害人精于一身，拿着持牌的金融牌照，进入金融市场，用大众的资金从事所谓的杠杆收购。这是从陌生人变成了野蛮人，从野蛮人变成了强盗。当你挑战刑法的时候，等待你的就是开启的牢狱大门。”

曾在2016年7月19日，万科发布了一份《关于提请查处钜盛华及其控制的相关资管计划违法违规行为的报告》，向中国证监会、证券投资基金业协会、深交所、证监会深圳监管局提交，举报宝能资管计划违法违规。此后，几大监管部门启动对“宝能系”、恒大投资股市的资金来源的几轮调查，发现资金来源很大比例为“宝能系”和“恒大系”旗下保险公司发行的短期高现价产品“万能险”，有用银行资金借贷来炒股的嫌疑，遂采取了诸多监管措施。

2017年1月13日，“宝能系”首次声明宝能为上市公司的“财务投资者”。此前，“宝能系”实际控制人姚振华专门去相关监管部门沟通。绵延一年多的“宝万之争”，因此发生戏剧性转折。

华润退出，深铁接盘。2017年1月12日万科公告，华润股份和中润贸易拟以协议转让的方式将其合计持有的公司全部A股股份转让给深圳地铁集团。转让完成后，华润股份和中润贸易将不再持有公司股份。6月9日万科A公告，恒大下属企业将所持有的全部万科A股股份以协议转让方式全部转让给深圳地铁集团。至此，深圳地铁集团持有约32.4亿股股份，占公司总股本的29.38%，成为万科的第一大股东。

王石退位，郁亮接棒。6月21日，万科公告新一届董事会候选名单，王石宣布将接力棒交给郁亮。历时近两年的万科股权之争在深圳地铁公布新一届董事会提名之后，已尘埃落定，落下帷幕。

万科是中国最优秀的房地产上市企业之一，多年来，股权相对分散、股价不高、公司现金充足，逐渐成为绝佳的股权战标的。自2015年7月第一次举牌后，“宝能系”不断增持，成为万科第一大股东，持股25.40%。华润、恒大分别持股15.31%、14.07%。但万科的管理层表示不欢迎“宝能系”，不做资本的奴隶，并提出与深圳地铁的重组方案。而“宝能系”和华润都反对万科与深圳地铁的重组方案，“宝能系”更谋求改组董事会；恒大则是在几方僵持之际杀入万科，短期迅速推高万科股价，火上浇油。

最终，深铁集团成功入主万科，万科公司无忧，但相关股东方则很难说没有难言之隐，似乎离“体面的妥协”还有一些距离。整个过程中，外力干预对最终结果起到决定性作用，最终的结果并非通过市场的手段达成均衡。由于有关参与方本身存在若干问题和瑕疵，因此，这样的结果对各方来说也算得上是相对不错的结局。

资料来源：http://business.sohu.com/20160711/n458671901.shtml.
http://www.sohu.com/a/153414636_612434.
http://finance.sina.com.cn/roll/2017-01-16/doc-ifxzqnip1272014.shtml.
http://www.maigoo.com/news/457325.html.
http://finance.sina.com.cn/stock/y/2016-12-03/doc-ifxyiayq2163529.shtml.
http://stock.hexun.com/2018-01-30/192350022.html.

思考题：

1. 万科为何要引入深圳地铁？引入深圳地铁对宝能有何不利？
2. 华润为何不愿万科引入深圳地铁？华润反对引入深圳地铁对宝能有何好处？
3. 宝能举牌万科大幅使用高杠杆融资有何风险？监管部门应如何应对？

第一节　保险准备金

一、保险准备金的含义及分类

所谓保险准备金，是指保险公司为保证其如约履行保险赔偿或给付义务而提取的、与其所承担的保险责任相对应的基金。各国一般都以保险立法的形式规定保险公司应提留的保险准备金，以确保保险公司具备与保险业务规模相应的偿付能力。保险准备金实际上包括资本金、公积金或总准备金及其他任意准备金（在未到期责任准备金和赔付准备金之外的准备金）以及未分配的利润等。

从保险准备金的构成来看，按不同的依据有不同的划分方法。

（一）按要求提存的约束力不同划分

（1）法定准备金，即保险公司根据有关法律规定必须提取的准备金，如未到期责任准备金、未决赔款准备金，其计算方法由法律规定。

（2）指定准备金，即保险公司根据公司章程或主管机关指定提存的准备金，如保险保障基金等。

（3）任意准备金，是指保险公司任意提存的准备金。

（二）按准备金的性质不同划分

（1）股东准备金，属于股东所有的准备金，相当于未分配利润，如总准备金、特别危险准备金、非常准备金、留存利润和未分配盈余等。

（2）客户准备金，属于保险客户所有的准备金，一般称为业务准备金，又可细分为未到期责任准备金和赔付准备金，这种准备金实质上为保单持有者所有，是保险公司的负债。它从保费收入中计提，数额巨大，是保险准备金的主体部分，代表了保险准备金的本质特征。

（3）备抵准备金，属于有关资产账户备抵性质的准备金，该类准备金一般用于抵消相应资产科目的部分余额，如呆账准备金对应于应收未收保费、投资损失准备金对应于投资等。

（三）按计提基础不同划分

（1）税前列支准备金。它以保费或赔案数为计算基础，是保险公司未了责任准备金，亦即业务准备金，它属于保险客户所有，因而可以从保费收入中直接计提。

（2）税后列支准备金，主要包括总准备金、特别危险准备金等，它属于公司股东或业主所有，从而只能在保险公司的税后利润分配中计提。

二、保险准备金的提取

保险准备金的提取如图 10-1 所示。

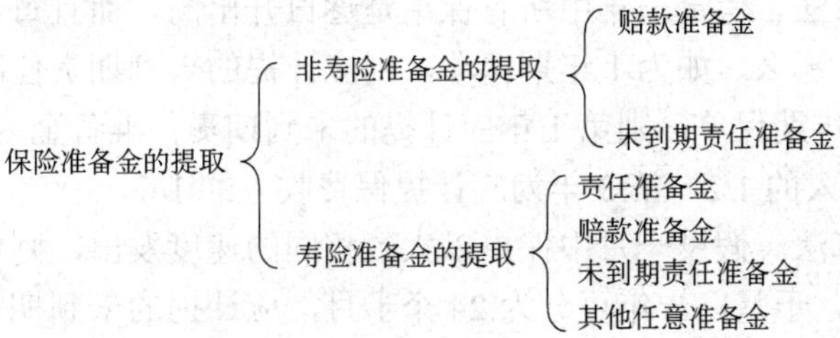

图 10-1　保险准备金的提取

（一）非寿险准备金及其计提

非寿险准备金主要包括未决赔款准备金（简称“赔款准备金”）和未到期责任准备金两种。此外，还有总准备金等，这里只简要介绍赔款准备金与未到期责任准备金。

1. 赔款准备金

赔款准备金是衡量保险人某一时期内应付的赔偿责任及理赔费用的估计金额。赔款准备金计提的原因在于：在保险公司会计年度内发生的赔案中，总有一部分未能在当年决算结案。根据审慎经营的原则，保险公司对于这些已发生的赔案应依法提取赔款准备金，计入当期的营业支出中，以免利润的虚增。具体包括以下几种情况。

（1）未决赔案：被保险人已经提出索赔，但未与保险人就这些案件是否属于保险责任范围以内、保险赔付额应当为多少达成协议。

（2）已决未付赔案：保险人对索赔案件已经理算完毕，应赔付金额也已经确定但尚未支付。

（3）已发生未报告赔案：保险事故已经发生但尚未报告。

赔款准备金计提的方法包括以下三种。

（1）个案估计法。通过检查赔付案件登记表，就尚未解决的案件逐笔估计其所需要的赔偿金，加上少数尚未报告的赔付案件的会计金额，即为应提取的赔款准备金。这种方法较大程度上依赖于保险公司理赔部门的经验判断，较适用于大额赔案。

（2）平均值法。保险公司首先根据以往的损失数据计算出各类赔付案件的平均值，并根据其变动趋势对其加以调整，再将这一平均值乘以已报告赔案数目得出未决赔款额。这种方法适用于索赔案多，且金额大致相同的业务，如汽车险。

（3）赔付率法。保险公司选择某一时期的赔付率来估计某类业务的最终赔付数额，从估计的最终赔付额中扣除已支付的赔款和理算费用，即为未决赔款额。这种方法计算的赔款准备金包括了已报告的损失和已发生但未报告的损失，但有时赔付率法下所假定的赔付率与实际赔付率可能会有很大出入。

2. 未到期责任准备金

未到期责任准备金是指保险公司在年终会计决算时，把属于未到期责任部分的保费提存出来，用作将来赔偿准备的基金。留在当年的部分属于当年的收入，称为已赚保费；转入第二年度的部分属于下一年度的收入，称为未赚保费。

未到期责任准备金计提的原因：① 保险公司对保险合同的剩余期限负有承保责任；② 当保险合同在到期前依法被解除时，其未到期部分的保费应退还投保人。

未到期责任准备金的计提方法包括以下三种。

（1）年平均估算法。假定一年中所有保单是逐日开出的，而且每天开出的保单数量和保险金额大体均匀，那么，如为1年期保单，则应计提的未到期责任准备金为自留总保费收入的1/2；如为3年期保单，则第1年应计提的未到期责任准备金为保费收入的5/6，第2年为应计提保费收入的1/2，第3年为应计提保费收入的1/6。

（2）月平均估算法。假设一月中保单以大致相同的速度发出，则本月承保保单的有效保险期限都是15天，于是，一年可分为24个半月，应计提的未到期责任准备金的计算公式为：

未到期责任准备金=（签发保单月份×2−1）/24×保费收入

（3）日平均估算法。这种方法的准确性是最高的，它根据每张保单在下一会计期间的有效天数计算未到期责任准备金，其计算公式为：

未到期责任准备金=下一会计年度有效天数/保险期总天数×保费收入

前两种方法的准确性有赖于计算期内保险业务的稳定性。如果保险公司的保费收入在计算期内呈递增趋势，则容易导致准备金计提不足，从而虚增了当期利润；如果保费收入呈递减趋势，则准备金提取过多，对国家而言会造成税收流失。

另外还有一点需要指出的是，财产保险中也存在保费分期缴付的现象；至于责任保险，由于保险期限比较短，且多采用追溯法，部分保费是等保险期满后根据实际损失再计收的。在以上两种情况下，未到期责任准备金已渐失其重要性。

（二）寿险准备金及其计提

寿险准备金主要包括责任准备金、未到期责任准备金（适用于 1 年定期寿险、健康保险和伤害保险）、赔款准备金及其他任意准备金。其中最重要的是责任准备金，它是专门针对 1 年期以上的长期人寿保险计提的准备金，由保险人所收的纯保费中超缴的部分及其利息积累而成。未到期责任准备金和赔款准备金与财险准备金中的相关概念相似。

1. 寿险保费缴付方式

（1）自然保费：以每年更新续保为条件，签订一年定期保险合同时，各年度的纯保费。

（2）趸缴纯保费：毛保费中扣除附加保费的部分，并在投保之日一次性缴清的纯保费，相当于未来给付支出的现值。

（3）均衡纯保费：毛保费中扣除附加保费的部分，并在约定缴费期限内，每次缴费金额始终不变的纯保费，是一个年金的概念。

上述三种纯保费，尽管缴费方式不同，但其本质都是用于保险人未来的给付支出。

2. 寿险责任准备金的性质

（1）在自然保费缴费方式下，自然保费收入恰好等于当年给付的支出。所以从理论上讲，在自然保费条件下，无须在营业年度末计提责任准备金。

（2）在趸缴纯保费方式下，由于以后的保险期限内投保人不再缴纳保费，而保险人的给付责任并没有在付费当期就结束，它还将对以后保险期限内的各年度承担保险的给付责任，所以保险人对趸缴方式下的长期性寿险合同，应在每个营业年度末计提长期责任准备金。

（3）在均衡纯保费方式下，保险金额在各缴费期限内是均衡的，但保险责任却是变动的。随着被保险人年龄的增长，死亡率在增加，死亡保险的给付可能性随之增加。因此，保险期限前期，均衡纯保费高于应付保险金支出后的结余，不能视为保险人的利润，而必须提取作为责任准备金，以备应付保险期限后期均衡纯保费不足以支出保险给付的差额。

3. 寿险责任准备金的计提

在计提寿险责任准备金时，有两个基本的前提假设。

第一，保险人在年初收取保费。

第二，在年末支付保险金，然后再依据生命表和资金收益率进行具体的计提。

计提寿险责任准备金的原则是收支平衡，即一定时间点上保险人收取的保费应等价于保险人支付的保险金额。用公式来表示就是：

支出的现值-收入的现值=纯保费的终值-保险金的终值

未来保险金　未来纯保费　　已收取　　　已支付

一般情况下，上述等式的两端不为零，其差额即为应提取的寿险责任准备金，并且根据上述等式还可以推导出计算准备金的两种方法：预期法和追溯法。

（1）预期法：预先确定将来可能赔付的死亡给付，扣除将来可能流入的保费收入及投资收益后，其余额即为应提取的责任准备金数量。

（2）追溯法：保单生效后历年的纯保费收入，加上假定的投资利息，扣除假定的支付的死亡给付后，其余额即为应提取的责任准备金。

第二节　保险资金运用概述

一、保险资金运用的含义

保险资金运用是指保险企业在组织经济补偿过程中，将积聚的保险基金的暂时闲置部分用于融资或投资，使资金增值的活动。该活动可为经济建设直接提供资金，同时增强保险企业经营的活力，提高保险公司的承保和偿付能力，降低保险费率，以便更好地服务被保险人。

保险公司投资的最大目标是通过保险资金的有偿营运，创造最大的投资收益。保险资金从收到付之间的时间差和数量差为保险公司的资金运用提供了现实条件。

保险资金运用至今已有 300 余年的历史。据记载，早在 1683 年年初，英国的火险社就拿地租做担保，用以抵偿火险索赔。但真正能反映保险公司资金运用本质的则是在 20 世纪 80 年代以后。一方面，保险资金运用规模达到了空前势头和水平；另一方面，保险资金运用日益走向全球化和规范化。保险资金运用随着保险业的发展而发展，随着资本市场的成熟而成熟。在当今社会，保险公司的资金运用在各国经济发展中发挥着重要作用，已远远超出了为保险公司创造收益的意义。

二、保险资金的来源

保险公司的资金来源对保险投资具有两方面的影响：一是资金来源的规模客观上决定着保险投资的规模，二是资金来源的特点及相互间的关系影响着保险投资的形式和结构。

因为保险事故的发生具有随机性，保险公司在任何时候都必须保留相当数额的存款资金以供赔付之用。同时，保险公司的各项营业费用（如工薪支出）、税收等也需经常动用资金，因此，各国保险法律与政策规定，保险公司只能运用其总额货币资金中的一部分，包括资本金的绝大部分、保险总准备金与各种责任准备金。

保险资金的具体来源包括资本金、非寿险保险准备金、寿险保险准备金、资本公积金、未分配利润及盈余公积金、保险储金、“分离账户”资金和其他资金等。

（1）资本金。它是保险企业成立时，企业所有者投入的资金，一般表现为保险企业的注册资本。我国《保险法》规定在全国范围内开办业务的保险公司，实收货币资本金不得低于5亿元人民币；在特定区域内开办保险业务的保险公司，实收货币资本金不得低于2亿元人民币。我国《保险法》还规定保险公司应以注册资本额的20%缴存保证金。

（2）非寿险保险准备金。分为两种，一是按各期保险收益的一定比例提取的总准备金，在发生巨灾前，总准备金长期处于闲置状态；二是根据保险公司承担的保险责任计提的各种责任准备金（包括未到期责任准备金和未决赔款准备金），因为保险公司责任期长短不等，并非所有的责任准备金都马上要用，从而使责任准备金中的相当部分暂时闲置。总准备金的闲置和责任准备金的部分闲置为保险公司开展资金运营提供了条件。但由于非寿险业务的保险期限短，事故发生又均具有随机性，其闲置资金不适合进行长期投资。

（3）寿险保险准备金。寿险业务保险期很长，被保险人从投保到受领保险金要经过几年、十几年，甚至几十年才能实现。虽然从动态上看，寿险资金每年、每月甚至每日都要流进、流出，但相当部分的保险资金被长期闲置。由于寿险公司的危险不会太集中且不易发生危及公司生存的巨灾，因此，寿险公司的保险基金可供长期投资。

（4）资本公积金。它是由于保险企业实收资本大于注册资本、资产评估增值以及接受捐赠所形成的自有资金，资本公积金中以货币形态形成的部分可用于对外投资。

（5）未分配利润及盈余公积金。未分配利润是保险企业本年的损益以及历年积存的留于以后年度分配的利润；盈余公积是保险企业从税后利润中按法律规定或根据企业自身发展而提取的企业基金。

（6）保险储金。它是保险企业开办的到期还本的储金保险的本金。

（7）“分离账户”资金。“分离账户”是长期寿险和投资基金相结合的保险创新品种，保险企业按预定的投资方案运用保户缴纳的资金，并根据实际收益率提取责任准备和调整保险赔付的额度。

（8）其他资金。它主要包括保险企业各种资产的风险准备金以及对关联企业的应付款、应付税金和企业债务等。

三、保险资金运用的原则

保险资金运用的原则主要包括安全性原则、收益性原则、流动性原则和社会性原则。

（一）安全性原则

保险资金运用的安全性是指收回保险资金运用本金及预定收益的可靠程度，它是由保险资金的性质决定的。保险资金运用的安全性原则是保险资金来源对保险资金运用的最基本的要求，也是保险资金运用实践应遵循的首要准则。

（二）收益性原则

保险资金运用的收益性原则是指保险资金运用中必须以获取一定的收益为目标，保证一定的收益能力，这是由保险资金来源的性质决定的。由于资金运用的风险和收益都直接转嫁给保户，有时资金运用的收益性甚至比安全性更优先考虑。

（三）流动性原则

保险资金运用的流动性原则是指保险资金运用过程中所形成的资产中必须有相应比例的流动性资产，以便在保险企业出现临时的现金需求时，能够迅速变现，而不至于引起额外的损失。保险资金运用的流动性原则是由保险基金运动的特点决定的。财险由于资金期限短，并且其保险事故发生的随机性高，使得财险资金运用对流动性的要求要远远高于寿险资金运用对流动性的要求。

（四）社会性原则

保险资金运用的社会性原则是指由于保险资金的大部分来源于广泛的社会经济单位缴纳的保险费，因此保险资金运用必须兼顾自身经济利益和社会公共利益，使保险资金运用发挥更大的社会效益。

保险资金运用的四个原则是相互联系的。首先，保险资金运用中自身的经济利益和社会公共利益之间既有相一致的一面，也有相抵触的地方，要求保险企业在资金运用中从长短期两个角度，合理安排，兼顾自身利益和社会利益。

其次，安全性、收益性和流动性之间也是既矛盾又统一的关系。一方面，三者是统一的，收益性和流动性以资金运用的安全性为前提，没有一定收益性和流动性的资金运用也使安全性失去了现实意义；另一方面，三者又存在替代性，一般来说，安全性和流动性高的资金运用收益性较低，反之亦然。因此，保险企业在资金运用实践中必须根据自身的实际情况，在三者之间实现合理的平衡。

四、保险资金运用的意义

（一）保险资金运用对保险企业自身的作用

（1）有利于保险企业维持业务平衡，实现资产和负债的匹配。

（2）是保险企业提高经济效应的重要渠道。

（3）有利于加快保险基金的积累，提高保险企业的偿付能力。

（4）提高保险企业的竞争能力，促进其直接业务的发展。

（二）保险资金运用对保险业发展的作用

（1）有助于扩大保险在社会经济生活中的影响，提高人们的保险意识。

（2）有助于降低保险费率水平，扩大保险市场规模，促进保险业的壮大发展。

（三）保险资金运用对宏观经济的作用

（1）有利于维持总供给和总需求的均衡，促进经济增长。

（2）有利于金融资源合理配置。

（3）有助于证券市场的活跃和稳定。

第三节　保险资金运用的形式与渠道

一、保险资金运用的组织模式及模式选择

（一）保险资金运用的组织模式

1. 专业化控股投资模式

专业化控股投资模式是指在一个保险集团或控股公司之下设产险子公司、寿险子公司和投资子公司等。这种投资模式中的投资子公司专门接受产险子公司和寿险子公司的委托进行保险投资活动，如图 10-2 所示。

2. 集中统一投资模式

集中统一投资模式是指在一个保险集团或控股公司下设产险子公司、寿险子公司和投资子公司，其中产险子公司和寿险子公司均将保险资金统一划到集团或控股公司，再由集团或控股公司将保险资金拨到专业投资子公司进行投资，如图 10-3 所示。

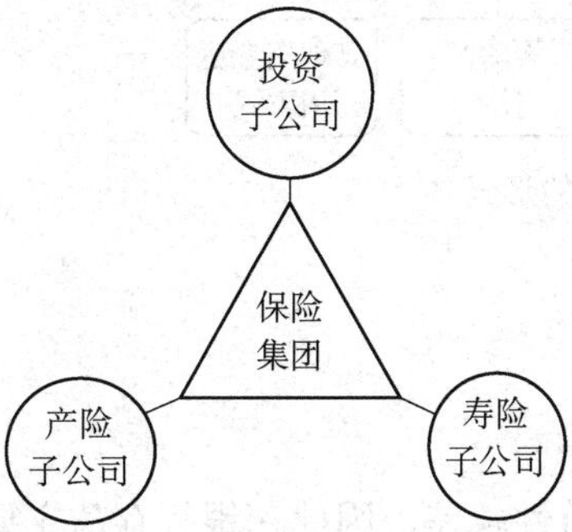

图 10-2　专业化控股投资模式

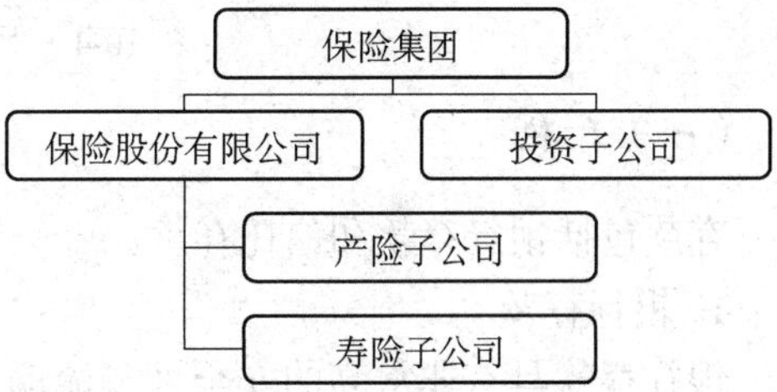

图 10-3　集中统一投资模式

3. 内设投资部门投资模式

内设投资部门投资模式是指在保险公司内部设立专门的投资管理部门，如投资部或投资管理中心，具体负责本公司的保险投资活动。

4. 委托外部机构投资模式

委托外部机构投资模式是指保险公司自己不进行投资和资产管理，而是将全部的保险资金委托给外部的专业投资公司进行管理。

（二）保险资金运用组织模式的选择

保险投资组织模式的多样化，以及各种模式所具有的优缺点，决定了保险公司在确定自己的投资组织模式时，需要根据资本市场的情形和公司自身的情况进行选择。欧美国家的保险公司较为普遍地选择专业化控股投资组织模式和集中统一投资组织模式。在发达国家，多数保险公司都是通过设置投资子公司即选择专业化控股投资组织来进行保险投资活动的，如英国保诚公司、美国国际公司（即 AIG 公司）。

二、保险资金运用的形式及相关规定

【知识链接 10-1】

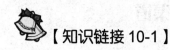

《国务院关于保险业改革发展的若干意见》摘录

七、提高保险资金运用水平，支持国民经济建设

在风险可控的前提下，鼓励保险资金直接或间接投资资本市场，逐步提高投资比例，稳步扩大保险资金投资资产证券化产品的规模和品种，开展保险资金投资不动产和创业投资企业试点。支持保险资金参股商业银行。支持保险资金境外投资。根据国民经济发展的需求，不断拓宽保险资金运用的渠道和范围，充分发挥保险资金长期性和稳定性的优势。

保险资金运用的形式如图10-4所示。

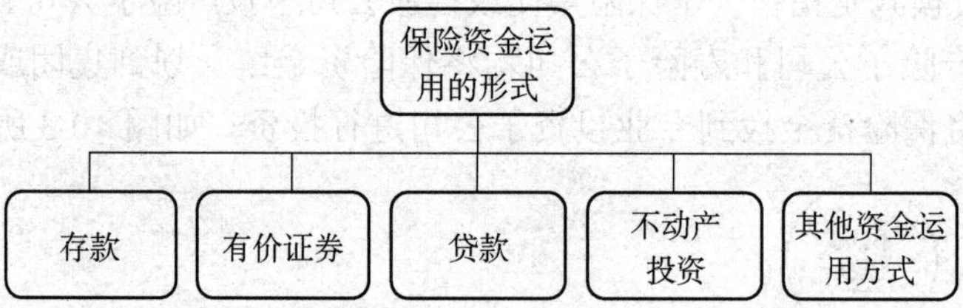

图 10-4 保险资金运用的形式

（一）存款

存款包括银行存款和信托存款。

1. 银行存款

银行存款具有非常高的安全性和流动性，但收益性较差，因此，银行存款主要用于应付保险企业的日常支付或用于匹配流动性较高的负债，也经常被保险企业用于等待更好的投资机会。保险公司在银行的存款由于数额巨大，可以采用协议存款的形式获得高于普通银行存款的利息。

2. 信托存款

信托存款是指保险企业委托他人运用的资金。信托存款的安全性、流动性及收益性与受托人的信用和资金运用能力以及信托协议的约定有关，采用信托的方式运用资金非常灵活。这种方式适合保险企业自身运用保险资金的能力和经验不足的中小保险企业。

（二）有价证券

有价证券主要包括债券、股票、证券投资基金等。

1. 债券

债券是证明持有人有权取得利息和到期收回本金的债务凭证。债券按发行人不同可分为政府债券、金融债券和企业债券。

（1）政府债券：政府发行或担保的债券。政府债券具有很高的安全性，常被人们称为金边债券。

（2）金融债券：由银行等金融机构发行的债券。金融债券的安全性和流动性一般比政府债券低，但其安全性一般也能满足保险资金运用的需要。此外，其收益性要比政府债券高。

（3）企业债券：工商企业为筹集资金而发行的债权债务凭证。就安全性和流动性而言，企业债券比政府债券和金融债券都低，但其收益性比它们都高。

另外，债券按不同的划分方式，可以分为多种类型。债券的类型不同，所适用的保单也不同，如固定利率债券最适用于匹配寿险企业的固定责任保单，而浮动利率债券一般用于匹配浮动利率负债。

2. 股票

股票是一种股份公司所有权凭证，持有人作为股份公司的所有者对公司的重大事项拥有投票权，并且享有公司的利润分红权，但同时以其出资承担公司的经营风险。股票分为优先股和普通股，优先股的收益权优先于普通股，并且收益率固定，但在投票权上将受限制。保险企业一般选择上市公司的股票。由于股票本金的非返还性及股票价格的波动性，股票一般被认为是一种高风险、高收益的投资工具，适用于匹配自有资金和部分“分离账户”资金。

3. 证券投资基金

证券投资基金是指通过发行基金证券集中投资者的资金，交由专家从事股票、债券等金融工具的投资，投资者按比例分享其收益并承担风险的一种投资方式，属于有价证券投资范畴。证券投资基金的投资对象可以是：上市股票和债券、银行同业拆借、金融期货、黄金及不动产等。

（三）贷款

贷款是指保险企业按一定的期限货币资金获取利息的资金运用方式，将资金贷放给单位或个人。按贷款条件划分，贷款包括信用贷款、经济担保贷款和抵押贷款。保险企业经常采用的贷款方式主要是抵押贷款，包括保单贷款、不动产和安全性良好的有价证券抵押贷款。

（四）不动产投资

不动产投资是指保险资金运用于购买土地、建筑物或修建住宅、商业建筑和基础设施建设等的投资。保险企业购买或修建不动产主要出于两种目的，一种是因营业所需取得不动产，另一种是为取得利益而进行的与正常营业无关的不动产投资，作为保险资金运用方式的不动产投资主要指的是后一种情况。不动产投资主要用于匹配长期负债。

（五）其他资金运用方式

保险企业可选择的资金运用方式还有项目投资、货币市场投资和海外投资等。

（1）项目投资一般是长期投资，投资风险性和项目管理的技术性要求较高，但其预期收益率也较高。这种投资方式一般适合于资金规模大、具备专业投资优势的大型保险企业。

（2）货币市场投资主要包括票据贴现和同业拆借等。这几年来，随着金融市场的发展和完善，新型的投资方式随之产生，主要包括投资基金、金融租赁和金融衍生工具等。

（3）海外投资是近年新开放的投资形式，有利于完善保险公司的投资结构，分散系统性风险。

三、保险资金运用的渠道

【知识链接 10-2】

2021 年 11 月末，保险业共有法人机构 238 家，总资产共计 24.6 万亿元，提供保险金额 10 629.9 万亿元，保险资金通过多种方式为实体经济融资 20.4 万亿元，已经连续四年保持全球第二大保险市场地位。2021 年 1—11 月，全行业赔付支出 1.43 万亿元，较好地发挥了保险保障的功能作用。

截至 2021 年第三季度末，已有 31 家保险资产管理公司开业运营，通过发行保险资管产品、受托管理等方式管理资产总规模约 18.72 万亿元。保险资产管理公司作为保险资金的核心管理人，已经成为我国金融市场的重要参与者。

资料来源：中国银保监会召开推动保险业高质量发展座谈会. 中国保监会网站，2022-01-06.
中国银保监会有关部门负责人就《保险资产管理公司管理规定（征求意见稿）》答记者问. 中国保监会网站，2021-12-10.

保险资金运用的渠道如图 10-5 所示。

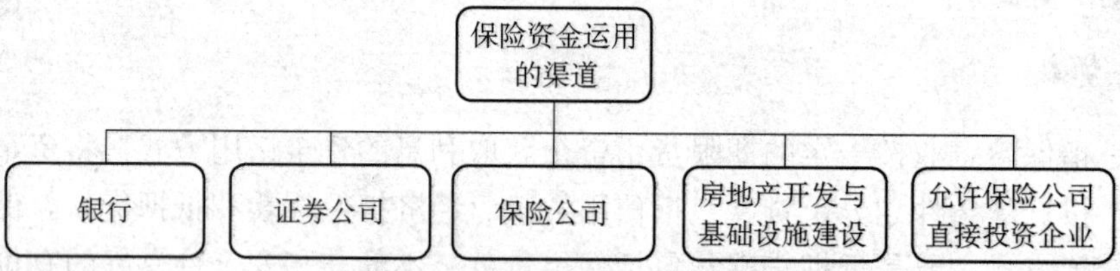

图 10-5　保险资金运用的渠道

（一）银行

保险公司可以将保险资金存入银行，将银行作为保险资金投资中介，还可以投资银行股票、股权。保险机构可以参股和控股部分管理水平较高、经营效益较好、拥有客户资源的商业银行，进一步加强保险业与银行业的战略合作。银行存款所面临的风险主要是利率风险。

（二）证券公司

有价证券交易主要面临的风险有市场风险、利率风险等系统风险，还有流动性风险、信用风险等非系统性风险。

1. 债券

债券是各国保险资金的首选工具，其违约风险低、流动性高的特点非常适合保险资金。债券投资所面临的风险主要是利率风险、信用风险和流动性风险。

（1）债券是利率敏感性资产，债券价格会由于利率变化导致其内在收益率变化而出现反向变动，使保险公司面临债券出售价格波动的风险；即使保险公司持有债券一直到还本付息，也会面临所得利息的再投资风险。

（2）债券的信用风险从低到高依次为国债、金融债券和企业债券，具体一项债券信用风险的大小可依据法定评级机构提供的债券评级来判断。

（3）我国债券市场的流动性风险主要受市场规模影响。一方面，我国债券市场比较单一；另一方面，有的债券还没有完全上市流通。

2. 股票

股票所面临的风险主要有市场风险、利率风险、购买力风险等系统风险以及管理风险、流动性风险等非系统性风险。

（1）从系统风险角度来说，我国股市仍属发展中的新兴市场，具有复杂的市场结构和制度背景，尤其是具有明显的“政策市”特征，系统风险的比重远高于成熟市场。

（2）从非系统风险角度来说，我国的上市公司大部分是国企转制而来，由于现行制度的缺陷，这些公司重上市、轻转制，必然导致我国股市的非系统风险比较高。

3. 证券投资基金

投资基金同样也要承担系统风险和非系统风险，按照证券投资组合理论，证券投资基金通过多样化的投资组合来分散非系统风险，其所承担的风险主要是系统风险。

（三）保险公司

资金需要者以一定的利率和必须归还等为条件，向保险公司借贷，保险公司在这种贷款行为中担当信用机构的角色。这种贷款面临的风险主要是系统风险。

（四）房地产开发与基础设施建设

1. 房地产开发

房地产产品的价值分为楼面地价和房价两部分。作为投资品时，其收益主要表现在地价的升值，因此传统房地产经济学强调区位的决定性。但在我国进行房地产投资时，可能会面临较大的功能性折旧风险，即房地产功能的重要性有时会超过区位。另外，我国房地产需求方表现出市场无差别消费心理，这和发达国家成熟市场中消费呈现较大差异性的情况形成鲜明对比，特殊的消费心理也使功能折旧速度更快。

2. 基础设施建设

从投资风险来看，投资基础设施的回报适中；同时，基础设施建设项目的保值增值功能有利于寿险公司控制通货膨胀风险，这是存款和债券都不具备的，尤其适合需要长期投资的寿险资金。当然，由于投资期限较长，利率风险和信用风险仍然是一个潜在的隐患；但总的来说，寿险资金运用于基础设施投资将在总体上保证寿险资金风险分布的合理化。

（五）允许保险公司直接投资企业

保险公司利用所拥有的保险资金直接投资到生产、经营中去，或建立独资的非保险企业或与其他公司合伙建立企业，以获取投资收益。投资于允许保险公司直接投资的企业要面临的主要风险是市场风险等多种系统风险。

除了上述五种投资领域之外，还有一些渠道也得到保险公司的认可，如一些保险公司提出的物业回购等。这些投资渠道各有特点，也都存在不同程度的风险。

本章小结

保险准备金是指保险公司为保证其如约履行保险赔偿或给付义务而提取的、与其所承担的保险责任相对应的基金。准备金在保险资金运用中具有很重要的地位，它不仅关系着保险公司偿付能力的高低，还是保险资金来源的重要组成部分。

财险业务和寿险业务性质上的差异，使得两者计提准备金的方式不同。未到期责任准备金的提取方法有年平均估算法、月平均估算法和日平均估算法等。赔款准备金的提取方法有三种：个案估计法、平均值法和赔付率法。寿险准备金按照计算方法不同，有不同的提取方法。

保险资金运用是指保险企业在组织经济补偿过程中，将积聚的保险基金的暂时闲置部分，用于融资或投资，使资金增值的活动。保险资金运用的原则主要有四个：安全性原则、收益性原则、流动性原则和社会性原则。这四个原则是相互联系的。

保险资金运用的组织模式包括专业化控股投资模式、集中统一投资模式、内设投资部门投资模式和委托外部机构投资模式。

保险资金运用的形式多种多样，主要包括存款、有价证券、贷款、不动产投资和其他资金运用方式，这些方式均有本身的特点和适用保单。

保险资金运用的渠道有很多，主要包括银行、证券公司、保险公司、房地产开发与基础设施建设、允许保险公司直接投资企业等，还包括一些新型的投资渠道，这些投资渠道各自具有不同的风险和收益。

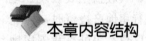

本章内容结构

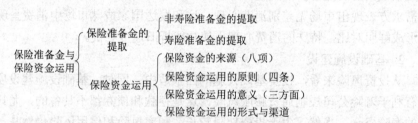

- 保险准备金与保险资金运用
  - 保险准备金的提取
    - 非寿险准备金的提取
    - 寿险准备金的提取
  - 保险资金运用
    - 保险资金的来源（八项）
    - 保险资金运用的原则（四条）
    - 保险资金运用的意义（三方面）
    - 保险资金运用的形式与渠道

综合练习

一、名词解释

保险准备金　赔款准备金　未到期责任准备金　责任准备金　自然保费

趸缴纯保费　均衡纯保费

二、判断题

1. 集中统一投资模式是指在一个保险集团或控股公司之下设产险子公司、寿险子公司和投资子公司等。这种投资模式中的投资子公司专门接受产险子公司和寿险子公司的委托进行保险投资活动。（　　）

2. 保险资金运用的社会性原则是指保险资金运用必须兼顾自身经济利益和社会公共利益。（　　）

三、简答题

1. 保险准备金的分类及其计提方法是什么？
2. 保险资金的来源主要有哪些？
3. 保险投资需要遵守哪些规则？这些规则之间是什么关系？
4. 保险资金运用的形式有哪些？
5. 保险资金运用的渠道与各自具有的风险有哪些？

四、论述题

1. 浅析我国保险资金运用渠道拓宽的影响。
2. 讨论我国保险资金运用的风险及对策。

阅读材料

10-1　中国保险资金运用政策大事记

第四篇　保险市场

第十一章　保险市场的结构与运作

第十二章　保险机制与保险监管

第十一章　保险市场的结构与运作

内容提要

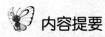

本章开始从宏观的角度介绍保险市场的结构与运行原理，主要包括：保险市场的含义与基本要素，保险市场的构成、特征与模式；保险市场的一般组织形式与我国保险市场的组织形式；保险市场的供给与需求理论。通过本章的学习，读者可以从宏观上对保险市场有个初步认识。

学习目标与重点

- 掌握保险市场的含义与基本要素。
- 了解保险市场的构成、特征、模式与组织形式。
- 理解保险市场的供给与需求理论。
- 课程思政：建立中国特色的保险市场体系。

关键术语

保险市场　即时清洁市场　保险市场模式　供需理论

第一节　保险市场概述

一、保险市场的含义与基本要素

（一）保险市场的概念

保险市场是实行风险转嫁和交易的场所及其相关活动的总称。它既可以指固定的交易场所，也可以指所有实现保险商品让渡的交换关系的总和。保险市场有广义和狭义之分，狭义的保险市场是保险商品交换的场所；广义的保险市场是保险商品交换关系的总和，包括原保险市场业务的交易、再保险市场业务的交易，以及国内保险市场和国际保险市场的业务交易活动。保险市场的交易对象是保险人为消费者提供的保险经济保障。

（二）保险市场的基本要素

保险市场的基本要素由市场行为主体、市场交易客体和市场交易价格三者构成。

1. 保险市场的行为主体

保险市场的行为主体是指保险市场交易活动的参与者，包括保险商品的供给方、需求方及供求双方的媒介中介方。

（1）保险商品的供给方。保险商品的供给方是指在保险市场上，提供各类保险商品，承担、分散和转移他人风险的各类保险人。保险人并非等同于保险公司，它还包括各类保险组织形式，如国有保险人、私营保险人、合营保险人、合作保险人、个人保险人，其中保险公司是保险人组织形式中最常见的一种。

（2）保险商品的需求方。保险商品的需求方是指保险市场上所有现实的和潜在的保险商品的购买者，即各类投保人。它主要由有保险需求的消费者、为满足保险需求的缴费能力和投保意愿所构成。由于不同投保人有不同的保险需求和消费行为，这就要求保险供给方按不同的保险需求开发不同的保险商品。

（3）保险市场中介方。保险中介方是保险供求双方的媒介，是为保险人与被保险人提供各类辅助服务的保险代理机构及其从业人员。它包括促成保险合同关系的保险代理人和保险经纪人，还包括独立于保险人与投保人之外，并受供求双方委托，以第三者的身份独立公正处理保险合同当事人委托办理的有关保险业务的公证、估价、鉴定等事项的保险公估人。

2. 保险市场的交易客体

保险市场的交易客体是指保险市场上供给方与需求方具体交易的对象，这个交易对象就是保险商品，也就是保险计划、保险合同。保险商品是一种特殊的服务商品，它的特殊性表现为：首先，保险商品是一种无形商品；其次，它是一种非渴求商品，通常消费者不会主动去购买保险；最后，保险商品是一种隐性消费商品，很难使消费者实质性地感受其价值和使用价值。

3. 保险市场的交易价格

在市场经济条件下，价格起着重要的作用，主要表现在以下方面。第一，传递信息。商品价格的高低反映了供求状况，价格高，说明商品供不应求；反之，供大于求。第二，激励作用。价格上涨，生产者就会扩大生产，增加供给；价格下跌，需求增加，生产者就会减少供给。因此，在保险市场上，保险价格是调节市场活动的经济杠杆，是构成保险市场的基本要素。

二、保险市场的构成、特征与模式

（一）保险市场的构成

从运行环节来划分，保险市场由以下五个环节构成。

（1）承保体系。它是市场的主导环节，具有开发保险服务项目，向市场提供风险损失补偿和经济保障方面服务的功能。

（2）营销体系。它是市场的辅助环节，承担着保险产品的市场销售和分配功能。广义的营销体系分为两个部分：一是由保险人通过内部雇员直接完成的销售部分；二是由代理人和经纪人等营销中介机构完成的销售部分。

（3）安全体系。它是保险市场运行的风险防御系统，具有对承保经营的风险损失进行再分散、再保障，从而对维护保险人的财务稳定、控制经营损失、保证市场安全起着重要的作用。

（4）服务体系。成熟的保险市场必须建立在能够提供各种配套服务的科学系统之上，为保险业提供可靠的基础性服务，以保证保险经营的科学性和市场运行的公正性。

（5）监控体系。风险交易是最复杂的交易，保险是最专业化的市场，为了保证市场正常地、高效率地运行，完善的市场机构中必须建立监督控制机制，以规范市场主体活动、维护有序竞争、保护消费者的利益。

（二）保险市场的特征

保险市场是现代经济机制的重要组成部分，因此它既具有一般市场的特征，又有自身的独特性。保险市场特殊的交易对象决定了保险市场的特征。

1. 直接的风险市场

保险市场是直接的风险市场，保险人经营的对象是风险本身，交易对象是保险商品，目的就是转嫁风险，整个过程就是在保险市场上聚集和分散风险。风险的客观存在和发展是保险市场形成和发展的基础和前提。“无风险，无保险。”可以说，保险市场是直接经营风险的市场，这一特点决定了其交易行为和方式的特殊性。

2. “期货”交易市场

保险市场是特殊的“期货”交易市场。由于保险市场的交易对象是风险，因此，保险购买是对未来风险发生时的赔付。由于风险具有不确定性，所以交易的结果并不能完全由保险合同确定，而在相当程度上取决于风险发生的情况，保险双方的损益是根据实际风险情况执行保险合同的结果。可见，保险交易带有期货交易的性质。

3. 非即时清洁市场

保险市场是非即时清洁市场。风险的不确定性和保险合同的射幸性，使保险交易的结果在交易结束时仍无法确定，不能即时清洁。

（三）保险市场的模式

保险市场模式就是保险市场的结构，反映了在不同竞争程度下的市场状态。当今世界保险市场的模式有多种类型，主要有完全竞争模式、完全垄断模式、垄断竞争模式和寡头垄断模式四种。

1. 完全竞争模式

完全竞争模式是指在保险市场上有数量众多、规模偏小的保险公司，并共同分享市场份额，任何公司在任何时候都可自由出入市场。在自由竞争模式下，保险市场处于不受任何阻碍和干扰的状态中，同时有大量保险人存在，且所占市场份额比例都很小。因此，任何一个保险人都不能单独地左右市场价格，而是由保险市场自发地调节保险商品价格。我国香港地区的保险市场份额由众多的规模相对较小的保险公司共享，大致接近于完全竞争市场。

2. 完全垄断模式

完全垄断模式是指保险市场由一家或少数几家保险公司所操纵，这些保险公司既可以是国营的，也可以是私营的。在完全垄断市场上，由于价值规律、供求规律和竞争规律受到极大的限制，市场上没有竞争，没有替代产品和可供选择的保险人，因此这一保险公司可以凭借其垄断地位获得超额利润。我国从新中国成立后到 1988 年以前的保险市场就属于这一模式。

3. 垄断竞争模式

垄断竞争模式是指在保险市场上保险公司数量众多，大小型保险公司并存，少数大型保险公司在市场上取得一定垄断。竞争的特点表现为：同业竞争在大垄断公司之间、垄断公司与非垄断公司之间和非垄断公司之间激烈展开。总之，在垄断竞争模式市场中，垄断因素和竞争因素并存。1998 年，德国、英国和美国前十家非寿险公司的市场份额分别为 59%、55%和 45%，同时市场上仍有众多保险公司，形成了较为激烈的竞争局面。

4. 寡头垄断模式

寡头垄断模式是指在保险市场上，市场份额由少数几个大型相互竞争的保险公司所分割。在寡头垄断模式的市场中，具有较高的垄断程度，保险市场上的竞争主要是国内保险垄断企业间的竞争，因此形成较为封闭的国内保险市场。位居世界第二大保险市场的日本就属于此模式。这种市场模式既存在于发达国家，也存在于发展中国家。我国保险市场目前就带有寡头垄断的性质，正由寡头垄断模式向垄断竞争模式过渡。

课堂讨论

新中国成立后，我国保险业各发展阶段的市场模式及特点是什么？

第二节　保险市场的组织形式

一、保险市场的一般组织形式

保险市场的组织形式是指在一国或一地区的保险市场上，保险人采取何种组织形式经营保险。保险市场一般存在两类不同功能的经营性机构：一类是承担保险经营责任的保险企业，即保险人；另一类是提供保险销售服务及其他服务的中介机构。

（一）保险人

在现代保险市场中，保险人一般有以下几种组织形式，如图 11-1 所示。

1. 国营保险组织

国营保险组织是由国家或政府投资建立的保险经营组织。它可由政府直接经营，也可通过国家法令规定交由某个团体经营，即间接经营。根据各国社会经济制度的不同，国营保险组织又分为政策垄断型国营保险组织和商业竞争型国营保险组织。

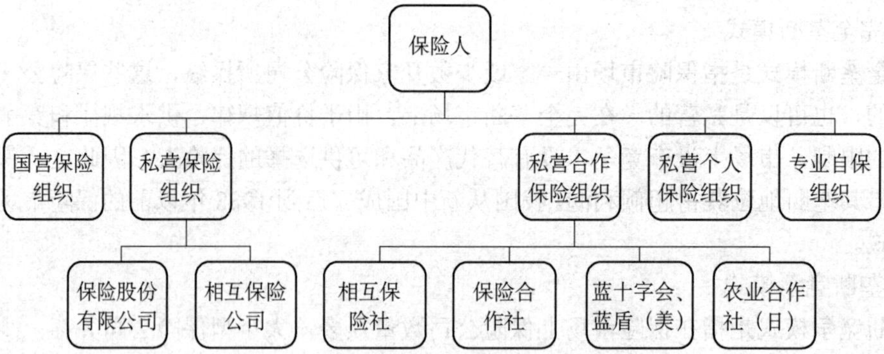

图 11-1 保险人的组织形式

2. 私营保险组织

私营保险组织是指由除国家及政府以外的投资者投资设立的保险经营组织。一般多以股份有限公司的形式出现。保险股份有限公司和相互保险公司是私营保险组织的两种典型形式。

（1）保险股份有限公司。保险股份有限公司是一种由购买该股票的个人和组织所拥有的保险公司。保险股份有限公司具有以下三个特点：① 保险股份有限公司的所有权与经营权相互分离；② 保险股份有限公司通过发行股票来筹集资本；③ 保险股份有限公司采用确定保费制，确定的保费负担符合投保人的需要，并且便于业务的扩展。

（2）相互保险公司。相互保险公司是一种非营利性公司，是由保单持有人所拥有的公司，它是保险业特有的一种组织形式。投保人具有双重身份，既是公司所有人，又是公司的客户。相互保险公司的投资者同时也是公司的成员，成员的利益就是被保险人的利益，利益关系密切，有利于对公司的运行进行监督。

3. 私营合作保险组织

私营合作保险组织是指由具有相同风险的组织和个人，为了获得保险保障，共同投资经营的非公司性质保险组织形式。合作保险组织可以分为消费者合作保险组织和生产者合作组织。

（1）相互保险社。相互保险社是同一行业的人员为了应对自然灾害和意外事故造成的经济损失而自愿组合成的非公司组织。它是最早出现的保险组织，也是最原始的保险组织形态。

（2）保险合作社。保险合作社是由一些对某种风险具有同一种保险需求的人自愿集股设立的保险组织。保险合作社与相互保险社非常相似，但也存在很大的区别。

概念辨析

相互保险社和保险合作社的区别如下。

- 相互保险社无股本。保险合作社则是由社员共同出资建立，加入需缴纳一定金额的股本。
- 相互保险社社员在合同终止后，双方自动解除合约。而保险合作社是只有社员才能成为保险合作社的被保险人，但社员不一定必须建立保险关系。

- 相互保险社采取保费事后分担制。依据事后损失分担，事先并不确定。而保险合作社采用固定保费制，保费事先确定，事后不再补缴。
- 保险合作社的承保范围仅限于社员，只承保合作社社员的风险。

(3)美国的蓝十字会和蓝盾医疗保险组织。蓝十字(Blue Cross)会和蓝盾(Blue Shield)医疗保险组织是美国最大的两家非营利性的民间医疗保险公司。“蓝盾”由医生组织发起，承保范围主要为门诊服务，“蓝十字”由医院联合会发起，承保范围主要为住院医疗服务。而美国的保健组织并非一个具体的机构，而是管理医疗的主要种类。它由指定医院、保险公司和政府机构共同组成一个庞大的医疗服务网，受保人有一名相应固定的“主治医生”，看病除非得到主治大夫的同意，否则必须到网络内的指定医院。这样希望多找专家治病的人士就会感到太受约束。

【知识链接 11-1】

美国蓝十字会和蓝盾医疗保险组织

美国的商业医疗保险分为非营利性和营利性两种，前者在税收上可以享受优惠待遇，后者不享受相关的待遇。蓝十字（Blue Cross）会和蓝盾（Blue Shield）医疗保险组织是美国最大的两家非营利性的民间医疗保险公司。

“蓝十字”起源于1929年的达拉斯，由医院联合会发起，承保范围主要为住院医疗服务；“蓝盾”发源于1939年的加利福尼亚，由医生组织发起，承保范围主要为门诊服务。两者于1982年合并，目前包含了70多家独立医疗保险机构，总共承保了全美6800多万公民，为超过70%的工业企业提供医保服务。

蓝十字和蓝盾协会是按地区建立组织、从事活动的。每个地区设有分会，为本地区服务，并按全国协会提出的计划行事。在蓝十字和蓝盾协会的管理委员会中，大多数成员是美国医师协会的成员，因而在很大程度上，协会的行动代表了医生们的利益。

两者的医疗保险基金主要来源于参加者缴纳的保险费，如参加得克萨斯州的蓝十字和蓝盾医疗保险，每人1年缴费2600美元，由雇主和雇员共同负担。蓝盾和蓝十字的保险基金可免缴2%的保险税。蓝盾按常规的医疗费用支付给医生，但有一个上限；蓝十字根据投保者的医疗情况向医院支付住院费用，但享有平均14%的折扣待遇。一般情况下，投保人看病不再自己支付医疗费用。

其中“帝国蓝十字和蓝盾”是美国蓝十字和蓝盾协会下的一个有多年历史的保险计划，是帮助老年人的一个较理想的险种。它无须病人自己支付“自付金”，只要是医疗需要，承担百分之百的住院费，对住院时间长短没有限制；每次看病仅付10美元；化验免费；同时提供24小时电话咨询服务。最吸引人的是，在全世界任何地方看病，急诊一律实销实报。其“合同医院”包括纽约医疗中心等许多大型医院。60岁以上的老人均可加入，但条件之一是需要首先加入“医疗照顾”计划。

资料来源：http://baike.baidu.com/view/1251084.html.

（4）日本的农业合作社。农业合作社是日本人办理人寿保险最活跃的合作社。它是根据昭和二十二年（1947年）颁布的《农业协同组合法》，由农民组织兴建的互助组织。其所聚集的资金大部分都存入农业合作社系统的信用农业合作社联合会或农业中央金库，或用来购买农林公债和债券。

4. 私营个人保险组织

私营个人保险组织是以自然人的身份承保保险业务的一种组织形式，也就是英国的劳合社（Lloyd's of London）。劳合社是当今世界上最大的保险垄断组织之一。劳合社不承保业务，只向社会提供保险交易场所，所以它不是一个保险组织团体，而是一个保险市场。这是劳合社与全球其他保险机构最大的不同。

【知识链接11-2】

劳　合　社

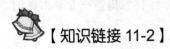

劳合社是英国最大的保险组织。劳合社本身是一个社团，更确切地说是一个保险市场，与纽约证券交易所相似，但只向其成员提供交易场所和有关的服务，本身并不承保业务。

伦敦劳合社是从劳埃德咖啡馆演变而来的，故又称“劳埃德保险社”。1871年经议会通过法案，劳合社才正式成为一个社团组织。劳合社由其社员选举产生的一个理事会来管理，下设理赔、出版、签单、会计等部，并在100多个国家设有办事处。该社为其所属承保人制定保单、保险证书等，此外还出版有关海上运输、商船动态、保险海事等方面的期刊和杂志，向世界各地发行。

劳合社规定每个社员要对其承保的业务承担无限的赔偿责任，但由于近年来连连亏损，现已改为有限的赔偿责任。在20世纪90年代劳合社进行了业务经营和管理的整顿和改革，允许接受有限责任的法人组织作为社员，并允许个人社员退社或合并转成有限责任的社员。因此改革后的劳合社，其个人承保人和无限责任的特色逐渐淡薄，但这并不影响劳合社在世界保险业中的领袖地位。

在历史上，劳合社设计了第一张盗窃保险单，为第一辆汽车和第一架飞机出立保单，近年又是计算机、石油能源保险和卫星保险的先驱。劳合社设计的条款和保单格式在世界保险业中有广泛的影响，其制定的费率也是世界保险业的风向标。劳合社承保的业务包罗万象。劳合社对保险业的发展，特别是对海上保险和再保险做出了杰出贡献。

经过兼并、变动，目前的劳合社有71个保险承保辛迪加，以及大量的保险经纪人、保险代理人提供保险服务。原则上，投保人和原保险公司可以找到各种各样的保险公司，满足自己的保障要求。

对于保险理赔要求，劳合社有充足的资金和良好的体制保证偿付。劳合社设计了四个环节体现这样的保障，第一个环节是成员的保费信托基金，第二个环节是成员的附加资本金，第三个环节是其他资产，第四个环节是劳合社中心基金。

2007年，作为世界上规模最大的特殊风险保险人和再保险人之一，劳合社在中国的再保险业务经营正式开业，这意味着劳合社正式涉足中国的再保险市场。

资料来源：http://baike.baidu.com/view/219869.html.

5. 专业自保组织

专业自保组织是由某一行业或公司为本公司或本系统提供保险保障的组织形式，常以公司命名。专业自保公司主要是由母公司为某一保险目的而设立并拥有的保险公司，它向其母公司及子公司提供保险服务，同时也为外界承保和接受再保险业务。

（二）保险中介组织

保险中介是连接保险公司和投保人、被保险人的桥梁和纽带，是保险市场重要的“生力军”，他们的加入有利于优化资源配置，提高保险市场的效率。发达国家保险公司的业务销售过程很大程度上依赖保险代理人或经纪人的行为，我国的保险中介市场尚处于起步阶段，所以如何充分发挥保险中介人的作用以及如何规范其行为已经成为保险市场健康发展的重要环节和急需解决的问题。

保险中介组织一般分为保险代理人、保险经纪人和保险公估人三类。

1. 保险代理人

保险代理人是基于保险人的利益进行代理销售保单业务的。保险代理人是保险人的业务代表，在授权范围内，替保险公司招揽顾客、收取保险费，从保险人处赚取代理佣金。保险代理人可以是自然人，也可以是法人实体。保险代理人的类型有以下三种。

（1）专业代理人：专门从事保险代理业务的保险代理公司，其组织形式为有限责任公司。

（2）兼业代理人：受保险人的委托，在从事自身业务的同时，指定专人为保险人代办保险业务的单位。

（3）个人代理人：根据保险人的委托，向保险人收取代理手续费，并在保险人授权的范围内代为办理保险业务的个人。个人代理人不得办理企业财产保险和团体人身保险，不得同时为两家以上保险公司代理保险业务，不得兼职从事保险代理业务。

2. 保险经纪人

保险经纪人是基于投保人的利益进行服务的，为投保人和保险人订立保险合同提供中介服务。保险经纪人是被保险人的代表，在授权范围内代表被保险人同保险公司接洽，组织投保活动，处理合同事宜，其佣金来自请求特约服务的投保人。

概念辨析

保险代理人和保险经纪人的区别：① 代理人以保险公司的名义展开市场销售活动，自身不存在风险，除非其有违约行为；② 经纪人是以自身的名义展开保险中介活动，因此自身存在较大的业务风险。

3. 保险公估人

保险公估人是在保险市场活动中做出公正的评定和决断，提供风险损失的验证、鉴定、评估、赔款理算等服务的中介性机构。它在维护保险权益、履行保险合同责任、解决分歧纠纷、处理赔案中发挥着重要的作用。保险公估人是站在第三者的立场上的，虽然公证书不具备强制性，但往往能被保险双方当事人接受，或成为有关部门处理保险争议的权威性依据。

二、我国保险市场的组织形式

（一）我国保险市场的保险人

我国保险市场的保险人主要分为四大类：国有独资公司、股份有限公司、相互保险公司和其他保险组织，如图 11-2 所示。

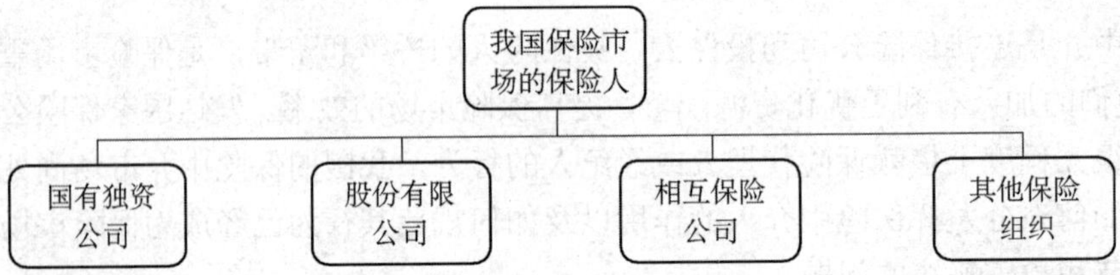

图 11-2　我国保险市场的保险人

1. 国有独资公司

国有独资公司是指由国家授权投资的机构或者国家授权的部门单独投资设立的经营保险业务的有限责任公司，是一种典型的国营保险组织。它是国家以投资者的身份参与保险业经营的重要手段，并且负责经营政策性保险业务。国有独资公司曾在我国保险市场上占有主导地位，目前国有控股公司占主导地位，是我国保险公司的重要组织形式之一。

2. 股份有限公司

股份有限公司是由一定数目以上的股东发起成立，将全部注册资本划分为等额股份，通过发行股份筹集资本，股东根据其所认购的股份份额承担有限责任，公司以其全部资产承担民事责任。1988 年，深圳平安保险股份有限公司成立，这是我国第一家股份制保险公司。

3. 相互保险公司

相互保险公司是指有可能发生某些风险的经济组织为达到共同保险保障的目的而采取公司形式建立的非营利型的保险组织，是保单所有人为了给自己办理保险才合作成立的。相互保险公司是以会员之间相互保险为目的的一种社会互助行为，是保险业特有的一种公司组织形式。2004 年，经保监会批准，阳光农业相互保险公司获准筹建，这是我国第一家相互保险公司。它的成立填补了我国相互保险公司的空白，也实现了我国保险企业体制的重要创新。

4. 其他保险组织

其他保险组织还有中外合资保险公司和国外保险公司在华设立的分支机构，如中意人寿、友邦保险广州分公司等。

（二）我国保险市场的中介机构

我国保险市场的中介机构分为保险代理人、保险经纪人和保险公估人三种。根据《2019 年中国保险年鉴》数据显示，截至 2018 年 12 月 31 日，全国共有 2689 家保险专业中介机构。

第三节　保险市场的供给与需求

一、保险市场的供给

（一）保险市场供给的含义

保险市场供给是指在一定时期内、一定的费率水平上，保险市场上各家保险公司愿意并且能够提供的保险商品的数量。保险市场的供给可以用保险市场的承保能力来表示，它是各个保险企业承保能力的总和。

保险市场供给具有两种表现形式：一是有形的保险供给，即对投保人遭受的保险事故所导致的损失给予经济或物质上的补偿；二是无形的或精神方面的保障供给，即保险商品提供经济保障，使投保人遭受的事故损失得到补偿，一定程度上为投保人提供了一种安全感。

（二）影响保险市场供给的主要因素

保险供给是以保险需求为前提产生的，保险需求是制约保险供给的基本因素，因此，在保险需求的作用下，保险市场的供给还受以下因素的影响（见图 11-3）。

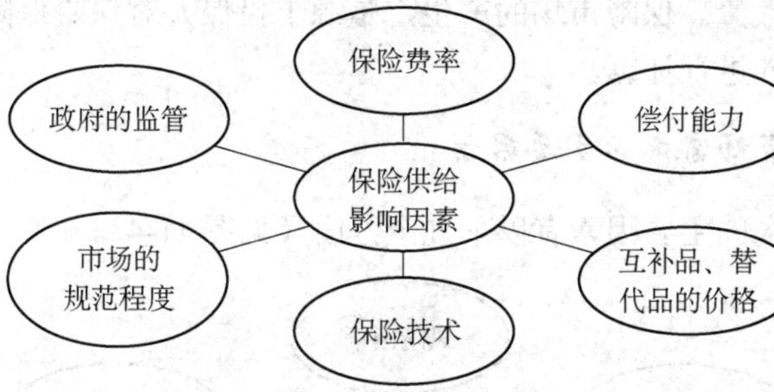

图 11-3　影响保险供给的因素

1. 保险费率

保险费率即保险商品的价格。在一般情况下，产品供给者为实现利润的最大化，最有效的途径就是提升产品的价格。因此，价格上升，供给就增加。同理，决定保险供给的主要因素是保险费率。保险供给与保险费率成正比关系，保险费率提高，就会刺激保险供给增加；反之，保险供给减少。

2. 偿付能力

保险经营具有特殊性，各国法律都规定了保险公司的最低偿付能力指标。如果保险公司的实际偿付能力低于法律规定的最低偿付能力指标，那么监管机构就有权限制保险公司新保单的签发，从而通过偿付能力制约保险的供给。

3. 互补品、替代品的价格

两种产品之间的相关性有互补和替代两种情况。互补品与保险供给成正比关系，当互补品价格上升，导致保险需求减少，保险费率提高，使保险供给增加；反之，保险费率下降，保险供给减少。替代品与保险供给成反比关系，当替代品价格上升，保险需求增加，保险费率下降，使保险供给减少；反之，保险费率上升，保险供给增加。

4. 保险技术

保险产品的开发与供给具有很强的专业性与技术性，一方面，由于技术的限制，险种的设计很难满足社会各个阶层的人群的需要，不利于保险供给的增加；另一方面，保险技术的进步，使从前的不可保风险转化成为可保风险，使保险供给增加。

5. 市场的规范程度

行为规范的保险市场信誉度高，会刺激保险需求，促进保险供给的增加；而制度无序的保险市场，会抑制保险需求，导致保险供给减少。

6. 政府的监管

保险行业的特殊性，需要政府对其进行监管。政府为了实现某一特定目标，会对有关保险商品制定优惠政策，使保险供给增加；或通过政策限定，使保险供给难以增加。

二、保险市场的需求

（一）保险市场需求的含义

保险市场需求是指在一定时期内、一定费率水平上，投保人在保险市场上愿意而且能够购买的保险商品的数量。保险市场的产生，是源于投保人对保险保障的需求，这可以通过投保金额或保费收入进行计算。

（二）影响保险市场需求的主要因素

影响保险市场需求的主要因素有以下几个方面（见图11-4）。

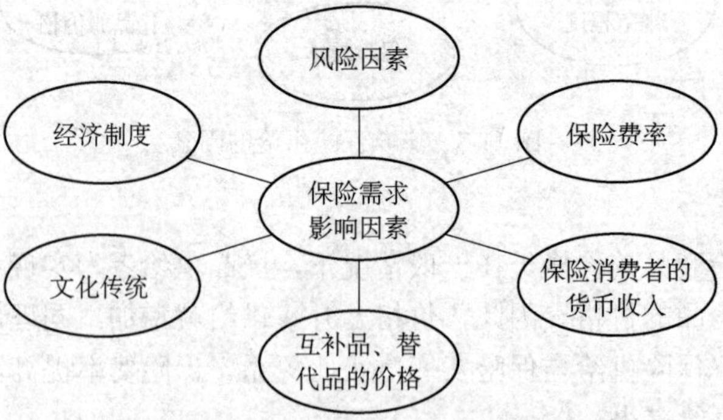

图11-4　影响保险市场需求的主要因素

1. 风险因素

“无风险，无保险”，风险的客观存在是保险产生、存在与发展的前提条件。风险的程度越大，导致的损失就越大。当超过消费者的承受能力时，保险需求就会越大。

2. 保险费率

保险费率对保险市场的需求有一定的约束力，两者呈反向关系。当保险费率上升时，保险需求量减少；当保险费率下降时，保险需求量增加。

3. 保险消费者的货币收入

消费者的收入直接影响消费者购买力的强弱。消费者收入越高，购买力就越强，对保险商品的需求量就越大；消费者的收入越低，购买力就越弱，对保险商品的需求量就越小。

4. 互补品、替代品的价格

保险需求与其互补品的价格成反比关系。如汽车保险是汽车的互补品，附加险是基本险的互补品，所以，汽车价格的上升，会引起汽车保险需求量的减少。而一些保险商品是储蓄的替代品，当储蓄利率上升时，需求就会减少，反之增加。

5. 文化传统

文化传统控制着人们的思想意识，而保险需求在一定程度上受人们风险意识的直接影响。风险意识越强，对保险的需求就越大，反之则越小。

6. 经济制度

在市场经济条件下，企业和个人都需自担风险，而参加保险就是避免风险、减轻损失最好的方法。所以，经济制度会对保险的需求产生影响。

三、保险市场的供求均衡

保险市场供求均衡，是指在一定的费率水平下，保险供给恰好等于保险需求，即保险供给与保险需求达到均衡点。保险市场供求平衡应包括供求的总量平衡与结构平衡两个方面。

保险供求的总量平衡是指保险供给规模与需求规模的平衡。保险供求的结构平衡是指保险供给的结构与保险需求的结构相匹配，包括保险供给的险种与消费者需求险种的适应性、保险费率与消费者交费能力的适应性以及保险产业与国民经济产业结构的适应性等。

保险市场的均衡状态可由图 11-5 说明。

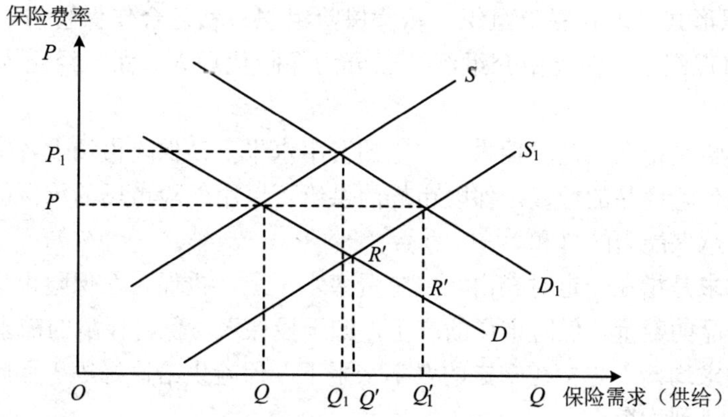

图 11-5　保险市场的均衡

在图11-5中，假设D与S是某险种原来的需求曲线与供给曲线，则均衡费率是OP，均衡销售量是OQ。

假设情况不变，由于收入提高或替代品价格上升等因素的作用，需求曲线向右上移动至D_1。显然由D_1和S所决定的均衡费率，将由OP上升为OP_1，均衡销售量则由OQ增为OQ_1。

假设情况不变，由于保险技术进步和税收优惠的作用，使供给情况发生了变化，供给曲线向右下方移至S_1的位置，S_1与D相交于R'点。由此可见，D与S_1所决定的均衡费率比OP低，而均衡销售量OQ'则比OQ高。

此外，当需求和供给都增加时，即需求曲线D移至D_1，供给曲线S移至S_1，均衡交易量将增加，新的均衡费率则可能高于也可能低于原来的均衡费率。

本章小结

保险市场是实行风险转嫁和交易的场所及其相关活动的总称。它既可指固定的交易场所，也可以指所有实现保险商品让渡的交换关系的总和。保险市场有广义和狭义之分，狭义的保险市场是保险商品交换的场所；广义的保险市场是保险商品交换关系的总和。

保险市场的基本要素由市场行为主体、市场交易客体和市场交易价格三者构成。从市场运行环节来划分，保险市场由承保体系、营销体系、安全体系、服务体系和监控体系五个环节构成。

保险市场模式就是保险市场的结构，它反映在不同竞争程度下的市场状态，主要有完全竞争模式、完全垄断模式、垄断竞争模式和寡头垄断模式四种。我国保险市场目前就带有寡头垄断的性质，正由寡头垄断模式向垄断竞争模式过渡。

保险市场的组织形式是指在一国或一地区的保险市场上，保险人采取何种组织形式经营保险。保险市场一般存在两类不同功能的经营性机构：一类是承担保险经营责任的保险企业，即保险人；另一类是提供保险销售服务及其他服务的中介机构。保险人一般有以下几种组织形式：国营保险组织、私营保险组织、私营合作保险组织、私营个人保险组织和专业自保组织。保险中介组织一般分为保险代理人、保险经纪人和保险公估人三类。

保险市场供给是指在一定时期内、一定的费率水平上，保险市场上各家保险公司愿意并且能够提供的保险商品的数量。保险市场的供给可以用保险市场的承保能力来表示，它是各个保险企业承保能力的总和。

保险市场需求是指在一定时期内、一定费率水平上，投保人在保险市场上愿意而且能够购买的保险商品的数量。保险市场的产生，源于投保人对保险保障的需求。

保险市场供求均衡，是指在一定的费率水平下，保险供给恰好等于保险需求，即保险供给与保险需求达到均衡点。

本章内容结构

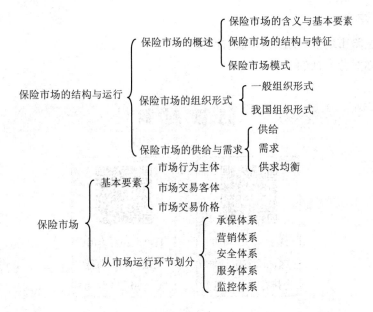

- 保险市场的结构与运行
  - 保险市场的概述
    - 保险市场的含义与基本要素
    - 保险市场的结构与特征
    - 保险市场模式
  - 保险市场的组织形式
    - 一般组织形式
    - 我国组织形式
  - 保险市场的供给与需求
    - 供给
    - 需求
    - 供求均衡

- 保险市场
  - 基本要素
    - 市场行为主体
    - 市场交易客体
    - 市场交易价格
  - 从市场运行环节划分
    - 承保体系
    - 营销体系
    - 安全体系
    - 服务体系
    - 监控体系

综合练习

一、名词解释

保险市场　即时清洁市场　国营保险组织　私营保险组织
劳合社　保险市场需求　保险市场供给　供需均衡

二、判断题

1．保险市场主要由市场主体、保险商品和价格三者构成。（　　）

2．市场交易结束后，供求双方能够立即知道确切的交易结果的市场是即时清洁市场。（　　）

3．互补品价格上升，导致保险需求减少，保险费率提高，则保险供给增加。（　　）

三、单选题

1．以下不属于构成保险市场的基本要素的是（　　）。

A．市场行为主体　B．市场交易客体　C．市场交易价格　D．市场交易环境

2．下列不属于私营合作保险组织的是（　　）。

A．相互保险社　B．保险合作社　C．劳合社　D．日本的农业合作社

四、简答题

1．概述保险市场的构成与特征。

2．概述保险市场的主要模式，并思考我国保险市场的模式。

3．相互保险社和保险合作社的区别是什么？

4．影响保险市场供给与需求的主要因素有哪些？

5．简述保险供给的制约因素。

五、论述题

1．试对保险市场几种组织形式进行比较。

2．谈谈你对劳合社的了解。

阅读材料

11-1　2021年中国保险省市竞争力排行榜（节选）

11-2　2021年中国最具活力保险城市50强（节选）

第十二章　保险机制与保险监管

内容提要

保险机制是社会经济运行维系机制的重要内容，保险政策是政府对保险行业指导与监督的准则，保险监管是保险政策的核心与重要内容。本章首先从宏观角度分析保险机制的作用和内容，主要内容包括保险机制的含义、作用和运行；然后，通过保险政策引出保险监管，主要内容包括：保险政策；保险监管的含义、原则、目标；保险监管的体系与机构；保险监管的内容。通过本章的学习，读者将对保险的作用、意义和运行有更深一步的认识，并初步了解保险政策与监管。

学习目标与重点

- 了解经济机制与保险机制的关系，掌握保险机制对社会经济运行的作用。
- 理解保险机制的运行内容，了解保险政策内容和意义。
- 理解保险监管的含义、原则与目标，掌握保险监管的内容、体系与机构。
- 课程思政：强化监管、防范风险，保障投保人的合法权益。

关键术语

经济机制　保险机制　风险选择机制　损失补偿机制　资金运用机制　保险政策
保险监管　偿付能力

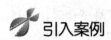

引入案例

中国保监会依法对安邦集团实施接管

新华社北京 2 月 23 日电（记者谭谟晓）中国保监会 23 日宣布，安邦保险集团股份有限公司原董事长、总经理吴小晖因涉嫌经济犯罪，被依法提起公诉。鉴于安邦集团存在违反法律法规的经营行为，可能严重危及公司偿付能力，为保持安邦集团照常经营，保护保险消费者合法权益，依照《中华人民共和国保险法》第一百四十四条规定，保监会决定于 2018 年 2 月 23 日起，对安邦集团实施接管，接管期限为一年。

2017 年 6 月以来，保监会根据监管工作安排，派出工作组进驻安邦集团，深入开展现场检查，强化公司现场监管，督促公司改善经营管理。目前，安邦集团经营总体稳定，业务运行基本平稳，保险消费者及各利益相关方合法权益得到了有效保护。

经监管检查发现，安邦集团存在违反相关法律法规问题，保监会已依法责令安邦集团调整吴小晖董事长、总经理职务。保监会依照法律规定，会同人民银行、银监会、证监会、外汇局等有关部门成立接管工作组，全面接管安邦集团经营管理，全权行使安邦集团三会一层职责（从接管开始之日起，安邦集团股东大会、董事会、监事会停止履行职责，相关职能全部由接管工作组承担；接管工作组组长行使公司法定代表人职责，接管工作组行使安邦集团经营管理权）。接管不改变安邦集团对外的债权债务关系。接管期间，接管工作组将在监管部门指导下，依法依规采取切实有效措施，保持公司照常经营，确保保险消费者合法权益得到充分保障，并依法维护各利益相关方合法权益。

据介绍，接管过程中，接管工作组将积极引入优质社会资本，完成股权重整，保持安邦集团民营性质不变。

最新进展：

承接安邦集团的大家保险集团有限责任公司于 2019 年 6 月 25 日成立，由中国保险保障基金有限责任公司、中国石油化工集团有限公司、上海汽车工业（集团）总公司共同出资设立，注册资本 203.6 亿元，下设大家人寿、大家财险、大家养老、大家资产四家子公司和健康养老、不动产投资、科技创新三大赋能板块。

资料来源：https://news.qq.com/a/20180223/007424.htm.

第一节　保险机制的含义与作用

一、经济机制

社会经济的运行是一系列经济机制作用的结果。保险作为一种转移风险的机制，属于社会经济众多运行机制的重要组成部分。因此，在介绍保险机制之前有必要对社会经济运行机制做一个总体的认识。

经济机制中的“机制”一词，最初并非用在经济活动之中，而是一种借用语。“机制”的由来主要有两种说法：一是源于医学，是指有机体内发生某种生理或病理变化时，各种组织或器官之间的相互作用；二是源于经济控制论，是指社会经济过程中由许多因果关系链联结在一起的因素的耦合，而“耦合”则是物理名词，指两个或两个以上的体系或运动形式之间通过各种相互作用而彼此影响以至联合起来的现象。

由此可以看出机制有以下三个特点：一是机制是多因素或多部分的组合，是有机的结构体；二是机制内部结构的各部分是相互关联的；三是构成机制的各因素以其特定的功能取得存在的地位。

把“机制”一词引入经济学，用于揭示经济发展的客观过程，称为经济机制，其特点有：经济机制是由多因素构成的经济结构体；经济机制各构成部分之间相互关联；经济机制的各构成部分或元素都有自己的特定功能。

由此可见，经济机制的含义仍然保持了机制在医学、机械学和物理学中的含义。与此同时，经济机制又有自己的特定含义：一是经济机制是以从事经济活动的人为主体的，经济机制的运行是由人驱动的；二是经济机制受特定历史条件的制约和影响，具有纯技术的机制所没有的复杂性；三是社会历史条件的变化，经济结构的变更，都会引起经济机制的变化。因此，经济机制是一种动态结构体，它的运行过程就是经济结构体内部要素相互作用或耦合的过程，所以经济机制通常理解为经济运行机制。

社会经济的运行，需要一系列经济机制为其发挥作用。概括起来，社会主义市场经济运行机制有四大类，即宏观经济运行机制、微观经济运行机制、经济调节机制和经济运行的维系机制。

（一）宏观经济运行机制

宏观经济运行机制如图 12-1 所示。

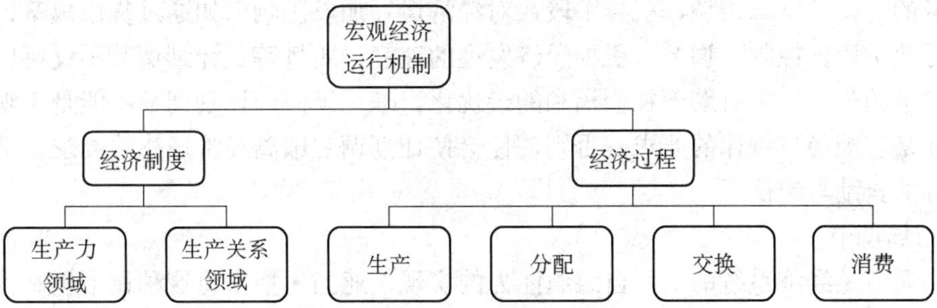

图 12-1　宏观经济运行机制

1. 从经济制度方面看

宏观经济运行机制主要由两大领域构成，即生产力领域和生产关系领域。生产力领域包括构成物质生产要素的诸方面，生产关系领域包括物质资料生产过程中的组织形式及其所体现的人与人之间的关系。生产关系适应生产力发展是这种经济运行机制的规律，其结果是推进社会生产力的发展。由于生产力和生产关系本身具有极其丰富的内容，所以，这种经济机制的运行是比较复杂的。但有一点是不变的，即生产力的进步与发展是评价这种经济机制正常运行的唯一标准。

2. 从经济过程方面看

宏观经济运行机制由生产、分配、交换和消费四个环节构成，四个环节体现了物质生产的完整过程。在这四个环节中，最重要的两个环节是生产和消费。分配和交换或服务于生产或服务于消费，是生产目的赖以实现的中间环节。生产需要一定的物质资料分配和交换形式，消费也要经由一定的分配、交换渠道加以实现。因此，物质资料生产过程的四个环节构成的经济机制，最终是要实现生产与消费的协调发展，这实际上就是供给与需求的平衡。若总供给与总需求失衡，则表明宏观经济运行机制出了故障。当然，总供给和总需求是否平衡，并不仅仅在于供给与需求的绝对量是否平衡，还在于供给的彼岸到达需求的彼岸的分配方式和交换渠道的状况。因此，四个环节构成的经济运行机制是不可分割的。

（二）微观经济运行机制

微观经济机制实际就是企业经营机制，它是指企业内部各个生产要素的组合状态及其功能，如人（经营者、管理者和劳动者）、财（资金、信贷）、物（机器设备、原材料）与技术（包括产品的、管理的和工艺的）以及供、产、销与信息等。建立健全企业经营机制的根本问题是责、权、利三要素的有机结合。责、权、利三要素的对应与协调是企业经营活力的根基所在。

（三）经济调节机制

经济运行需要不断地、适时地调节，包括控制、引导、协调等一系列保持经济正常运行的措施。这些调节可以分为计划调节和市场调节两种。

1. 计划调节

计划调节是政府部门或宏观经济管理部门为了实现一定的宏观经济目标，创造一定环境而采取的一些控制、协调、引导手段，对经济运行加以影响，如通过货币政策、财政政策以及行政手段，控制、调节、引导经济发展的速度、质量等。计划调节不仅可以避免纯粹市场调节的失灵，更有助于社会福利的最优化。毫无疑问，计划调节不能是主观臆想的东西，而是客观经济规律的要求，否则，便会使计划调节偏离经济规律的要求，造成经济机制运行的紊乱与起伏。

2. 市场调节

市场调节是经济系统的一种自组织能力的实现，亚当·斯密将这种调节机制称为“看不见的手”。这一调节机制的关键要素是价值、价格、供求、竞争。市场调节机制使价格围绕价值上下波动并趋向价值。

（四）经济运行的维系机制

经济运行的维系机制包括两个方面的内容：一是法律机制，二是保险机制。一套完整的法律机制对经济运行的维系作用是显而易见的。如果缺乏有效的法律约束，一些非法经济活动就会使生产者、消费者受损，使经济运行受阻。法律机制包括立法、执法和守法三个构成部分。法律机制要求有法可依、有法必依、执法必严、违法必究。法律机制的功能发挥是通过一系列的具体法律、法规构成的法律体系实现的。

法律机制对经济运行的维系作用主要是通过强制和制裁实现的，保险机制对经济机制的维系作用则是凭借经济补偿实现的。前者是订立法律，在人们心理上产生一种威慑作用，从而不做有害于经济发展的事情，保证经济运行不受干扰。后者在于依据合同，对于已发生的经济损失给予补偿，使被破坏的生产和生活得到恢复和重新建立。因此，保险机制是社会经济运行维系机制中非常重要的组成部分。

二、保险机制的微观内容

保险机制的微观内容如图 12-2 所示。

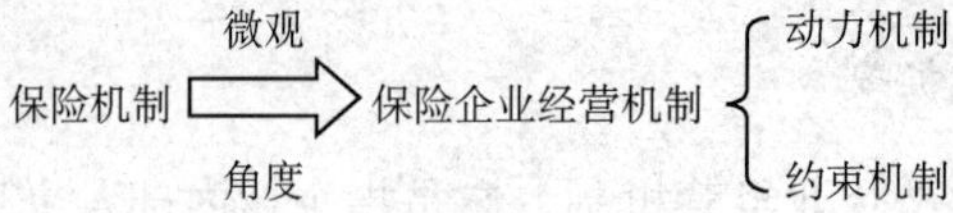

图 12-2　保险机制的微观内容

从微观角度看，保险机制归结为保险企业经营机制。构造保险企业的经营机制，要具备一个前提条件，即保险企业的产权必须明晰化。通过理顺产权关系，实行政企分开，落实企业自主权，使企业真正成为自主经营、自负盈亏、自我发展、自我约束的法人实体和市场竞争主体。中国人保与中国人寿的改制上市正是体现了这一主旨。产权明晰化的保险企业要确立市场主体地位并走向市场，就必须建立有效的经营机制。保险企业经营机制包括动力机制和约束机制。

（一）动力机制

从企业经营机制的责、权、利三要素来看，企业利益是企业行使权力、承担责任的内在动力。因此，企业的动力机制实质上是企业利益机制。动力机制是保险企业的最基本经营机制，它包括保险企业自身追求经营盈利最大化和企业员工追求自身利益最大化两个方面。

保险企业是社会化分工的结果，是从事风险经营活动的专门行业，而不是一个慈善机构。保险企业对承保范围内的损失应承担经济补偿或给付责任，对除外责任的风险损失应严格按保险合同的规定拒赔或拒付。保险企业动力机制的作用，使企业和员工个人的利益与其经营成果直接联系起来，激发了企业和员工个人的积极性。

（二）约束机制

保险企业的约束机制就是自负盈亏。保险企业不仅要对盈利负责，还要对亏损负责，这就是通常所说的责、权、利相结合。保险企业的约束机制还包括国家相关部门对保险企业的约束。也就是说，保险企业的约束机制不能单纯从保险企业的角度考虑，还应从外部环境约束来考虑，如国家对保险公司的设立、经营业务范围、经营原则、市场行为等方面的法律法令。

保险机制作为社会经济运行的维系机制，是社会经济运行的四大重要机制之一。保险机制对社会经济运行意义重大，具有维护和调节的作用。因此，缺少保险机制，就不能构成完整的经济运行机制，也就不能保证社会经济的正常运行。

三、保险机制对社会经济运行的维护作用

保险机制对社会经济运行的维护作用如图 12-3 所示。

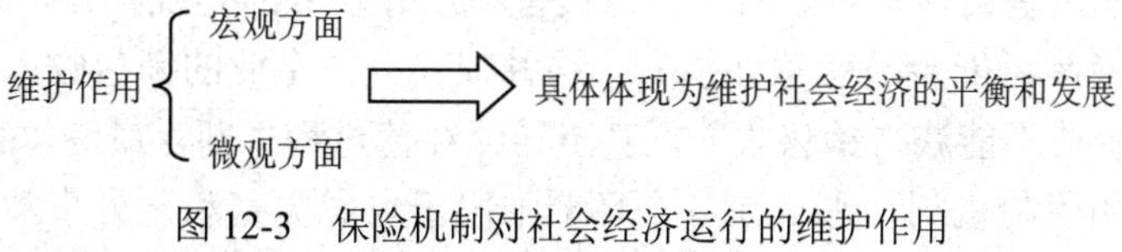

图 12-3　保险机制对社会经济运行的维护作用

（一）保险机制对宏观经济运行的维护作用

社会再生产过程由生产、分配、交换和消费四个环节组成，如图 12-4 所示。四个环节首尾相接，构成一个循环，周而复始，无休无止，成为人类赖以生存的基础。在众多繁杂的社会生产和消费中，人们必然要与自然界、社会界、科技界发生联系。当这种联系发生

变化或遭到破坏时，会给社会再生产的正常进行带来影响、造成损失。这就需要保险机制发挥经济补偿作用，以维护社会再生产的顺利进行。

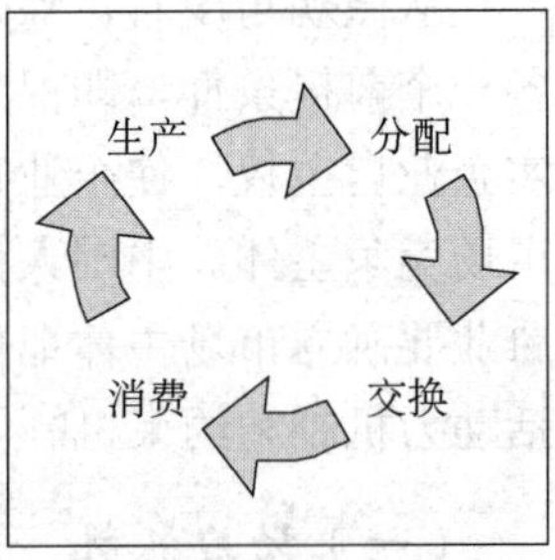

图 12-4　社会再生产的过程

保险机制在维护社会再生产的顺利进行方面所发挥的经济补偿作用具体体现在以下两点。

（1）时间上的连续性。时间上的连续性是指社会再生产过程因自然灾害或意外事故造成的生产中断得到及时补偿和恢复。

（2）空间上的平衡性。空间上的平衡性是指生产资源的原有配置结构因自然灾害或意外事故造成损失，发生失衡现象，保险机制通过补偿机制功能的发挥，及时克服这一现象，维护生产资源的合理配置。

需要指出的是，因自然灾害或意外事故造成的经济损失，并没有因保险机制的及时补偿而消除，从全社会来看损失毕竟是损失。但是，保险机制作用的发挥，抑制和消除了灾害事故后果的扩散，使经济运行迅速走上正常运转的轨道。从这个意义上看，保险机制补偿作用的发挥，虽不能完全阻止自然灾害或意外事故的发生，但可以减轻或消除这些破坏力对社会再生产过程的干扰和冲击，为再生产赢得时间。

（二）保险机制对微观经济运行的维护作用

微观经济和宏观经济是相互依存、相辅相成的。保险机制对微观经济运行在时间上的连续性和微观范围内的平衡性也是显而易见的。不同的是，微观经济除了考虑内部过程的连续和平衡，还要考虑外界环境对自己的影响。

首先，在市场经济条件下，作为微观经济主体的工商企业，其经营离不开保险机制的维护。具体体现在以下两个方面。

（1）从保障企业生产过程的连续性来看，企业的再生产过程要持续进行，其货币资金、生产资金和商品资金必须在空间上并存，在时间上依次进行。无论是哪一种资金形态在自然灾害或意外事故中受到损失，也无论是全部损失还是部分损失，都会使企业占有的资金减少，从而使企业的规模减小，严重时甚至导致生产过程间断。若企业利用保险机制，就可以将各种无法预料的损失变成固定的、少量的、合理的保费支出，一旦遭受损失，可以迅速、及时地获得补偿，使企业再生产得以恢复进行。

（2）从促进商品流通的顺畅来看，商业部门从生产者那里购买商品后，还要对商品进行储藏、调运才能出售给消费者。由于自然灾害和意外事故的客观存在，处于采购、储藏、调运和销售中的商品可能会遭受意外损失。这种损失会使企业的销售收入减少，经营规模缩小，还可能使企业不能获得销售收入，甚至导致经营过程中断，最终，商品会流通不畅。如果工商企业利用保险机制，那么在各个环节中由于自然灾害和意外事故造成的损失就可以获得经济补偿，使企业经营过程不致中断，经营规模不致缩小，从而促进商品流通的顺畅。

其次，保险机制对企业经营活动的维系作用还表现在促进先进科学技术的运用和推广方面。科学技术是第一生产力，采用先进科学技术有利于劳动生产率的提高，但是，对于采用新技术的单位来说，往往要冒极大的风险。在运用新技术的过程中，如果有保险机制作为后盾，则可转移相关风险，解除相关企业的后顾之忧。

最后，保险机制对社会经济的维护作用还通过个人和家庭的维系作用来实现，因为公民个人和家庭生活的安定是全社会稳定的基础。然而，公民个人和家庭生活往往存在各种不安定的风险因素，这些因素会破坏正常的生活秩序。例如，公民家庭财产可能因遭受灾害事故而致损，使其家庭生活陷入困难。保险机制的运用，可以从经济上减轻或消除这些难以预期事件的不良后果。

【专论摘要 12-1】

“三鹿奶粉”事件引发对产品责任险的思考

由“三鹿奶粉”引发的奶粉质量安全问题已蔓延到了 22 家乳制品企业，由此引起了一场奶粉行业的信任危机。然而，此次“三鹿奶粉”事件暂未听到任何关于向保险公司索赔的声音。由此可见，产品责任险对这一领域的保障力度还有待开发，市场可挖掘空间仍然存在。

但如果真的有乳制品企业投保了产品责任险，此次事件的爆发，对保险公司来讲，无疑也是一项极大的挑战。当然，大挑战的爆发对行业来说，也未尝不是件好事。当年若没有美国石棉案件的爆发，责任险在国外市场的发展也不会如此迅速，巨灾之下必能让保险人深刻反思。

突击检查出有 20 多家乳制品企业存在质量安全问题的事实已充分说明了现行食品安全检查存在一定的漏洞，否则，问题波及范围不会如此广泛。现行安检模式为企业生产后，由国家质检局负责食品安全检查，而这一环节中一旦出现个别腐败现象，将意味着此类可能存在食品质量安全问题的企业将会轻松过关。

如果引入保险机制，利用保险公司来做好此类企业的第二道安全检查防线，通过经济利益机制化解这种问题是一个相对合理的解决办法。如果保险公司对质量安全不负责任，随意承保，则在事故爆发后保险公司需承担相应的赔偿责任。保险公司受自身经济利益的限制，必须要对承保物认真做好检测工作。

现以乳制品行业为例，证明这一机制存在的合理性。首先，第一步需要做的是加大宣传，使消费者意识到购买乳制品需要经过质检局和保险公司两大防线后方可放心使用。质检局作为国家机构对食品安全无疑负有义不容辞的责任和义务，而保险公司作为经营风险管理的商业公司必须对自己经营业务的赔付情况有良好的管控力度。其次，各乳制品企业除了完成以往的质检局监督一关以外，还将积极寻求保险支持。此时，保险公司将发挥专业的风险查勘技术来判定其风险水平，对不合格产品可采取拒绝承保。如果个别保险公司疏于风险管控，贸然承保不合格乳制品企业的产品，则该保险公司将来可能面临的赔付就会很高，经营风险同样会加大，保险公司受自身利益约束必将严格核保。最后，保险事故发生后，保险公司有义务作为消费者的经济保障后盾有效支持受害者，使其得到充分的经济补偿。

通过商业手段实现对行政手段的有效补充，可以切实地保护消费者利益，督促企业对自己的产品负责。高风险的企业需承担高保费或者干脆被拒保，则该企业很有可能因此而导致停产，这就需要在问题爆发之前做好防范与预防工作。未雨绸缪，如此才能有效地发挥出保险的作用，体现保险的价值所在。

资料来源：http://insurance.jrj.com.cn/2008/10/000000215815.shtml.

四、保险机制对社会经济运行的调节作用

保险机制对社会经济运行的调节主要体现在以下五个方面。

（一）对资源配置的调节

保险机制使风险由集中到分散，使一些本来难以开展的风险投资得以实现，从而为资源的优化配置铺平了道路。在商品生产过程中，不同部门、不同地域的生产者，其内部经营条件和外部经营环境面临着不同的风险。从经济部门看，朝阳工业面临的风险要比夕阳工业大；从地域环境看，落后地区由于自身条件会给投资者带来较多的风险。生产经营决策者可视情况选择有关保险，把风险转嫁给保险人，从而使某些资源在一定条件下或一定地域内优化配置成为可能。

此外，我国市场经济的发展客观上要求优化资源组合、合理利用有效的社会资源。从整体上看，我国社会资源并不丰富，特别是许多行业或部门还表现出局部结构失衡，产生资源低效率或无效率的现象，造成资源的巨大浪费。改革的重要任务之一就是让市场机制充分发挥作用，合理有效地配置社会资源。保费的收取和保险金的给付过程就是风险的转移、分散和组合的过程，也是风险中的生产要素和资源得到重新分配和转移的过程。

（二）对资金市场的调节

保险经营聚集了大量资金，其投放和运用对资金市场的影响很大。保险经营的时间越长，责任准备金积累越多，投资收益就越多，这种影响就很大，这已为国际保险市场的经验所证明。此外，政府或有关部门利用保险来调节资金流量也是不可忽视的。图 12-5 所示为保险金的再分配过程。

图 12-5　保险金的再分配过程

保险经济活动从本质上看还体现了资金的再分配。保险再分配的资金来源是投保人的货币收入和资金收入的一部分，这部分收入作为保费交给保险人后，投保人便失去了对这部分资金的使用权和占有权，所得到的是遭灾受损后的经济补偿权。保险基金的用途是补偿经济损失和给付保险金。这部分资金支出后，保险公司便失去了对这部分资金的所有权，转化为受灾企业或个人的所有权。由此可见，保险形式的再分配，实际上是对货币和资金占有权的再分配。保险资金收入和支出之间有一个时间差，其间的资金归入社会总资金，参与社会总资金的运动，并通过种种形式调节资金市场，如参与同业拆借、进入资本市场等。

（三）对收入分配的调节

保险再分配的资金来源是投保人的货币收入和资金收入的一部分。保费的收取和保险金的支付，在一定程度上调节了人们的收入结构。从社会总产品的分配看，用作后备的保险资金所占比重的大小，直接影响着简单再生产和扩大再生产的资金分配。国家财政资金中用作保险基金的多少，直接影响对其他事业的投资和分配。保险作为一种再分配的手段，将国家、企业、个人在初次分配中形成的收入再次进行分配。这种分配对整个分配过程是一种调节。

（四）对个人消费的调节

保险机制对个人消费的调节可以从以下几个方面加以分析。

（1）购买保险，尤其是购买储蓄性的人寿保险，使购买者的消费分散在一个较长的时期内，起到调节个人消费的作用。

（2）购买保险也是一种消费形式，即保险消费。马克思曾经指出："任何时候，在消费品中，除了以商品形式存在的消费品以外，还包括一定量的以服务形式存在的消费品。"保险正是一种向人们提供安全保障服务的消费品。

任何形式的消费品，都必须具有满足人们某种需要的功能。保险消费所满足的是人们对安全的需要。安全需要是人类生存发展的基本需要，因此，保险消费是商品消费的一个必不可少的组成部分。一个合理的消费结构，离不开一定比例的保险消费，保险消费是维护合理消费结构平衡与发展的重要保证。

（3）保险消费不仅仅是一种后备形式的消费，它对整个消费具有重要的引导作用。例如，产品质量保险、信贷保险等，对人们的消费行为都具有很强的引导作用。

（五）对人们心理的调节

一种可能发生的风险对人们的心理是一种负担，是一种潜在的威胁。通过保险机制，人们可以将生命、身体及财产所面临的风险损失转移出去，这就为生产和生活创造了稳定、安全的环境，消除了人们的忧虑和恐惧心理。

第二节 保险机制的运行

从宏观角度看，保险机制作为一个动态结构体，包括风险选择机制、损失补偿机制和资金运用机制。保险机制的作用，正是通过这些机制的运行而实现的。

一、风险选择机制

保险是一种风险经营业务，为了使保险机制正常发挥作用，保险企业并不是有险必保、来者不拒，而是有选择的。风险的选择在促进保险机制正常发挥作用方面发挥着重要的作用。风险选择包括风险的性质、风险的规模和风险的结构。

（1）风险的性质是指风险与风险面临者的关系以及风险发生的直接原因。风险面临者与风险必须具有利益关系，并且风险的发生不是由于投机性因素引起，才能成为保险经营选择承保的对象。风险性质的选择是保险经营过程的第一个环节，它常常决定着保险经营的成败。在选择过程中，关键是风险识别。

（2）风险的规模是指风险的大小及其造成损失的多少。保险人所承担的风险要与自己的承保能力相适应，以防对保险经营带来冲击性的影响。对风险规模的选择：一是限于承保能力而拒保，二是承保以后再进行分保。

（3）风险的结构是指各类风险的内在联系和比例。不同种类的保险，承保不同的风险结构。优化的风险结构，应该包括大量的同类风险。

保险机制对风险的选择除事先对风险的性质、规模和结构进行选择外，还要进行事后选择。这是因为，有些超出可保风险的因素事前未能发现，承保后才逐渐暴露出来，这就需要进行事后的淘汰性选择。

二、损失补偿机制

损失补偿机制是保险本质功能发挥作用的形式和过程，包括补偿金的来源、补偿金的适用以及补偿关系的建立。

补偿金的来源，可谓是“取之于民，用之于民”。保险人依据合同收取保险费，建立保险基金，用来对被保险人或受益者进行经济补偿和给付保险金。在这一补偿关系中，保险当事人双方各有权利和义务，并以合同形式固定下来。虽然从总体上看，补偿金的来源和使用在数量上是基本一致的，但是在一定时期内，并非所有缴纳保险费的人都能得到补偿。也就是说，保险费的承担者和保险补偿的受益者并非对任何人都是同一的。

需要指出的是，保险费的承担者和保险补偿的受益者同一的越广泛，保险补偿机制的运行就越困难，克服这种困难的机制是保险资金运用机制。

三、资金运用机制

保险补偿机制运行的奥秘，不仅在于保险补偿金负担者和受益者的非全体直接同一性，还在于保险资金在保险经营者手中的运用效益。保险资金的运用，与其他一切资金的运用一样，其有效的标志是资金增值数额的大小。

资金运用机制之所以成为保险机制的重要组成部分，是因为保险收入与支出之间存在相当的时间差。事实上，任何保险经营，从保险人收取保费到组织保险金赔付，中间总有一段时间距离，在这一段时间内，保险人根据业务和风险管理的需要，要提留各种准备金。因此，保险公司必然沉淀着相当数量的资金，并且其数额会随着经营时间的延长和经营业务的扩大而日益增加。特别是人寿保险，期限有的长达几十年，资金积累数额巨大。根据马克思主义政治经济学的观点，任何资本都具有保值增值的内在冲动，保险资金也不例外，以其收入和支付之间存在相当的时间差，资金数量巨大，其保值增值的要求更为强烈，所以保险资金必须参与到社会资金的大循环中，进行科学的资金运用。

特别是，把保险资金用于投资，使保险经营由收付式经营变为金融化经营，才能充分发挥保险公司的金融中介作用，保险业才能真正成为金融业名副其实的组成部分。保险资金运用对保险公司、投保人和提高金融市场效率均有特殊的价值。

首先，对投保人而言，保险资金的运用可提高保险商品的“性能价格比”，并增加保险商品的安全性；其次，对保险公司而言，保险资金的运用可提高其盈利能力，解决保险费率与利润之间的矛盾；最后，对宏观经济而言，保险资金的运用可增加社会流通资金的总量，促进储蓄向投资转化，从而在某种程度上提高金融市场的效率。

我国目前正处于经济建设的关键时期，有限的资金供给同国民经济发展对于大量建设资金的需求存在很大的矛盾。数额较大的保险资金流入社会，既可以直接为企业提供贷款以满足其资金周转之需，又可以购买企业的债券以补充其资本金，如果能够通过证券市场参与社会资金大循环，则更可以实现资本市场与保险市场的良性互动，增强社会扩大再生产的能力。

【专论摘要 12-2】

吴定富：强化保险资金运用机制的建立和完善

中国保监会原主席吴定富在中国人寿资产管理公司调研时指出，要充分认识加强保险资产管理工作的重要性，着眼全局，立足当前，进一步强化保险资金运用的体制、机制的建立和完善，强化风险防范，不断提高资金运用收益率，积极支持资本市场发展和金融改革，为保险业做大做强发挥重要的促进作用。

吴定富强调，保险业要充分认识加强保险资产管理的重要性。

一是承保业务的发展和保险资金运用有着紧密的联系。承保和资金运用是保险业发展的“两个轮子”，承保业务的快速发展为保险资金运用提供了最重要的基础；同时保险资金运用又对承保业务的发展发挥了重要的促进作用。

二是保险产品创新、防范化解风险和资金运用有着紧密的联系。努力提高保险资产管理水平，增强保险资金运用能力，有助于改变保险产品单一的状况，有助于进一步提高保险公司的核心竞争力。同时，建立专业性资产管理公司有利于风险防范机制，有利于依托自身的规模实力、多样化的投资品种以及科学合理的资产组合，降低风险和管理成本。

三是保险资产管理能够发挥支持资本市场发展和金融业改革的重要作用。做好保险资金运用工作，可以直接参与资本市场建设，发挥保险市场发展对于资本市场的带动作用，支持金融改革，发挥资金融通功能，进一步扩大保险业的社会影响。

资料来源：http://insurance1.jrj.com.cn/news/20050725/000000034708.html.

第三节　保险政策与监管概述

一、保险政策概述

建立保险制度的原因是确保社会经济生活的安定，而政府对保险制度的发展应该有其政策来作为指导与监督的准则。所谓保险政策，就是政府为保险行业的健全发展所施行的各种手段的总称。从产业组织理论的角度来看，保险政策就是保险产业政策，是指国家为实现一定的经济发展战略对保险业采取的方针和措施，如《国务院关于保险业改革发展的若干意见》(国发〔2006〕23 号)、《国务院关于加快发展现代保险服务业的若干意见》(国发〔2014〕29 号）以及 2016 年公布的《保险业“十三五”发展规划》。

（一）保险政策的主要内容

保险政策的一般内容包括两个方面：一是组建和维护保险市场，二是对保险市场进行调节和控制。保险政策的核心在于优化保险资源的配置，处理保险企业之间的关系，实现资源的有效利用，从而推进保险业的健康发展。

组建保险市场的主要方式是确定保险市场规则和准则。保险市场规则和其他市场规则一样，最终都要以国家法规的形式确定下来。市场规则的最初产生形式有两种：一是社会公众在长期的市场活动中约定的规范化行为习惯，后来以国家法规形式固定下来；二是国家在短期内直接制定并强制推行的市场规则，它能在短期内改变市场行为者的行为习惯。

保险监管部门肩负着维护保险市场秩序的任务。在保险市场相对成熟时期，市场体系逐步完善，保险监管部门要对保险市场各主体的自发力量及其后果进行调节和控制，其主要目的在于克服市场机制本身难以解决的问题，以保证保险市场稳定、健康地运行。

（二）保险政策对保险业发展的意义

保险政策对保险业发展的意义主要有以下四个方面。

1. 维护保险市场的公平竞争

市场经济条件下，保险市场上各个行为主体都有各自独立的权益，它们在市场上的行为目标都是各自企业利益的最大化，因此，保险市场上的竞争是必然的。在如此激烈的竞争环境下，由于保险公司收取的保费实际上是对全体投保人的负责，所以就需要通过制定保险政策来维护保险市场的公平竞争以保护当事人双方的利益。

2. 维护保险市场的供求平衡

保险市场的供求平衡，既是保险政策的目标之一，也是保证保险市场公平竞争的必要条件之一。如果供不应求，必然导致保险费率的上升，损害保险消费者的利益；反之，如果供大于求，又可能导致恶性竞争。因此，国家为了保障保险市场的供求平衡，通常会以法律法规的形式对保险供给加以限制，以达到维护保险市场供求平衡的目的。

3. 保障保险的经济效益与社会效益相协调

保险的经济效益与社会效益在保险经济运行中有着复杂的对立统一的关系。一方面，两者并非完全一致；另一方面，在总体上两者并不矛盾。保险的经济效益反映的是保险经营的劳动损耗和占用所取得的经营成果之间的对比关系。保险的社会效益是指保险运行机制通过承保风险、防灾防损、赔案处理等活动，对社会经济的各个方面进行服务，带来物质财富和精神财富的双重增加，并通过保险政策的制定，来保障保险的经济效益与社会效益相协调。

4. 保障市场的发展速度与均衡发展相协调

保险市场发展包含两方面内容：一是指保险市场规模的扩大、范围的延伸和保险交易量的增加；二是指保险市场体系的完善和市场规则的健全。从全世界保险市场发展的经验来看，要保持保险市场的发展与国民经济和国民生活相协调，保险市场的发展需要保持一定的发展速度并略高于国民经济的增长速度。

（三）保险政策与宏观经济政策的关系

一个国家的宏观经济政策主要包括货币政策、财政政策和收入政策。这三者各自履行自己的职责，发挥各自调节经济的作用。保险政策作为国家宏观政策的组成部分，必须服从更上层的宏观经济政策。因为保险业的发展首先受制于国民经济的发展，其后才是保险对国民经济发展的保障作用。

一方面，宽松的货币政策、财政政策和收入政策，对保险政策的推行并达到预期的目标具有积极意义；反之，紧缩的货币政策、财政政策和收入政策，对保险政策的实施具有消极影响。另一方面，保险政策实施的效果好，对货币政策、财政政策和收入政策实现各自的政策目标具有保证作用；相反，保险政策实施的效果不好，就会在一定程度上阻碍货币政策、财政政策和收入政策各自目标的实现。其中，保险监管又是保险政策的核心与重要内容，保险监管实施的好坏，在很大程度上影响了保险政策的实施。

二、保险监管的含义、原则与目标

（一）保险监管的含义

保险监管即保险监督管理，是指政府的监督管理部门为了维护保险市场的秩序，保护被保险人及社会公众的利益，通过法律和行政手段对保险业实施监督和管理。保险监管通常由两部分构成：一是国家通过制定有关保险法规，对本国保险业进行宏观指导和管理；二是国家专司保险监管职能的机构依据法律或行政授权对保险业进行行政管理，以保证保险法规的贯彻执行。

在保险市场的运行过程中，会出现“市场失灵”的情况，为减少和避免这种情况的发生及所带来的影响，对保险进行监管是十分必要的。

（二）保险监管的特殊性

1. 保险经营的公共性

保险经营的公共性主要体现在保险业对整个社会具有较大的影响和渗透，原因是保险公司的投保人和被保险人是社会公众，因此，保险公司能否持续经营将会广泛地影响其客户的绝大部分利益。如果保险公司因经营不善而破产或倒闭，不能正常履行其补偿或给付职能，将会影响社会的稳定发展。

2. 保险经营的负债性

保险经营本身就是一种负债经营。保险经营的负债性是指保险公司通过收取保费建立保险基金来履行其赔偿或给付职能，而保险基金中很大一部分是以保险准备金的形式存在，保险准备金则是公司的负债。

3. 保险合同的特殊性

保险合同的特殊性是因为其本身具有附和性和射幸性。保险合同的附和性表现为保险人根据本身承保能力和技术特点，确定承保条件和双方的权利义务。保险合同的射幸性使得从个体的角度而言保险人的责任远高于其所收的保费，这种关系需通过保险监管来确保保险合同交易的公平合理。

4. 保险交易过程的特殊性

保险公司的生产和销售是同步发生的；现代保险采取的是保险事先分摊的方式——先收费、后赔付；保险交易过程的时期较长，使得保险公司的经营风险具有隐蔽性、累计性和社会性。

（三）保险监管的原则

保险监管适用的原则通常为坚实原则、公平原则、健全原则和社会原则。

（1）坚实原则：目的是维护保险业的清偿能力，以保护广大被保险人的权益。

（2）公平原则：是指保险监管者对保险加入者的公平和签订保险合同的公平。

（3）健全原则：是指保险监管者在监管过程中指导、敦促保险企业的正常经营和健康发展，提高保险经营效益，维护股东和合伙人的权益。

（4）社会原则：是指根据国家经济和社会政策的需要，积极发展保险事业，促进社会进步和经济发展。

除此之外，考虑到各国的社会经济条件和保险业发展特点，还有以下原则：依法监管的原则、不干预保险企业自主经营的原则、适度竞争原则和公开性原则。

（四）保险监管的目标

1. 保证保险人具有足够的偿付能力

保险业是经营风险的行业，保险公司若经营不善，就可能丧失偿付能力，其造成的后果不单是损害了保险公司的利益，更牵涉广大被保险人的利益。因此，国家对保险公司的经营实行监管是十分重要的。保险监管的核心内容就是偿付风险。通过监管，能及时发现保险公司经营上的隐患，并督促其整改，以保证其偿付能力，最大限度地避免保险公司出现无力偿付的现象，从而保证被保险人的利益。

【新闻链接】

偿付能力“门”

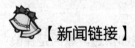

2008年7月11日，由于偿付能力不足，中国保监会向大地财产保险公司下发文件《关于切实改善偿付能力状况的通知》（产险部函），暂停其浙江、上海、江苏、江西等五个省、市的非车险业务。然而除大地财产保险公司之外，还有一部分保险公司也曾遭遇偿付能力不足的影响，其中包括五家财险公司和四家寿险公司，分别为都邦财险、华泰财险、中银

保险、大众保险、永安财险、中航三星、信诚人寿、中美大都会、海尔纽约人寿。

针对个别保险公司业务增长过快，导致阶段性偿付能力不达标的情况，6月30日，中国保监会召开主席办公会，讨论并原则上通过了《保险公司偿付能力管理规定（草案）》等四个规章和规范性文件。据保监会相关人士介绍，该规定提高了监管标准，将偿付能力充足率分为100%以下、100%～150%及150%以上三等。其中，充足率在100%以下的保险公司将被限制资金运用渠道，将接受保监会采用“责令增加资本金，限制向股东分红，限制董事、高管薪酬水平和在职消费水平，甚至责令停止开展新业务、拍卖资产等”措施进行监管。此外，偿付能力充足率在100%～150%的保险公司将被列为关注类公司，偿付能力充足率在150%以上的为正常公司。

最新进展：

2021年12月30日，中国银保监会发布《保险公司偿付能力监管规则（Ⅱ）》，标志着偿二代二期工程建设顺利完成。偿二代二期工程是银保监会贯彻落实第五次全国金融工作会议精神和打好防范化解重大金融风险攻坚战决策部署，补齐监管制度短板的重要举措，对于防范和化解保险业风险、维护保险市场安全稳定运行、推动保险业高质量发展、保护保险消费者利益都具有重要意义。

其主要体现在以下六个方面：一是引导保险业回归保障本源、专注主业方面；二是促进保险业增强服务实体经济质效方面；三是有效防范和化解保险业风险方面；四是落实扩大对外开放决策部署方面；五是强化保险公司风险管控能力方面；六是引导培育市场约束机制方面。

资料来源：http://finance.sina.com.cn/money/insurance/bxdt/20080714/09385088175.shtml.

http://www.cbirc.gov.cn/cn/view/pages/ItemDetail.html?docId=1027863&itemId=915&generaltype=0，2021-12-30.

2. 维护保险市场秩序

依照我国《保险法》的规定，保险合同的订立必须遵守最大诚信原则，当事人双方对影响合同的重要事项有如实告知义务。然而从目前我国保险市场的实际情况来看，通常只是保险人要求投保人必须履行如实告知义务，而保险人却很难做到如实告知，因此引起很多纠纷。通过保险监管，减少投保人因欠缺保险知识可能受到的不公平待遇，可以达到保障被保险人权益的目的。

保险市场是一个充满竞争的市场，然而一些保险公司为了在竞争中获胜，采取不正当的竞争手段，严重扰乱了保险市场的正常秩序。国家对保险市场进行适当的干预，严格规范保险公司的经营业务，加以监督和管理，有利于维护保险市场的正常秩序，从而保证保险市场的健康发展。为保护投保人和保险人的利益，各国政府都设立了专门机构对保险市场主体和社会其他方面的欺诈行为做出了具体的处罚措施，以维护保险市场的有序运行。

3. 保证保险合同的公正和公平

保险费率和保险条款都是由保险公司事先确定的。如果保险公司制定的保险费率和保险条款对被保险人不利，就会影响保险合同的公平与公正。国家加强对保险业的监督与管理，就可以有效地防止各种对保险人不利的情况出现，保证合同的公平与公正，维护被保险人的利益。

三、保险监管的体系与机构

（一）保险监管的体系

随着保险业的不断发展，保险市场已形成了政府监管与行业自律相结合的现代保险监管体系。国家对保险业的管理通常称为保险监管，保险业的自我管理通常称为行业自律。现代保险监管体系是由保险监管法规、保险监管机构、保险行业自律和保险行业的社会监管构成的，如图12-6所示。

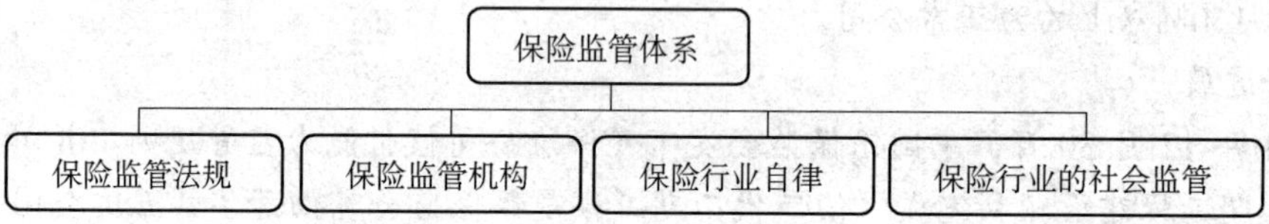

图12-6　保险监管体系

（1）保险监管法规。它又称为保险业法，是国家在对保险业进行管理的过程中形成的权利与义务关系的一种法律规范，其主要内容可以分为两个部分：一是对保险监管对象的规定；二是对保险监管机构授权的规定。

（2）保险监管机构。保险监管机构是一国保险的主管机关，不同的国家对其有不同的称谓，同一国家的不同时期也有不同的主管机构。

【知识链接12-1】

我国保险监管机构的演变

（1）改革开放初期，设在中国人民银行金融机构管理司的保险处。

（2）1995年《保险法》颁布后，中国人民银行内部进行了机构调整，成立了保险司，专门负责保险市场的监督。

（3）1998年年底成立了中国保险监督管理委员会，为国务院直属的副部级事业单位，后升格为正部级，是我国商业保险的主管机关，根据国务院授权履行行政管理职能，依照法律、法规统一监管我国保险市场。

（4）2018年3月，第十三届全国人大会议批准将银监会和保监会的职责整合，组建银保监会（中国银行保险监督管理委员会），并作为国务院的直属事业单位直接管控。银保监会在2018年4月8日上午正式挂牌成立，银监会和保监会退出历史舞台。

（3）保险行业自律。保险行业的自律组织通常是保险人和保险中介人的行业社团组织，一般以保险同业公会或行业协会的面目出现，具有非官方性。它在增强市场活力、弥补政府行为的不足等方面发挥着不可忽视的作用，但是这种作用是有限的。所以，保险监管的主体仍然是国家或政府，行业自律只能是政府监管的一种补充。

（4）保险行业的社会监管。它主要是指各种社会力量和市场力量对保险行业的监督，如新闻媒体、消费者协会等。

（二）保险监管机构

保险监管机构是指享有监督和管理权力并实施监督和管理行为的政府部门或机关。

（1）从世界范围看，全世界的保险监管机构虽形式多样但按其设置可分为两类：第一类，部分国家的保险监管机构是财政部、贸工部、中央银行等，在这些部门下设专门的部门从事保险监管工作，如英国、日本等；第二类，一些国家设立独立的保险监管机构从事保险监管，如美国各州有独立的保险监管机构。

（2）从我国的情况看，保险市场的监管职能自 1984 年以来一直由中国人民银行担任，1998 年 11 月 18 日，中国保险监督管理委员会成立，自此，我国的保险监管开始走上了专业化和规范化的道路。2003 年，中国保监会由国务院直属副部级事业单位升格为国务院直属正部级事业单位。保监会及其派出机构（各地保监局）构成覆盖全国的保险监管网络。然而，保险监督管理机构一直未能在 1995 年和 2002 年版的《保险法》中单独列明。2009 年修订时，成立近十年的中国保监会以国务院保险监督管理机构的名义终于被写入《保险法》。

2018 年 3 月 17 日，第十三届全国人大一次会议表决通过了关于国务院机构改革方案的决定。方案第二部分是关于国务院其他机构的调整，其中第三条，组建中国银行保险监督管理委员会，不再保留中国银行业监督管理委员会、中国保险监督管理委员会。2018 年 3 月 21 日，新华社受权发布，中共中央印发《深化党和国家机构改革方案》，其中第三十七条阐明了上述调整的目的和重大意义："金融是现代经济的核心，必须高度重视防控金融风险，保障国家金融安全。为深化金融监管体制改革，解决现行体制存在的监管职责不清晰、交叉监管和监管空白等问题，强化综合监管，优化监管资源配置，更好统筹系统重要性金融机构监管，逐步建立符合现代金融特点、统筹协调监管、有力有效的现代金融监管框架，守住不发生系统性金融风险的底线，将中国银行业监督管理委员会和中国保险监督管理委员会的职责整合，组建中国银行保险监督管理委员会，作为国务院直属事业单位。"①

（三）保险监管的方式

保险监管的目标是保护投保人和保单受益人，因此，监管机构应当采取有效的监管手段和方法，来保护投保人和受益人的利益，其方式主要有以下三种。

1. 公示管理

公示管理也称公示主义，是指政府不直接干预保险人的经营活动，仅规定保险人必须按照政府规定的格式和内容定期将营业成果呈报主管机关并予以公布，由社会公众自己判断其经营状况。至于保险企业的组织形式、保险合同的格式和内容、保险资金的运用，均由保险人自主管理，政府不加干涉。

2. 规范管理

规范管理也称准则主义或形式监督主义，是指国家制定一系列有关保险人经营的基本

---

① 中国网，http://www.china.com.cn/lianghui/news/2018-03/21/content_50733576_3.shtmll.

准则，并要求保险人遵守执行的一种监管方式。

3. 实体管理

实体管理也称批准主义，是指国家制定完善的保险监管法规，法律赋予监管机关较大的权力，监管机构对保险市场进行全方位、全过程的监督管理。

（四）我国保险监管的特征

我国保险监管的主要特征为严格性、发展性和非动态性。

1. 严格性

现阶段，我国保险业处于发展的初级阶段，因此监管较发达国家更为严格。我国的监管是覆盖了保险公司所有市场行为的全方位监管，总体上属于实体管理。我国对保险市场准入实行的是批准主义，即国家订立完善的保险监管规划，监管机构根据法律赋予的权力对保险市场，特别是对保险企业进行全方位、全过程的监督和管理。

2. 发展性

我国保险业是一个朝阳产业，在蓬勃发展的过程中也会存在很多问题，因此，我国的保险监管实行市场行为监管和偿付能力监管并重的方针。目前，监管重心正从市场行为监管转向偿付能力监管，体现出市场行为监管的放松、保险产品逐步市场化的发展趋势。

3. 非动态性

我国保险监管的非动态性主要体现在以下两个方面：首先，对于资本金的最低要求，我国仅仅停留在设立时注册资本的规定上；其次，对保险公司偿付能力监管所考察的指标只能代表某个时点的情况，缺乏针对性，无法实现监管资源的有效配置，难以保护保单持有人的利益。

四、保险监管的主要内容

保险市场监管的对象主要包括保险人和保险中介。鉴于这两类市场主体的不同作用和地位，各国均把保险监管的重点放在对保险人的监督管理方面，对保险人监管的具体内容主要有两大方面：偿付能力监管和市场行为监管，如图 12-7 所示。

（一）偿付能力监管

保险公司偿付能力监管是保险监管的核心内容。所谓偿付能力，是指保险公司清偿到期债务的能力。偿付能力大小以偿付能力额度表示。从偿付能力额度的角度来看，保险公司的偿付能力一般可分为实际偿付能力额度和最低偿付能力额度。实际偿付能力额度即为某一时点保险公司认可资产与认可负债的差额。最低偿付能力额度是指由保险法或保险监管机构颁布的有关规章中规定的、保险公司必须满足的偿付能力要求，也称为法定最低偿付能力标准。如果保险公司的实际偿付能力额度低于最低偿付能力额度，即被视为偿付能力不足。

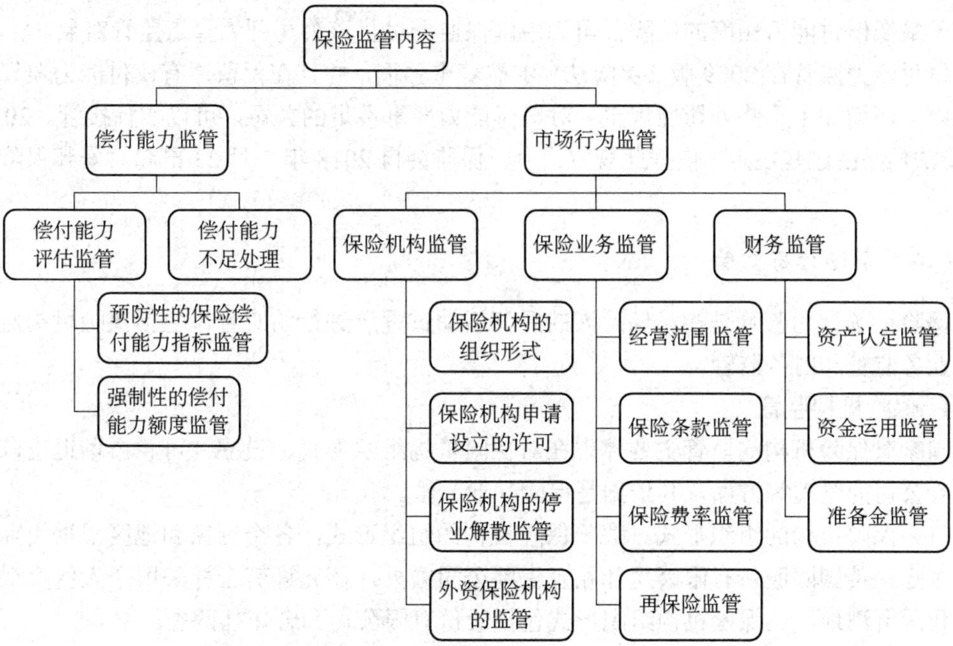

图 12-7 保险监管的主要内容

【知识链接 12-2】

《保险法》第一百三十七条 国务院保险监督管理机构应当建立健全保险公司偿付能力监管体系，对保险公司的偿付能力实施监控。

第一百三十八条 对偿付能力不足的保险公司，国务院保险监督管理机构应当将其列为重点监管对象，并可以根据具体情况采取下列措施：（一）责令增加资本金、办理再保险；（二）限制业务范围；（三）限制向股东分红；（四）限制固定资产购置或者经营费用规模；（五）限制资金运用的形式、比例；（六）限制增设分支机构；（七）责令拍卖不良资产、转让保险业务；（八）限制董事、监事、高级管理人员的薪酬水平；（九）限制商业性广告；（十）责令停止接受新业务。

保险公司偿付能力监管包括偿付能力评估监管和偿付能力不足处理两个环节。

1. 偿付能力评估监管

偿付能力评估监管是指对保险公司的偿付能力是否充足进行的评估、检测，具体包括以下两方面。

（1）预防性的保险偿付能力指标监管。为评估和监控保险公司的偿付能力，许多国家都制定了保险偿付能力监管指标，这些指标属于预防性指标而非强制性指标。

（2）强制性的偿付能力额度监管。一般而言，偿付能力监管直接表现为偿付能力额度的监管，包括最低偿付能力额度的计算和实际偿付能力额度的确认。

2. 偿付能力不足处理

偿付能力不足处理是指对偿付能力不足的保险公司所做的处理。对于实际偿付能力额度低于最低偿付能力额度的保险公司，中国保监会可将该公司列为重点监管对象。

偿付能力监管在 2009 版《保险法》中被着重强调，并且在保留原有偿付能力监管规定的基础上还增加了一些处罚性规定；对偿付能力严重不足的公司，可以实行接管。2015 版《保险法》保留这些规定。依据此规定，中国保监会自 2018 年 2 月 23 日起对安邦保险实施接管。

（二）市场行为监管

保险市场行为监管是指对保险人的经营活动过程所进行的监管，包括保险机构监管、保险业务监管和财务监管。

1. 保险机构监管

国家对保险机构的监管主要体现在对保险机构组织形式、设立许可、市场退出以及外资保险公司的管理等方面，其依据是保险（业）法。

（1）保险机构的组织形式。关于保险机构的组织形式，各个国家和地区根据实际均有特别规定。英国除股份有限公司和相互保险公司之外，还允许劳合社采用个人保险组织形式，我国台湾地区的保险机构组织形式包括股份有限公司和合作社两类。

（2）保险机构申请设立的许可。根据保险业专营的原则，任何机构和个人未经批准不得经营保险业，这是当今世界各地的普遍做法。

（3）保险机构的停业解散监管。保险监管机构对保险企业监督管理的基本目标是保证保险公司的稳健经营、始终具有充足的偿付能力和避免保险公司破产，以保障被保险人的合法权益。

（4）外资保险机构的监管。外资保险机构是指外国保险机构在本国或本地区设立的分公司和合资设立的保险公司。对外资保险机构的监管，一般发达国家和地区对此限制较少，而发展中国家和地区为保护民族保险业，对外资保险机构的开业条件、经营业务范围、投资方向及纳税等都有严格要求。

2. 保险业务监管

保险业务监管主要包括经营范围的监管、保险条款和费率的监管、再保险监管等内容。

（1）经营范围监管。经营范围监管是指政府通过法律或行政命令，规定保险机构所能经营的业务种类和范围，一般表现为两个方面：一是金融业间的兼业问题，即是否允许保险人兼并保险以外的金融业务，或非保险机构经营保险业务；二是保险业内不同业务的兼营问题，即同一保险人是否可以同时经营性质不同的保险业务。

（2）保险条款监管。保险条款监管是保险人与投保人关于双方权利和义务的约定，是保险合同的核心内容。由于保险的专业性以及保险合同的附和性，对保险条款的监管有利于保护被保险人的利益；另一方面也可以避免保险人因竞争压力而被迫对投保人做出不合理的承诺，确保偿付能力。

（3）保险费率监管。各国保险监管机构对保险费率监管的目标是：保险费率的充足性、保险费率的合理性和保险费率的公平性。

（4）再保险监管。对再保险义务进行监管，有利于保险公司分散风险，保持经营稳定。一般而言，经济发达国家的保险业比较发达，保险市场比较成熟和完善。发展中国家保险业较为落后，为控制保险公司的经营风险、防止保费过度外流，并扩大本国保险市场的承保能力，减少对外国公司再保险的依赖，一般都对法定再保险做出了规定。

3. 财务监管

保险公司的财务监管即对其资产和负债的监管，其中资产监管又涉及保险公司的资产认定和资金运用两个方面的监管；负债监管则主要是对准备金的监管。

（1）资产认定监管。由于不同国家使用不同的会计准则，甚至规定保险业采用不同于一般行业的会计准则，因此，资产认定标准和监管方式有所区别。在美国非保险企业采用一般公认会计准则（GAAP），保险企业采用法定会计准则（SAP）。我国对保险公司资产的认定遵循“实际价值”原则，即以保险公司账面资产在清偿时的实际价值为确定实际资产的依据。

（2）资金运用监管。承保业务和投资业务是现代保险业的两大支柱，各国监管当局都把保险资金运用监管作为资产监管的主要内容。各个国家的保险资金运用监管都强调安全性、流动性和收益性相结合的原则，并且保险资金运用监督管理的主要内容都是规定资金运用的范围、形式及投资形式的比例限度等。

（3）准备金监管。由于准备金是履行未来债务的资金准备，如果计提不充足，就不能保证被保险人及时得到赔偿和给付。

本章小结

经济机制是一种动态结构体，它的运行过程就是经济结构体内部要素相互作用和耦合的过程。因此，经济机制通常被理解为经济运行机制。保险机制作为社会经济运行维系机制的重要内容，是社会经济运行的四大重要机制之一。

保险机制对社会经济运行的维护作用表现在宏观和微观两大方面。在宏观方面，保险机制的维护作用体现在维护社会再生产过程在时间上的连续性和在空间上的平衡性。在微观方面，保险机制的维护作用不仅体现在微观经济内部过程的连续和平衡，还体现在外界环境对自身的影响。

保险机制对社会经济运行的调节作用，一方面，表现为保险机制运行对社会经济运行的直接影响；另一方面，表现为政府或有关部门对保险机制的运用在经济社会各个方面所起的调节作用，包括对资源配置的调节、对资金市场的调节、对收入分配的调节、对个人消费的调节以及对心理的调节。

保险机制，从微观角度，归结为保险企业的经营机制，包括动力机制和约束机制；从宏观角度，保险机制作为一个动态结构体，包括风险选择机制、损失补偿机制和资金运用机制。

保险政策，就是政府为保险行业的健全发展所施行的各种手段的总称。从产业组织理论的角度来看，保险政策就是保险产业政策，是指国家为实现一定的经济发展战略对保险业采取的方针和措施。

保险政策的一般内容包括两个方面：一是组建和维护保险市场；二是对保险市场进行调节和控制。保险政策的核心在于优化保险资源的配置，处理保险企业之间的关系，实现资源的有效利用，从而推进保险业的健康发展。

保险监管即保险监督管理，是指政府的监督管理部门为了维护保险市场的秩序，保护被保险人及社会公众的利益，通过法律和行政手段对保险业实施监督和管理。保险监管通常由两部分构成：一是国家通过制定有关保险法规，对本国保险业进行宏观指导和管理；二是国家专司保险监管职能的机构依据法律或行政授权对保险业进行行政管理，以保证保险法规的贯彻执行。

保险市场监管的对象主要包括保险人和保险中介。对保险人监管的具体内容主要有两大方面：偿付能力监管和市场行为监管。

保险公司偿付能力监管是保险监管的核心内容。所谓偿付能力，是指保险公司清偿到期债务的能力。偿付能力大小以偿付能力额度表示。从偿付能力额度的角度来看，保险公司的偿付能力一般可分为实际偿付能力额度和最低偿付能力额度。

保险市场行为监管是指对保险人的经营活动过程所进行的监管，包括保险机构监管、保险业务监管和财务监管。

本章内容结构

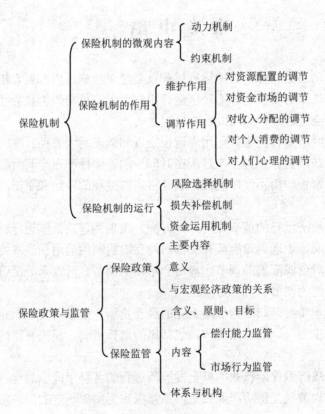

- 保险机制
  - 保险机制的微观内容
    - 动力机制
    - 约束机制
  - 保险机制的作用
    - 维护作用
    - 调节作用
      - 对资源配置的调节
      - 对资金市场的调节
      - 对收入分配的调节
      - 对个人消费的调节
      - 对人们心理的调节
  - 保险机制的运行
    - 风险选择机制
    - 损失补偿机制
    - 资金运用机制
- 保险政策与监管
  - 保险政策
    - 主要内容
    - 意义
    - 与宏观经济政策的关系
  - 保险监管
    - 含义、原则、目标
    - 内容
      - 偿付能力监管
      - 市场行为监管
    - 体系与机构

综合练习

一、名词解释

偿付能力　保险政策　保险监管　保险准备金

批准主义　公示管理　市场行为监管　财务监管

二、判断题

1．社会主义市场经济运行机制有四大类，即宏观经济运行机制、微观经济运行机制、宏观调节机制和微观调节机制。（　　）

2．从宏观角度看，保险机制归结为经济调节机制。（　　）

3．保险机制作为一个动态机制，包括风险选择机制、损失补偿机制和资金运用机制。（　　）

4．保险政策就是政府为保险制度的健全发展所施行的手段。（　　）

5．保险监管是保险政策的核心与重要内容。（　　）

6．特殊机构和个人未经批准可以经营保险业。（　　）

三、单选题

1．下列不属于保险监管的适用原则的是（　　）。

A．坚实原则　B．公平原则　C．安全原则　D．社会原则

2．各国保险监管机构对保险费率监管的目标是（　　）。

A．保险费率的充足性　B．保险费率的合理性

C．保险费率的公平性　D．以上都是

四、多选题

1．保险企业经营机制包括（　　）。

A．动力机制　B．约束机制　C．调节机制　D．市场机制

2．保险机制对社会经济运行的调节作用包括（　　）。

A．资源配置的调节　B．资金市场的调节

C．收入分配的调节　D．个人消费的调节

E．心理调节

3．从宏观角度看，保险机制包括（　　）。

A．风险选择机制　B．损失补偿机制

C．资金运用机制　D．资金调节机制

五、简答题

1．分别从宏观角度和微观角度说明保险机制的内容。

2．试分析保险机制的重要性。

3．阐述保险监管的必要性。

4．概述保险监管的主要内容。

5．谈谈保险政策对保险业发展的意义。

6．结合实际，谈谈我国保险监管还存在哪些问题。

阅读材料

12-1　欧盟偿付能力Ⅱ及其对我国保险监管的启示

12-2　中国保险业发展“十三五”规划纲要（摘要）

参 考 文 献

［1］魏华林，林宝清．保险学［M］．4 版．北京：高等教育出版社，2017.

［2］王绪谨．保险学［M］．6 版．北京：高等教育出版社，2017.

［3］孙祁祥．保险学［M］．6 版．北京：北京大学出版社，2017.

［4］李国义．保险概论［M］．4 版．北京：高等教育出版社，2014.

［5］刘子操．保险学概论［M］．6 版．北京：中国金融出版社，2017.

［6］张洪涛．保险学［M］．4 版．北京：中国人民大学出版社，2014.

［7］翟建华．保险学概论［M］．4 版．大连：东北财经大学出版社，2016.

［8］粟芳．保险营销学［M］．3 版．上海：上海财经大学出版社，2015.

［9］许谨良．保险学［M］．2 版．上海：上海财经大学出版社，2003.

［10］钟明．保险学［M］．3 版．上海：上海财经大学出版社，2015.

［11］粟芳，许谨良．保险学［M］．2 版．北京：清华大学出版社，2011.

［12］林宝清．保险法原理与案例［M］．北京：清华大学出版社，2006.

［13］陈立双，段志强．保险学［M］．南京：东南大学出版社，2005.

［14］中国保监会保险教材编写组．风险管理与保险［M］．北京：高等教育出版社，2007.

［15］刘志刚．简明保险教程［M］．北京：清华大学出版社，2005.

［16］葛文芳．保险营销管理理论与实务［M］．北京：清华大学出版社，2006.

［17］李星华，吕晓荣．保险营销学［M］．大连：东北财经大学出版社，2004.

［18］曾鸣．人身保险及案例分析［M］．北京：清华大学出版社，2005.

［19］曾庆五，陈迪红，黄大庆．保险精算技术［M］．大连：东北财经大学出版社，2002.